AF539011

साकेत

साकेत

श्री मैथिलीशरण गुप्त

राम तुम्हारा वृत्त स्वयं ही काव्य है,
कोई कवि बन जाय, सजह सम्भाव्य है।

लोकभारती प्रकाशन

लोकभारती प्रकाशन
पहली मंजिल, दरबारी बिल्डिंग, महात्मा गांधी मार्ग
प्रयागराज-211 001
शाखाएँ : 1-बी, नेताजी सुभाष मार्ग, दरियागंज
नई दिल्ली-110 002
अशोक राजपथ, साइंस कॉलेज के सामने
पटना-800 006
1, अनमोल सोराबजी संतुक लेन, धोबी तलाव,
मरीन लाइंस, मुम्बई-400 002
वेबसाइट : www.lokbhartiprakashan.com
ईमेल : info@lokbhartiprakashan.com

पहला संस्करण : 1931
इस रूप में पहली बार : 2008
आठवाँ संस्करण : 2026

मूल्य : ₹995

बी.के. ऑफसेट
नवीन शाहदरा, दिल्ली-110 032
द्वारा मुद्रित

SAKET
by Shri Maithilisharan Gupt

ISBN : 978-81-8031-311-0

समर्पण

पितः, आज उसको हुए अष्टाविंशति वर्ष,
दीपावली-प्रकाश में जब तुम गये सहर्ष।
भूल गये बहु दुख-सुख, निरानन्द-आनन्द;
शैशव में तुमसे सुने याद रहे ये छन्द–

''हम चाकर रघुवीर के, पटौ लिखौ दरबार,
अब तुलसी का होहिंगे नर के मनसबदार?
तुलसी अपने राम को रीझ भजो कै खीज,
उलटो-सूधो ऊगि है खेत परे कौ बीज।
बनें सो रघुबर सों बनें, कै बिगरै भरपूर;
तुलसी बनें जो और सों, ता बनिबे में धूर।
चातक सुतहिं सिखावहीं आन धर्म निज लेहु,
मेरे कुल की बानि है स्वाति बूँद सों नेहु।''

स्वयं तुम्हारा वह कथन भूला नहीं ललाम–
''वहाँ कल्पना भी सफल, जहाँ हमारे राम।''
तुमने इस जन के लिए क्या क्या किया न हाय!
बना तुम्हारी तृप्ति का मुझसे कौन उपाय?
तुम दयालु थे दे गये कविता का वरदान,
उसके फल का पिण्ड यह, लो निज प्रभु गुणगान।
आज श्राद्ध के दिन तुम्हें, श्रद्धा-भक्ति-समेत;
अर्पण करता हूँ यही निज कवि-धन 'साकेत'।

दीपावली, सम्वत् 1988 (सन् 1931 ई.)

अनुचर
मैथिलीशरण

समर्पण

122वीं जयन्ती के अवसर पर उत्तराधिकारी संचालक परिवार की ओर से पारिवारिक प्रकाशन संस्थान 'साहित्य सदन' के दिवंगत संचालक श्री सियारामशरण गुप्त (सन् 1963 ई.) श्री चारुशीलाशरण गुप्त (सन् 1982 ई.) श्री सुमित्रानन्दन गुप्त (सन् 1969 ई.) की पुण्य स्मृति में सादर समर्पित।

साहित्य-सदन
184 तलैया, झाँसी।
बुन्देलखण्ड (उ. प्र.)
दूरभाष : 05102440804

श्रीमती भारती देवी (धर्मपत्नी)
आशीष गुप्त (दत्तक पुत्र)
स्वर्गीय सुमित्रानन्दन गुप्त
प्रमोद कुमार गुप्त
श्रीमती मीरा गुप्ता
कु. मंजरी गुप्ता

प्रकाशकीय

पूज्य दद्दा श्री मैथिलीशरण गुप्त की सभी रचनाओं में से 'भारत-भारती' व 'साकेत' सर्वाधिक लोकप्रिय हुई हैं। 'साकेत' के प्रकाशन पूर्ण की ऐतिहासिक पृष्ठभूमि भी है। पूर्ण होने पर 'साकेत' की प्रति दद्दा ने महात्मा गाँधी और आचार्य महावीर प्रसाद द्विवेदी को भेजी थी। जिसके उत्तर में गाँधी जी एवं द्विवेदी जी से सम्मतियाँ प्राप्त हुईं। दद्दा ने भी अपना पक्ष रखते हुए इन सम्मतियों का उत्तर दिया। यह पत्राचार अभी तक अप्रकाशित रहा। पूज्य बापू श्री सियारामशरण गुप्त के 45वें पुण्य निर्वाण दिवस (29.03.2008) पर श्रद्धाँजलि स्वरूप प्रकाशित किए जा रहे 'साकेत' के इस 'सजिल्द संस्करण' में उक्त पत्राचार को प्रथम बार प्रकाशित किया जा रहा है। हिन्दी जगत के समक्ष यह पत्राचार आने से साकेत का पुनर्मूल्यॉंकन हो सकेगा।

सियारामशरण गुप्त और दद्दा श्री मैथिलीशरण गुप्त द्वारा गृहग्राम चिरगाँव (झाँसी) में स्थापित हुए इस पारिवारिक प्रकाशन संस्थान 'साहित्य-सदन' द्वारा पाँच खण्डों में सियारामशरण गुप्त रचनावली व मैथिलीशरण गुप्त कृत अप्रकाशित नाटकों (निष्क्रिय प्रतिरोध और विसर्जन) सहित बारह खण्डों में मैथिलीशरण गुप्त ग्रन्थावली अब तक प्रकाशित की जा चुकी है। इसी शृंखला में दद्दा द्वारा स्वलिखित आत्मकथा, राजबन्दी के दौरान जेल से हुए दुर्लभ पत्राचार और अन्य अप्रकाशित साहित्यिक सामग्री को प्रकाशित करने की योजना साहित्य सदन की है।

दद्दा और बापू की उपलब्ध अप्रकाशित साहित्यिक सामग्री और पत्राचार से प्रतीत होता है कि दद्दा, बापू के मार्गदर्शकों में सर्वाधिक योगदान अग्रज तुल्य मुंशी अजमेरी जी का है। दद्दा, बापू और मुंशी अजमेरी का तत्कालीन विभिन्न साहित्य मनीषियों, चिन्तकों, राजनेताओं जैसे राष्ट्रपिता महात्मा गाँधी, आचार्य विनोबा भावे, महादेव देसाई, काका कालेलकर, डॉ. राजेन्द्र प्रसाद, विद्यानिवास मिश्र, विष्णु प्रभाकर, क्षेमचन्द्र 'सुमन', यशपाल जैन,

घनश्यामदास बिड़ला आदि से हुए पत्राचार को प्रकाशित करने की भी हमारी योजना है। जो सात्विक बातें हमें बड़े-बड़े ग्रन्थों से या भाषणों के द्वारा सहज उपलब्ध नहीं होती वह, दद्दा, बापू और मुंशी अजमेरी की विविध विचारधाराओं के सम्पर्क एवं विचार-विमर्श द्वारा प्राप्त हो सकेंगी। इसी आशा को लेकर हम शीघ्र ही ऐसे सभी मनीषियों के पत्रों का संकलन प्रस्तुत करने जा रहे हैं। निश्चय ही आगे चलकर इसका अपना महत्व होगा।

साहित्य-सदन — **प्रमोद कुमार गुप्त**
184 तलैया, झाँसी। — **आशीष गुप्त**
(उ. प्र.)

निवेदन

इच्छा थी कि सबके अन्त में, अपने सहृदय पाठकों और साहित्यिक बन्धुओं के सम्मुख 'साकेत' समुपस्थित करके अपनी धृष्टता और चपलताओं के लिए क्षमा-याचनापूर्वक विदा लूँगा। परन्तु जो-जो लिखना चाहता था, वह आज भी नहीं लिखा जा सका और शरीर शिथिल हो पड़ा। अतएव, आज ही उस अभिलाषा को पूर्ण कर लेना उचित समझता हूँ।

परन्तु फिर भी मेरे मन की न हुई। मेरे अनुज श्री सियारामशरण मुझे अवकाश नहीं लेने देना चाहते। वे छोटे हैं इसलिए मुझ पर उनका बड़ा अधिकार है। तथापि, यदि अब मैं कुछ लिख सका तो वह उन्हीं की बेगार होगी।

उनकी अनुरोध-रक्षा में मुझे सन्तोष ही होगा। परन्तु यदि मुझे पहले ही इस स्थिति की सम्भावना होती तो मैं इसे और भी पहले पूरा करने का प्रयत्न करता और मेरे कृपालु पाठकों को इतनी प्रतीक्षा न करनी पड़ती। निस्सन्देह पन्द्रह-सोलह वर्ष बहुत होते हैं तथापि इस बीच में इसमें अनेक फेर-फार हुए हैं और ऐसा होना स्वाभाविक ही था।

आचार्य पूज्य द्विवेदीजी महाराज के प्रति अपनी कृतज्ञता प्रकट करना मानो उनकी कृपा का मूल्य निर्धारित करने की ढिठाई करना है। वे मुझे न अपनाते तो मैं आज इस प्रकार, आप लोगों के समक्ष खड़े होने मे भी समर्थ होता या नहीं, कौन कह सकता है—

करते तुलसीदास भी कैसे मानस-नाद?–
महाबीर का यदि उन्हें मिलता नहीं प्रसाद।

विज्ञवर बार्हस्पत्यजी महोदय ने आरम्भ से ही अपनी मार्मिक सम्मतियों से इस विषय में मुझे कृतार्थ किया है। अपनी शक्ति के अनुसार उनसे जितना लाभ मैं उठा सका, उसी को अपना सौभाग्य मानता हूँ।

भाई कृष्णदास, अजमेरी और सियारामशरण की प्रेरणाएँ और उनकी सहायताएँ मुझे प्राप्त हुईं तो ऐसा होना उचित ही था स्वयं वे ही मुझे प्राप्त हुए हैं।

'साकेत' के प्रकाशित अंशों को देख-सुनकर जिन मित्रों ने मुझे उत्साहित किया है, मैं हृदय से उनका आभारी हूँ। खेद है, उनमें से गणेशशंकर जैसा बन्धु अब नहीं।

समर्थ सहायकों को पाकर भी अपने दोषों के लिए मैं उनकी ओट नहीं ले सकता। किसी की सहायता से लाभ उठा ले जाने में भी तो एक क्षमता चाहिए। अपने मन के अनुकूल होते हुए भी कोई-कोई बात कहकर भी नहीं कह सका। सर्ग में उर्मिला का चित्रकूट-सम्बन्धी यह संस्मरण—

मँझली माँ से मिल गई क्षमा तुम्हें क्या नाथ?
'पीठ ठोक कर ही प्रिये, मानें माँ के हाथ।

परन्तु इसी के साथ ऐसा भी प्रसंग आया है कि मुझे स्वयं अपने मन से उर्मिला का यह कथन लिखना पड़ा है—

मेरे उपवन के हरिण, आज वनचारी।

मन ने चाहा कि इसे यों कर दिया जाए—

मेरे मानस के हंस, आज वनचारी। —

परन्तु इसे मेरे ब्रह्म ने स्वीकार नहीं किया। क्यों, मैं स्वयं नहीं जानता उर्मिला के विरह-वर्णन की विचारधारा में भी मैंने स्वच्छन्दता से की है।

यों तो 'साकेत' दो वर्ष पूर्व ही पूरा हो चुका था; परन्तु नवम् सर्ग में तब भी कुछ शेष रह गया था और मेरी भावना के अनुसार आज भी यह अधूरा है। यह भी अच्छा ही है। मैं चाहता था कि मेरे साहित्यिक जीवन के साथ ही 'साकेत' की समाप्ति हो। परन्तु जब ऐसा नहीं हो सका, तब उर्मिला की निम्नोक्ति आशा-निराशामयी उक्तियों के साथ उनका क्रम बनाए रखना ही मुझे उचित जान पड़ता है—

कमल, तुम्हारा दिन है और कुमुद, यामिनी तुम्हारी है,
कोई हताश क्यों हो, आती सबकी समान बारी है।
धन्य कमल, दिन जिसके, धन्य कुमुद, रात साथ में जिसके
दिन और रात दोनों, होते हैं हाय! हाथ में किसके

सम्वत् 1988 (सन् 1931 ई.) —मैथिलीशरण

महात्मा गाँधी द्वारा मैथिलीशरण गुप्त को लिखा हस्तलिखित पत्र

यरवडा मंदिर,

भाई मैथिलीशरणजी

आपका पत्र मिल गया। वह पत्र पत्र नहीं है, परंतु
काव्य है। आपने मुझको हरा दिया है। मैं आपकी बात समझ गया
हूं और इस दृष्टिसे उर्मिलाका विलापको स्थान है। बात यह है
कि मुझको कुछ भी कहनेका अधिकार नहीं था। हमारे शास्त्रोंका मैं
अभ्यास नाकिंचित् हूं, साहित्यका इससे भी कम, भाषाका ज्ञान नहिंवत्।
यह सब अपनी त्रुटियोंको जानते हुए मैंने जो उद्गार मेरे दिलपर
हुआ आपको बता दिया। फिर मेरी अपूर्णता जानते हुए
भी क्योंकि मैं सत्यका पुजारी हूं मेरा अभिप्राय देना भी तो
चाहते हैं। ऐसे प्रसंगको लेकर मैंने आपको अभिप्राय भेज
दिया था। इसके इकरारमें आपके सुंदर पत्रकी, काव्यकी, प्रतीक्षा
कभी नहीं कर सकता था। इसे मैं रखूंगा, दुबारा पढूंगा,
और अब आपने जो दृष्टि दी है उस दृष्टिसे 'साकेत'
फिर पढ़ना होगा। मुश्किल यह कि अगर मैं आपकी
भाषा बहुत आसान है तो भी हिंदीका मेरा ज्ञान अल्प होनेके
कारण कहीं कहीं समझनेमें कठिनता आती है। और
हिंदी शब्दका ज्ञानमें मेरा बहुत परिमित है यह भी कठिनाई
का कारण होता है। हिंदीमें ऐसा कोई शब्दकोष है कि जो
'विरामेरी' शब्दका आदि शब्दोंके उत्तर, कठिन शब्दोंका अर्थ
मिल सके? मैं जानता हूं कि अधिक परिश्रमसे बहुतसी
चीजें तो मैं भी समझ लूंगा।

उर्मिलाजीको मेरे वंदेमातरम्। उनके भजनोंका
मुझे खूब स्मरण है। ईश्वरकृपा होगी तो दुबारा किसी दिन
सुनूंगा।

हां, 'साकेत' और 'अनघ' दोनों आश्रममें पढ़नेका मैंने
परचुरेशास्त्रीको लिखा था। संभव है कि इसलिए देर
हो गया हो।

२६/४/३२

आपका,
मोहनदास

महावीर प्रसाद द्विवेदी द्वारा मैथिलीशरण गुप्त को लिखा हस्तलिखित पत्र

दौलतपुर (रायबरेली)
1-2-32

आशिषः सन्तु,

आपके मुंह से राय मांगी। मुझे जो कुछ उचित समझ पड़ा, लिखकर मैंने आपकी इच्छापूर्ति कर दी। इस पर आप अपनी 28 जनवरी की चिट्ठी में विवाद पर उतर आये — जो राय मैंने दी थी उसका सर्वांश में खण्डन कर डाला। इसकी क्या जरूरत थी? आप अपनी राय कायम रखते। ध्यान-समाधि लगाकर पुस्तक लिखनेवालों को मेरे और बनारसीदास जैसे मनुष्यों की राय की परवाह क्यों करना चाहिए। वे अपनी राह जायँ, आप अपनी। आपकी राय ठीक मेरी और बनारसीदास की गलत सही — तुष्यतु भवान्।

शुभाकांक्षी
म० प्र० द्विवेदी

महाकाव्य "साकेत" के प्रथम प्रकाशन वर्ष 1931 के पूर्व साहित्याचार्य पण्डित महावीर प्रसाद द्विवेदी एवं मैथिलीशरण गुप्त के मध्य साकेत पाण्डुलिपि पर हुआ पत्राचार

दौलतपुर (रायबरेली)

23-7-31

शुभाशिष : सन्तु,

18 तारीख का पोस्टकार्ड मिला वह दौलतपुर और ही है जहाँ गोली चली है।

साकेत समाप्त हो गया, यह सुनकर मुझे सन्तोष ही नहीं, परमानन्द हुआ। निश्चय ही यह काव्य आपकी ग्रन्थमाला का शिरोमणि होगा। आपने बड़ा काम किया, बहुत नाम किया और समुज्ज्वल यशोराशि का अर्जन किया। भगवान आपको दीर्घायु दे और नीरोग रक्खे।

मेरी मानसिक अवस्था आपकी पुस्तक देखने योग्य नहीं है।

शुभैषी

म.प्र. द्विवेदी

(पोस्ट कार्ड पर पता-बाबू मैथिलीशरण गुप्त, साहित्य प्रेस, चिरगाँव)

28.1.32

पूज्यवर श्रीमान् पण्डित जी महाराज, प्रणाम

कृपा पत्र मिला। मेरे माथे में नील पड़ गया है आपके इस वेत्राघात से कि "तुलसी की कविता से आपको अपनी कविता की तुलना करना शोभा नहीं देता।" मुझे इस नील में नील के टीके की झलक दिखाई देती है, इससे मैं तिलमिला उठा हूँ।

आज पच्चीस वर्ष से ऊपर हुए, मैं आपकी छत्रछाया में हूँ। यह बात औरों के कहने के लिए रहने दीजिए । लेने को तो हम लोग वेदों का नाम भी लेते ही हैं परन्तु अपनी उपासना के कारण हमारे लिए तो तुलसी का वह "भाषा भणित" ग्रन्थ ही सब कुछ है। मेरे लिए तो तुलसी कवि से भी बहुत ऊँचे पहुँचे हुए हैं। कवि शब्द का अर्थ भी महान है, परन्तु मुझ जैसों ने उसे खर्च कर डाला है।

मुझे तो यह बहुत "शोभा देता है" कि मैं अपने गुरुजनों की रचना का अनुकरण करूँ जो एक प्रकार की तुलना ही है। मैंने सीखा ही इसी प्रकार है। आपकी पदरचनाओं की तुलना करने के प्रयत्न में ही तो मेरी कविता की शिक्षा का रहस्य छिपा है। परन्तु मैं समझता हूँ, इस तुलना के कारण मैं सबसे अधिक आपसे ही पुरस्कार पाने का अधिकारी हूँ।

वहाँ तो तुलना करने का प्रश्न ही न था। वहाँ तो और मारिए एक बेंत, मैं तुलसी को पीछे छोड़ना चाहता था। वहाँ, उनके विरुद्ध जाना चाहिए था।

असल में आप लोगों को तुलसी ने दिया है बड़ा भारी प्रलोभन। वे अवध में ही बैठे-बैठे आपको ब्रज के दर्शन करा देना कहते हैं। परन्तु मेरा युग कहता है—छोड़िए इस प्रलोभन को। आइए, अभी वायुयान में बैठकर मिनटों में ब्रज और आकाश दोनों की सैर होती है।

अपनी ब्रजयात्रा में तुलसी को जो भीख मिली है वह उन्होंने अपनी 'अवधेश्वरी' को भेंट कर दी और बदले में उनसे कुछ याचना की है। सीता मेरी ओर देखकर कह रही हैं-इन्हें क्या हो गया है जो ये मुझसे राधा का अभिनय दिखाने को कह रहे हैं।

माना, लोक में ऐसा होता है और उससे अधिक यह भी माना कि सीता लोक से बाहर नहीं। परन्तु लोक में "जहाति स्वयम्बरम् " भी होता है। तथापि ऐसा करने वाली सन्ध्या न होकर यदि और कोई स्त्री होती तो आप उसे शाप न देते तो अपनी आँखें अवश्य उधर से हटा लेते।

हम लड़के आपको अपने (लड़कों के) खेल में लाना चाहें तो आप क्या कहेंगे? कृष्णजन्म के समय ग्वालवालों ने नन्द बाबा को घेर लिया और कहा- "बाबा नेंक तुमऊँ नाचौ!" बोले-"बेटा अब का मौपै नाचौ जायगो? सम्भवतः ऐसा ही उत्तर आपका भी होगा। परन्तु तुलसी अपनी अयोध्या से हठ कर रहे हैं कि तनिक मुँह पर आँचल डाल कर मथुरा का रास-विलास दिखा ही दो।

तुलसीदास की सीता कभी अपने पति और देवरों से हास-परिहास करती हुई भी नहीं देखी जातीं। अचानक कालिदास के शब्दों में ''भूविलासा नभिज्ञा'' ग्राम की नारियों में अपना भ्रूभंग दिखाने लगीं। गवाँरों में ज्ञानी बनने जाकर उन्होंने अपनी कला कुशलता की दुर्बलता ही प्रकट की। इसी से वह चित्र परम रमणीय होने पर भी उनमें कुछ ऐसा वैसा ही दिखाई देता है।

असल में वह इतना सुन्दर है कि वही दिखाई देता है उसकी वह भित्ति जिस पर वह अंकित है नहीं दिखाई देती। उस भित्ति के नीचे दबकर पिसते हुए मेरे चित्त की चिल्लाहट कौन सुनेगा। किन्तु मैं चिल्लाऊँ कैसे नहीं?

''पथि पथिकवधूमि'' आदि पद्य के अनुवाद तक तो ठीक है परन्तु आगे ''बहुर वदन विधु अंचल ढाँका'' ने गड़बड़ कर दिया। आप कहेंगे, नाटककार के ''मुँह पर थप्पड़ जमाकर'' मजमून छीन लिया। यह तो डाकूपन है। तुलसी को तो भीख मिल सकती थी और साधु होने से उन्हें उसे लेने में कोई संकोच भी न था। फिर वे थप्पड़ क्यों मारे। ''स्पष्टमाचष्ट सीता'' में राम का नाम लेने की तो गुंजाइश ही नहीं। यह हमारे स्वामी हैं, यही कहने की बात है, सो इसमें कोई दोष नहीं। यह भी उन्होंने वारगी से नहीं स्मित विकसित कपोलों से ब्रीड विभ्रान्त नेत्रों से मुँह नीचा करके कहा। टीकाकार ने यही लिखा और यही जान पड़ता है—

एतेन स्पष्टं मद्रमणोममित्युकृवली न तु गिरेति।

और बाल्मीकि की सीता तो अपने स्वामी का नाम भी लेती है

त्वया च सह गन्तव्यं मया गुरुजनाज्ञया,
त्वद्वियोगेन मे राम! त्यक्तव्यमिह जीवितम्

आप जो कहते हैं, स्वैरिणी स्त्रियाँ भी पति का नाम नहीं लेती, यहीं है वह समय की भिन्नता। हम अपने युग का कितना ही रोना रोवें, परन्तु आखिर वह है हमारा ही। अन्त में हमें उसका अभिमान होना ही चाहिए। तुलसीदास को भी था-''कलियुग-सम नहिं आन युग जो नर कर विश्वास'' मैं भी अपने समय का विचार करके उस नाज नखरे वाली मूर्ति में सीता की प्राण प्रतिष्ठा नहीं कर सकता। वह कितनी ही सुन्दर हो, मेरी सीता उससे अधिक सरल गम्भीर और पवित्र हैं। सुन्दरता तो उनके पैरों पर लोटती है।

पीट तो लिया। अब पीठ भी ठोकिएगा कि नहीं। यही कह कर सही कि तू अनाड़ी तो है पर तेरा भाव बुरा नहीं।

"यहि विध उपजै न लच्छिजन" के रूप का यदि वही निदर्शन है तो मैं यही कह कर मगन हूँ कि

छविगृह दीप-सिखा जनु बरई।

जाए उस थप्पड़ मारकर छीने हुए चित्र की बात। मुझे तो अपनी पड़ गई। 'गोरे देवर, श्याम उन्हीं के ज्येष्ठ हैं' के विषय में श्रीमान् ने कहा है कि देवर के जेठे भाई अगर और भी दो-चार हों तो उनमें सीता का पति कौन होगा? निवेदन है कि यदि ये श्याम उनके पति न होकर देवरों में से होता तो सीता कहती-'दोनों देवर, अनुज और ये ज्येष्ठ हैं अथवा कोई जेठ होते तो वे यह कहती कि 'गोरे देवर, श्याम हमारे ज्येष्ठ हैं। परन्तु देवर का ज्येष्ठ ही पति होता है। वे पति यही हैं, इसे सीता ने अपनी 'कुछ तरल हँसी' के संकेत से प्रकट कर दिया। मैं इतने को ही उनके अनुरूप समझता हूँ। मैं भूल कर सकता हूँ।

मैं क्यों कहूँ कि साकेत का 'अधिकाँश कल्पना प्रसूत है।' मैंने अपनी ध्यान-समाधि में जैसा देखा वैसा लिखा। वह "सम्भवामि युगे युगे" कहने वाला मुझे, मेरे युग में, जैसा दीख पड़ा, वही मेरे लिए सत्य है। बाल्मीकि और तुलसी के युगों में वह जैसा उन्हें दीख पड़ा, उनके लिए वही सत्य था। सत्य सनातन है और समय परिवर्तनशील। मेरे पिताजी ने मुझसे कहा था-हमारे प्रभु के विषय में कोई भी कल्पना मिथ्या नहीं होती। उस समय इसका अर्थ मैं नहीं समझा था। अब समझा हूँ जब आपने अपने चरणों का आश्रय देकर मुझे इसे समझने योग्य कर दिया।

चरणानुचर
(ह.) मैथिलीशरण

दौलतपुर/रायबरेली
1-2-32

शुभाशिष : सन्तु,

आपने मुझसे राय माँगी। मुझे जो कुछ उचित समझ पड़ा, लिखकर मैंने आपकी इच्छापूर्ति कर दी। इस पर आप अपनी 28 जनवरी की चिट्ठी में विवाद पर उतर आए-जो राय मैंने दी थी उसका सर्वांश में खण्डन कर डाला। इसकी क्या जरूरत थी? आप अपनी राय पर जमे रहते। ध्यान समाधि लगाकर

पुस्तक लिखने वाले को मेरे और बनारसीदास जैसे मनुष्यों की राय की परवाह क्यों करना चाहिए? वे अपनी राह जाएँ, आप अपनी। आपकी राय ठीक, मेरी और बनारसीदास की राय गलत सही। तुष्यतु भवान्।

शुभाकांक्षी

म.प्र. द्विवेदी

(पोस्टकार्ड पर पता : बाबू मैथिलीशरण गुप्त साहित्य प्रेस, चिरगाँव C.Rly. JHS)

दौलतपुर/रायबरेली

22-1-32

शुभाशिष : सन्तु,

लम्बी चिट्ठी मिली। साकेत आने पर मैंने प्रत्येक सर्ग का आसना पढ़ा। फिर पता लगाया कि किस सर्ग में क्या है, क्योंकि यह आपने सूची में नहीं लिखा, या मुझे ढूँढ़े नहीं मिला। सबसे पहले संस्कृत वर्ग वाला सर्ग कई जगह पढ़ा। बहुत पसन्द आया। यह शायद मेरे पक्षपात का फल था—मैं ऐसे छन्दों या वृत्तों को पसन्द करता हूँ। भरत का आगमन, चित्रकूट प्रस्थान, उर्मिला का विलाप और उसका पुनर्मिलन इन सब स्थलों ने मुझे मोह लिया। पुरुष का सबसे बड़ा गुण भाव व्यंजना और प्रसाद गुण मुझे जँचा। बहुत छोटे-छोटे छन्द जरा कम अच्छे लगे। दोषों की तरफ मेरा रत्ती भर ध्यान नहीं गया। मुझे कोई बात खटकी ही नहीं। सारी पुस्तक पढ़ने की शक्ति भी मुझमें नहीं।

आपने यह इतनी बड़ी चिट्ठी कलकत्ते को क्यों लिखी? व्यर्थ कालातिपात किया। जरा सी उम्र में मैं भी उलझता था। आप तो अब 40-50 वर्ष के होंगे। ऐसा न करना चाहिए, जो कोई कुछ कहे सुनिए, कुछ तो गुण ग्रहण कीजिए, अन्यथा त्याग या औदासीन्य भाव।

कविता का रसास्वादन करने के लिये खास तरह के कान और हृदय चाहिए। यह बात बहुत कम लोगों में पाई जाती है। इससे सब लोग सम्मतिदान के अधिकारी नहीं। उस दिन मैं काशी में था। केशवप्रसाद और श्यामसुन्दर दास पास बैठे थे। और भी शायद कोई थे। कविता पर बातचीत थी। मैं कुछ श्लोक पढ़ता जाता था और रोता था-आँसू धड़ाधड़ बह रहे थे—

पापः खालोड मिति नहिर्सि मा विहन्तु
किं रक्षया कृतमतेरकुलो भस्य
यस्मादंसाधु रधमोह मपुण्य कर्म्मा
तस्मात तवस्मि नितरामनुकम्पनीय : इत्यादि।

मैं विह्वल हो रहा था श्रोता काष्ठवत् थे। किसी पर कुछ असर नहीं। केशव जी से पूछा-कभी कुछ असर होता है। कहा कभी-कभी इसी से औरों का अन्दाजा कीजिए।

मैंने जो कुछ थोड़ा बहुत देखा सुना था। सब अब तुलसी की रामायण में उसी तरह घुल गया या कम हो गया जैसे एक कंकड़ी नमक घड़े भर पानी में घुल जाता है-पता नहीं लगता कहा गया। उस तुलसी की कविता से अपनी कविता की तुलना करना आपको शोभा नहीं देता। तुलना का काम औरों पर छोड़िए।

शोभा देता है, तुलसी ही की कुछ प्रंक्तियों में यह कहना

"तुलसी-पद-नखमान मन जोती-
सुमिरन दिव्य दृष्टि हिय होती।"

* * *

विनवों तुलसीदास कर जोरे-दासहिं रामसिय मानस मोरे

आपने अपने काव्य में उनको याद भी किया है। झूठ ही सही, अपने मन में यह भावना किया कीजिए कि आप में जो विभूति है उसका बहुत कुछ अंश तुलसी और उनकी रामायण ही की बदौलत है।

तुलसी कवि यह सौहे....यह विधि उपजै....जब न। इस उपमा को-इस उड़ान को देखिए। क्या भूमण्डल के किसी कवि ने इतना उड़ान किया है? ज्ञाता कहते हैं, नहीं। सीता की इससे बढ़कर प्रशंसा या भक्ति और क्या हो सकती है? उस पर तुलसी ने "बहुरि वदन विधु" वाली चौपाइयों में गजब की कविता की है। वहाँ भक्ति की बात नहीं, व्यवहार (लौकिक व्यवहार) की बात है संस्कृत का वह श्लोक शायद हनुमन्नाटक का है। उसके कवि ने स्पष्ट...कहकर कुलकामिनियों को कलंकित किया है। सीता ने अपने पतिदेव का नाम स्पष्ट कह दिया है। असम्भव और गँवार नारियाँ भी ऐसा नहीं करती।

तुलसी ने उस मुनि के मुँह पर थप्पड़ जमाकर उसकी गलती का निराकरण कर दिया। जो कुछ तुलसी ने कहा वही लोक में होता है। वह सर्वथा यथार्थ है। वहाँ उनका भाव यह नहीं कि सीता जनकपुत्री हैं, इष्ट देवी हैं। राम भगवान की परत्परा शक्ति हैं। वे कोई संहिता लिखने न बैठे थे। आपने भी साकेत को संहिता नहीं बनाया। वह भी अधिकाँश कल्पना प्रसूत है, अतएव आपका यह लिखना "गोरे देवर श्याम उन्हीं के ज्येष्ठ हैं" और भी आक्षेप योग्य है। देवर के ज्येष्ठ (जेठ भाई) अगर दो चार हों तो उनमें से सीता का पति कौन होगा। जो वहाँ थे वे ज्येष्ठ होने पर सीता के वाक्य से पति नहीं साबित होते थे। बेचारी गँवार स्त्रियों ने समझा होगा, नहीं कहा जा सकता।

कविता में अपनी पूज्य भावना रखिए, पर व्यवहार के बाहर न जाइए। व्यास, वाल्मीकि और शंकराचार्य कौन थे—ऋषि, मुनि, महात्मा वे क्या हमारे देवी देवताओं को हीन समझते थे? नहीँ मगर कविता कहने बैठे तो यह कहकर उड़े—

1. शिरीषा .... पार्वती (शंकराचार्य)
2. स्मरनन्नसारा .... देवियाँ (व्यास)
3. चचच्चन्द्रका .... (वाल्मीकि)

(रात के लिए लिखा कि अपने आप साड़ी खोलकर नंगी हो रही है)

इसी थोड़े को बहुत समझिए।

शुभैषी
म. प्र. द्विवेदी

दौलतपुर (रायबरेली) 13-3-32

आशीष,

10 मार्च की चिट्‌ठी मिली। मुझे बार-बार श्रीमान् न लिखा कीजिए। मेरे कानो में चुभता सा है। तुम नहीं तो आपका अपभ्रंश आप बहुत काफी है।

कृष्णानन्द को मैं आपका कुटुम्बी समझता था। उनकी की हुई आलोचना का कुछ अंश मैंने पढ़ा है। आलोचना सुरुचि, योग्यता और इतिहासज्ञता का सूचक है। उसने मुझे मोह लिया है।

आप कोई यहाँ न आइए। बहुत तकलीफ़ होगी। कुछ और दिन बड़े होने पर, वैसाख, जेठ में मैं ही कानपुर चला जाऊँगा या आप कहेंगे तो चिरगाँव ही पहुँच जाऊँगा। एक हफ्ता रहूँगा। आपका साहित्य शोध भी देख लूँगा और आप जो पूछेंगे बता दूँगा। मेरी स्मरण शक्ति नष्ट सी हो गई है। शायद ही पुरानी बातें याद आवें पर जो याद आवेंगी बिला उज्र बता दूँगा।

एक शर्त है। जहाँ कहीं मैं जाऊँ या रहूँ अजमेरी मुझे रोज सुनावें।

'मोसम कौन कुटिल खल कामी-और-हौं प्रभु पतित पावन सुने।' मेरी दशा या जीवनकला यही सुनना माँगती है।

शुभेच्छु

म.प्र. द्विवेदी

पोस्टकार्ड पर पता : बाबू सियाशरण जी गुप्त

साहित्य प्रेस, चिरगाँव

C.Rly. (JHS)

दौलतपुर/रायबरेली

22-3-32

आशीष,

17 का पत्र आज मिला। गरमियों ही में मैं कुछ अच्छा रहता हूँ, सुभीता होने पर वैशाख-जेठ में मैं आने का प्रयत्न करूँगा। चिरगाँव पहुँचने पर पैर धो डालूँगा जिसमें मेरी—"चरण धूलि" वहाँ बहुत न गिर जाए।

क्यों नहीं! कृष्णदास को आना ही चाहिए। माया प्रपंच रचना में वही तो अग्रगण्य हैं। अजमेरी को राम-राम।

शुभेच्छू

म. प्र. द्विवेदी

पोस्टकार्ड पर पता : बाबू मैथिलीशरण गुप्त

साहित्य-प्रेस, चिरगाँव

दौलतपुर/रायबरेली
21-5-32

शुभाशिष : सन्तु,

मेरी चित्तवृत्ति विकृत हो रही है। स्मृति तो प्रायः बिल्कुल ही नष्ट सी हो गई है। कोई कड़ी बात कभी लिख दूँ तो उसे पागल का प्रलाप समझ लिया कीजिए।

पारसल मिला। चिट्ठी भी मिली। बड़ी कृपा की। बाथगेट के सुगन्धित अंडी के तेल से काम चल जाएगा। फायदा हुआ तो और मँगा लूँगा। बिनौले का तेल वहीं तैयार कराने का झंझट न कीजिएगा। जब मैं झाँसी में था तब पंसारियों से बिनौले का तेल मोल लेता था। कहीं बम्बई या मदरास की तरफ से बनकर शीशियों में बन्द आता था। सुंगन्धित होता था। ऊपर गुजराती में छपा हुआ लेबल रहता था इसी से आपको लिखा था।

शुभैषी
म.प्र. द्विवेदी

पोस्टकार्ड पर पता : बाबू मैथिलीशरण गुप्त साहित्य प्रेस चिरगाँव

दौलतपुर, रायबरेली
3-11-32

शुभाशिष : सन्तु,

15 नवम्बर और 15 दिसम्बर के बीच आप चिरगाँव ही में रहेंगे, या कहीं अन्यत्र। मैं बहुत कमजोर हूँ, इन्द्रियाँ शिथिल हो रही हैं। शरीर का कुछ ठिकाना नहीं। दो एक दिन के लिए लखनऊ जाना है। मोटर का प्रबन्ध कर रहा हूँ। तन्दुरुस्ती ने जबाव न दिया तो लखनऊ से चिरगाँव चले जाने का विचार है। वादा पूरा करना है।

शुभैषी
म.प्र. द्विवेदी
चिरगाँव, झाँसी

गाँधी जी के साथ 'साकेत' सम्बन्धी पत्र-व्यवहार

यरवदा सेन्ट्रल जेल,
5 अप्रेल, 1932

भाई मैथिलीशरण जी,

आपका पत्र मिला था। 'साकेत', 'अनघ', 'पंचवटी' और 'झंकार' सब रसपूर्वक पढ़ गया। बहुत अच्छे लगे, परन्तु टीका करने की मैं अपनी कुछ भी योग्यता नहीं समझता हूँ। तो भी आपने मेरे अभिप्राय पूछे हैं और क्योंकि जैसे पढ़ते गया वैसे विचार भी आते रहते थे इसलिए जैसे आए वैसे ही आपके सामने रखता हूँ। (उर्मिला का विषाद अगरचे भाषा की दृष्टि से सुन्दर है परन्तु 'साकेत' में उसको शायद ही स्थान हो सकता। तुलसीदास जी ने उर्मिला के बारे में बहुत कुछ नहीं कहा है यह दोष माना गया है। मैंने इस अभाव को दोषदृष्टि से नहीं देखा। मुझको उसमें कवि की कला प्रतीत हुई है। मानस की रचना ऐसी है कि उर्मिला जैसे योग्य पात्र का उल्लेख अध्याहार में रखा गया है, और उसी में काव्य का और उन पात्रों का महत्व है। उर्मिला इत्यादि के गुणों का वर्णन सीता के गुण विशेष बताने के लिए ही आ सकता था। परन्तु उर्मिला के गुण सीता से कम थे ही नहीं। जैसी सीता वैसी ही उसकी भगिनीआँ। मानस एक धर्मग्रन्थ है। प्रत्येक पृष्ठ में और प्रत्येक वाक्य में सीता सीताराम का ही जप जपाया है। 'साकेत' में भी मैं वहीं चीज देखना चाहता था। इसमें कुछ भंग उपरोक्त कारण के लिए हुआ।

*　　　*　　　*

यह सब लिखने का मेरा उद्देश्य हरगिज यह नहीं कि आप दूसरे संस्करण के लिए सुधारणा करें। हाँ, यदि मेरे लिखने में आपको कुछ योग्यता प्रतीत हो तो दूसरी बात है।

*　　　*　　　*

आपका,
मोहनदास

चिरगाँव (झाँसी)
रामनवमी, 1989

पूज्य बापू,

प्रणाम। कृपापत्र पाकर कृतार्थ हुआ। जो कुछ मैं चाहता था, उससे अधिक मुझे आप के इस वाक्य में मिल गया कि 'सब रसपूर्वक पढ़ गया। बहुत अच्छे लगे।'

बापू, आप तो समझौते के लिए सदा प्रस्तुत रहते हैं। सम्भव हो तो मेरी भी एक बात मान लीजिए। आप उर्मिला के विषाद को 'साकेत' में स्थान रहने दीजिए और मैं दशरथ के जितने आँसू पोंछ सकूँ, साकेत के अगले संस्करण तक पोंछने का प्रयत्न करूँ। मेरी माँग बहुत नहीं है। एक तो इसलिए कि आप उसे स्थान मिलने में सन्देह मात्र करते हैं, दूसरे एक दृष्टि से उसे सुन्दर भी समझते हैं। अपनी माँग उपस्थित करने में मेरे दिए हुए हेतु यदि सबल न जान पड़ें, तो इसे मेरी-तर्क-दुर्बलता ही समझिए, और हो सके तो, अपने निकट मेरी ओर से भी थोड़ी-बहुत वकालत कर लीजिए।

आपने ऊर्मिला के विषाद की बात कह कर लिखा है—'साकेत में उसको शायद ही स्थान हो सकता।' इसी के अनन्तर आपने तुलसीदास की चर्चा करके मानस की रचना में उर्मिला के अध्याहार की बात कही है। उसे पढ़कर एक बार मुझे यह भान भी हुआ कि यहाँ 'साकेत' से आपका अभिप्राय 'मानस' से तो नहीं है। ऐसा हो तो मुझे कुछ कहने की आवश्यकता नहीं। परन्तु मैं 'साकेत' को विशेष अर्थ में लेकर ही अपना आवेदन उपस्थित करूँगा।

मानस की रचना में उर्मिला का अध्याहार करने की बात मैंने पहले भी सुनी है। क्यों नहीं, यह भी एक कला है। इस प्रकार की कला अपने मौन से इतना कह देती है, जितना वाणी से नहीं कहा जा सकता। वह अपने विषय को अकथनीय अथवा गूँगे का गुड़ बना देती है। परन्तु यह भी यथार्थ जान पड़ता है कि तुलसीदास को राम और सीता के चरित्र को ही प्रधानता देनी थी। उनके लिए उचित भी यही था। ऐसी दशा में उर्मिला के थोड़े से वर्णन से कदाचित् उन्हें सन्तोष न होता और अधिक वर्णन से सम्भवतः मुख्य विषय में बाधा पड़ती। जैसा आपने कहा है, उन्होंने प्रत्येक पृष्ठ और प्रत्येक वाक्य में सीताराम का ही जप जपाया है। रामचरित मानस के नाम से भी यही प्रकट होता है। इसी कारण मैंने अपनी रचना का नाम 'साकेत' रखा। उसमें मुझे सब के दर्शनों

की सुविधा मिल गई है, और आपने देखा होगा, उसमें मैंने कुछ देर तक माण्डवी की झाँकी के एवं एक झलक श्रुतकीर्ति के भी दर्शन पाए हैं तथा शत्रुघ्न का भाषण भी सुना है। मैं नम्रतापूर्वक आपको विश्वास दिलाता हूँ कि तुलसीदास का दोष मानकर अथवा उनसे स्पर्धा करने के लिए मैंने उर्मिला का वर्णन नहीं किया है। आपके शब्दों में उनके इस अनुपम धर्मग्रन्थ ने ही मुझे इस ओर प्रेमाभिभूत करके आकर्षित किया है।

"गुरु गोविंद दोनों खड़े, किसकू लागूँ पाय,
बलिहारो उन गुरुन की, गोविंद दिये मिलाय।"

इस पद्य की सार्थकता तुलसीदास में उतनी ही दिखाई देती है, जितनी वह हो सकती है। अस्तु।

उपर्युक्त सुविधा, मुख्यतया उर्मिला की अनुभूति और अपनी रचना में कुछ नवीनता की इच्छा पर ही 'साकेत' का अस्तित्व है। फिर भी तुलसीदास के उद्देश्य से मेरे उद्देश्य में कुछ भिन्नता तो है ही। सख्य भाव की उपासना में दीक्षित होते हुए भी मानस के राम के समीप मुझे बहुत सावधान रहना पड़ता है। उनकी मित्रता मानो राजा की मित्रता है, जो हाथी पर चढ़ाते-चढ़ाते शूली पर भी चढ़ा सकती है। इसलिए मुझे उनसे डर लगा रहता है। वह अभ्यस्त भय 'साकेत' में भी नहीं छूटा और मुझे उन्हें प्रभु कहते ही बना है। फिर भी मानो मेरा भाव समझ कर 'ये यथा माम् प्रपद्यन्ते तास्तथैव भजाम्यहम् ' के अनुसार 'साकेत' में वे उसी प्रकार आ बैठे हैं जैसे आप अपने बड़प्पन को लिखने की गद्दी पर छोड़ कर आश्रम के बच्चों के बीच में आकर हँसते-खेलते हैं।

श्री रवीन्द्रनाथ ठाकुर ने एक स्थान पर लिखा है—

'रामायण में किसी देवता ने अपने को गर्व करके मनुष्य नहीं बनाया है, एक मनुष्य ही अपने गुणों के कारण बढ़कर देवता बन गया है।' कवि ठाकुर की लेखनी में ऐसी शक्ति है कि वह किसी साधारण से साधारण पात्र को लेकर भी उसे बढ़ाकर देवत्व प्रदान कर सकती है। परन्तु मेरे लिए तो यही आधार है कि स्वयं देवता नहीं, करुणा तथा लीलामय स्वयं ब्रह्म अपने को अवतीर्ण करके मेरे बालविनोद में सम्मिलित हो जाएँ। इसलिए 'साकेत' के प्रधान पात्रों ने मानो अपनी अलौकिकता छोड़कर अधिकतर लौकिकता ही धारण कर ली है। तथापि जैसा मैं कह चुका हूँ 'साकेत' में मुझे राम को प्रभु कहते ही बना है। लक्ष्मण में सैनिक भाव की प्रबलता रहते हुए भी वह लौकिकता यथेष्ठ मात्रा में होने से मेरी

उनके साथ सरलता से निभ जाती है। ऐसी दशा में आप ही बताइये, उर्मिला के अध्याहार से मेरा काम कैसे चल सकता?

यह ठीक है कि जैसी सीता, वैसी ही उनकी भगिनियाँ। परन्तु तत्वतः एक होतें हुए भी, जैसे मनुष्य-रूप में राम और लक्ष्मण के स्वभाव में विभेद-वैचित्र्य है, वैसे ही उर्मिला और सीता में होना स्वाभाविक है। यह वैचित्र्य लीलाशील सीताराम को भी इष्ट था। इसी से चार मूर्तियों में वे अवतीर्ण हुए। वस्तुतः रामचरितमानस के सीताराम 'साकेत' में नायकों के भी नायक और सबके शिक्षक अथवा शासक के रूप में प्रतिष्ठित हैं। इस नाट्यलीला में जितने पात्र हैं, सीताराम ही सब के सूत्रधार हैं। मेरे मानस में वे अपना जप जपाते हैं; किन्तु 'साकेत' में पाठ पढ़ाते हैं। 'साकेत' में सीता ही उर्मिला को आत्मविश्वास की शिक्षा देती है।

धनुष के टूटने के पहले ही सीता ने राम को मन से वरण कर लिया है। इसी पर उर्मिला को जीवन में पहली चिन्ता हुई। वह घबराकर कहती हैं—'प्रभु चाप न जो चढ़ा सकें'-परन्तु सीता निश्चिन्त हैं। वे उससे कहती हैं—

"चढ़ता उनसे न चाप जो,
वह होते न समर्थ आप जो,
उठती यह भौंह भी भला,
उनके ऊपर तो अचंचला?
दृढ़ प्रत्यय के बिना कही
यह आत्मार्पण दीखता नहीं।"

यही है वह आत्म-विश्वास, जो भयानक कहा जा सकता है। परन्तु उर्मिला ने उसकी शिक्षा पाई है, और वह भी यह कहने को समर्थ हुई है कि—

"यदि लोक धरे, न मैं रही,
मुझको लीक धरे, यही सही।"

इस दृढ़ प्रत्यय की समाप्ति यहीं नहीं हो जाती। अयोध्या में सुना जाता है कि लक्ष्मण को शक्ति लगी है, और भरत की ओर से उर्मिला को शत्रुघ्न सान्त्वना देते हैं—

"भाभी, भाभी सुनो, चार दिन तुम सब सहना,
मैं लक्ष्मण-पथ-पथी आर्य का है यह कहना।"

इस पर उर्मिला उत्तर देती है—

"देवर, तुम निश्चिन्त रहो, मैं कब रोती हूँ;
किन्तु जानती नहीं, जागती या सोती हूँ।
जो हो, आँसू छोड़ आज प्रत्यय पीती हूँ;
जीते हैं वे वहाँ, यहाँ जब मैं जीती हूँ।"

सीता के उस विश्वास के समान ही यह दृढ़ है, परन्तु मेरा हृदय भीत न होकर स्फ़ीत ही होता है। इसीलिए सीताराम के समीप मुझे जो भय लगता है, वह उर्मिला और लक्ष्मण के समीप नहीं।

उर्मिला के विषाद में उसका यह विश्वास डूब नहीं गया। यदि अनुकरण करनेवालों से ही अनुकरणीय की सार्थकता होती है, तो इसी आत्म-विश्वास के अनुकरण के लिए 'साकेत' में उर्मिला का एक विशेष स्थान होना चाहिए। परन्तु यदि हम उसे लेंगे, तो हमें उसका विषाद भी लेना पड़ेगा।

मैंने एक कथा में सुना है कि स्वर्ग में भी एक विषाद रहता है, स्वर्गीय प्राणी भी हम नीचे पड़े हुओं को देखकर दुःख से हाय-हाय करते हैं, यही तो हम लोगों के लिए सहारा है। इतने पर भी इस विषाद को यदि दुर्बलता माना जाए, तो इस युग में, स्मरण रखिए, सबसे बड़े दुर्बल आप ही निकलेंगे।

और, क्षमा कीजिए, आप के राम की भी कुशल नहीं। 'साकेत' के पात्रों ने मानो हठ कर लिया है कि इन्हें रुलाकर ही छोड़ेंगे। हम रोते रहें और ये हँसते रहें, यह नहीं हो सकता। अस्तु, भरत ने राम को रुला कर ही छोड़ा और धोखा देकर नहीं, डंके की चोट। इसे स्वयं राम ने स्वीकार किया है—

"रे भाई, तूने रुला दिया मुझको भी,
शंका थी मुझसे यही अपूर्व अलोभी"

दूसरी पंक्ति से स्पष्ट है कि उन्हें पहले ही इसकी शंका थी, और वे मानो अपनी व्यथा को विनोद में छिपा कर सामना करने के लिए प्रस्तुत थे। परन्तु भरत के आगे उनकी एक न चली। और, उर्मिला और लक्ष्मण के आगे तो उन्हें माता-पिता की आज्ञा से राज्य छोड़कर बनवास स्वीकार करने के गौरव का गर्व भी छोड़ देना पड़ा—

"लक्ष्मण, तुम हो तपस्पृही,
मैं वन में भी रहा गृही।

बनवासी है निर्मोही,
हुए वस्तुतः तुम दो ही।"

राम की इस पराजय पर मुझे प्रसन्नता है। कारण, जैसा मैं कह चुका हूँ, मैं उनसे डरा करता था। दूसरे, मेरा यह उद्देश्य भी सिद्ध हो गया, जिससे मैंने उन्हें नायक के बदले शिक्षक के पद पर प्रतिष्ठित किया था।

तीसरे, तुलसीदास की इस उक्ति की चरितार्थता मुझे देखने को मिल गई कि—'राम तें अधिक राम कर दासा।'

उर्मिला का रोना स्वार्थ को लेकर नहीं चलता—

"मैं अपने लिए अधीर नहीं,
स्वार्थी यह लोचन नीर नहीं।
क्या-से-क्या हाय! हो गया यह,
रस में विष कौन बो गया यह?
जो यों निज़ प्राप्य छोड़ देंगे,
अप्राप्य अनुग उनके लेंगे?
माँ ने न तनिक समझा-बूझा,
यह उन्हें अचानक क्या सूझा?"

जब चित्रकूट में कैकेयी रोकर अपनी करनी पर पश्चाताप रूप कुछ प्रायश्चित कर चुकती हैं, तब उर्मिला मानो अपनी ओर देखने का अवकाश पाती है। वहाँ भी उसके हृदय में सम्वेदना का स्रोत उमड़ रहा है—

"अपने अतुलित कुल में प्रकट हुआ था कलंक जो काला,
वह उस कुल बाला ने अश्रुसलिल से समस्त धो डाला।"

चाहिए तो यही कि लोग उस विषाद की भीषणता को देखें और अपने कुल में वैसा कलंक न लगने देने की शिक्षा ग्रहण करें।

साधारणतः विरह-वर्णन में देखा जाता है कि विरहीजन सारे उद्दीपन विभावों को उपालम्भ देकर कोसा करते हैं। द्विजराज चन्द्रमा तक को कसाई[1] कह देना

---

1. सिन्धु के सपूत अरु सिन्धुतनया के बन्धु,
आकर-पियूष औ प्रभा के समुदाई के,
कहै पदमाकर गिरीस के चढ़े हो सीस,

तो कोई बात नहीं, और भी न जाने क्या-क्या नहीं कहा जाता। किन्तु उर्मिला इस विचार के विरुद्ध मानो विद्रोह करती है।

वह सबका स्वागत करती है। इस कारण प्रकृति की शोभा में उसको अपने प्रियतम की आभा दिखाई देती है—

"प्रकृत सुकृत फैले, भा रहा जो उन्हीं सा।"

और—

"हँसो हँसो हे शशि, फूल फूलो,
हँसो हिंडोर पर बैठ झूलो।
यथेष्ट मैं रोदन के लिए हूँ,
झड़ी लगा दूँ, इतना पिये हूँ।"

कभी वह चक्रवात को सान्त्वना देती है, कभी कोयल को धैर्य धराती है, कभी लता को अवसर से लाभ उठाने के लिए प्रेरित करती है, कभी कली को शिक्षा का पाठ पढ़ाती है। मकड़ी और मक्खी भी उसकी सहानुभूति से वंचित नहीं। अपने रुदन से वह एक पत्ता भी सूखा नहीं रहने देना चाहती और उसे सरस बनाने के लिए अँचल पसार लेती है। अपनी वेदना का भी वह स्वागत करती है, और उसमें प्रियतम की स्मृति की मिठास पाती है—

"प्रियतम के गौरव ने लघुता दी है मुझे, रहें दिन भारी,
सखि, इस कटुता में भी मधुर स्मृति की मिठास, मैं बलिहारी।"

यदि मानव-स्वभाववश कभी क्षणिक भोग की लालसा उत्पन्न होती है, तो वह दूसरे ही क्षण मनसिज को अपने आत्म-विश्वास के बल पर चुनौती देती है—

"मुझे फूल मत मारो,
मैं अबला बाला वियोगिनी, कुछ तो दया विचारो,
होकर मधु के मीत मदन पटु तुम कटु गरल न गारो,

ओषधि के नाथ कुल-कारन कन्हाई के।
ह्वै के सुधाधाम काम विष को बगारै अरु,
बनिता वियोगिनी सतावत अघाई के,
ऐ रे मतिमन्द चन्द! आवत न तोहि लाज,
ह्वै के द्विजराज काज करत कसाई के।

मुझे विकलता, तुम्हें विफलता, ठहरो, श्रम परिहारो।
नहीं भोगिनी यह मैं कोई जो तुम जाल पसारो,
बल हो तो सिन्दूर बिन्दु यह—यह हरनेत्र निहारो!
रूपदर्प कन्दर्प, तुम्हें तो मेरे पति पर वारो;
लो यह मेरी चरण-धूलि, उस रति के सिर पर धारो।"

यदि इतने पर भी वह विषादिनी निर्वासन पाएगी, तो कहाँ जाएगी? वह तो यही कहती है कि 'साकेत' में रहने का उसका जन्मसिद्ध अधिकार है और वह बना रहे—

"डूब बची लक्ष्मी पानी में, सती आग में पैठ,
जिये उर्मिला, करे प्रतीक्षा, सहे सभी घर बैठ।"

वह सहना चाहती है। दुःख की तो बात ही क्या, उसके पिता ने सुख के विषय में भी उसे यही उपदेश दिया था—'सुख को भी सहनीय जानियो।' पहले उसे एक कामना भी थी। अपने बनगामी स्वामी से वह इतना चाहती थी—

"आराध्य युग्म के सोने पर,
निस्तब्ध निशा के होने पर,
तुम याद करोगे मुझे कभी,
तो बस फिर मैं पा चुकी सभी।"

परन्तु अपने स्वामी को स्मृतिजन्य वेदना से बचाने के लिए वह उस चाह को भी छोड़ देती है, और कहती है—'मुझे भूलकर ही त्रिभुवन में बिचरें मेरे नाथ।'—'परन्तु मुझे न भूले उनका ध्यान।' 'साकेत' के एक कोने में बैठकर इतनी-सी प्रार्थना करने का स्थान भी क्या उसे दुर्लभ होगा? वह रोती है, परन्तु आपकी किसी मर्यादा का भंग तो नहीं करती। जिस प्रियतम के लिए वह रोती है, उसके लिए स्वयं उसी को जाने देती है। सीता से जैसी शिक्षा उसने पाई है, वैसी ही गुरुदक्षिणा भी उन्हें चुकाई है। मेरी तो यह भावना है कि यदि स्वर्ग में भगवान की करुणा के लिए स्थान है, तो 'साकेत' में उर्मिला के विषाद के लिए भी वह निश्चित है।

प्रभु को वन में छोड़कर उसके स्वामी स्वप्न में भी यदि उसके पास आ जाते हैं, तो भी वह 'जाओ' कहकर उन्हें वहीं लौटा देती है। राधा की प्रेम-पीड़ा और सीता की मर्यादा का भार वह वहन करती है। फिर भी कभी-कभी रोकर वह अपना जी हल्का न करे तो क्या करे, उसे जीना जो है। और, रोना तो उसे

इतना रुचिकर हो गया है कि अन्त में भी वह यही कहती है—

"विरह रुदन में गया, मिलन में भी मैं रोऊँ;
मुझे और कुछ नहीं चाहिए, पद-रज धोऊँ।"

मैंने तो रज धोनेवाली समझकर ही कुछ बूँदे उसके रुदन से संग्रह की हैं। मैं तो उसे यही कहते सुनता हूँ कि राम के साथ बन न जाकर यदि—

"रहते घर नाथ तो निरा
कहती स्त्रैण उन्हें यही गिरा।"

एवं सैनिकों को सम्बोधन करते हुए शत्रुघ्न के समीप उसे इस प्रकार पहुँचते देखता हूँ—

"प्रकट हुई ज्यों कार्तिकेय के निकट भवानी।"

वह सैनिकों को लंका के सोने की लूट से रोकने के लिए ही वहाँ पहुँचती है—

"सावधान! वह अधम धान्य-सा धन मत छूना,
तुम्हें तुम्हारी मातृभूमि ही देगी दूना।"

घायलों की सेवा के लिए वह लंका के युद्ध में भी जाना चाहती है; परन्तु रोए बिना मानो वह रह नहीं सकती। इसलिए वहाँ भी वह अपने रोने की सुविधा कर लेती है और वह भी गाने के बीच में—

"गा अपनों की विजय, परों पर रोऊँगी मैं।"

बापू, मैंने आनन्द से अधिक मानकर ही वह विषाद लिया है। आप चाहें तो इसे मानव-स्वभाव की एक विलक्षणंता समझ कर ही 'साकेत' में इसके लिए स्थान रहने दें। यदि यह उर्मिला के कर्तव्य में बाधक न होकर साधक ही सिद्ध हो, तो उसे इस पर अभिमान कर लेने दीजिए। अपने प्रियतम की हास्य की अपेक्षा भी वह उसे अधिक मानती है—

"सखे, जाओ तुम हँसकर भूल,
रहूँ मैं सुध करके रोती।
तुम्हारे हँसने में हैं फूल,
हमारे रोने में मोती"

रोना उसने स्वयं स्वीकार किया है। उसे कुछ देर के लिए तब वह छोड़ती है, जब साधारणतः रोना चाहिए। जिस दिन लंका में उसके स्वामी को शक्ति

लगती है, उस दिन वह रोना छोड़ देती है। उसके विषय में भरत से माण्डवी कहती है—

"किन्तु बहन के बहने वाले आँसू भी सूखे हैं आज,
वरुनी के वरुणालय भी वे अलकों-से रूखे हैं आज।"

फिर भी उसके विषाद अथवा रुदन से किसी की वीरता की हानि हो, तो क्या इसका दायित्व उसी पर है?

रही भक्ति की बात, सो इसका भार भक्तों पर है। वह तो केवल अपनी भक्ति के विषय में कह सकती है, और उसे तो अपने रूप और गुण की अपेक्षा भी अपनी भक्ति का ही अधिक विश्वास है। एक आत्मा अपने परमात्मा में लीन होना चाहती है और कहती है-

"दयति देखते देव भक्ति को,
निरखते नहीं नाथ, व्यक्ति को।"

हाँ, उसकी बहिन माण्डवी, जो उसकी और अपने स्वामी की तपस्या नित्य देख रही है, अवश्य कहती है—

"दैव--अभागा दैव, हमारा कर क्या लेगा,
श्रद्धाँजलि चिरकाल भुवन भर भर-भर देगा।"

और कुछ न सही, उर्मिला आपके वात्सल्य की अधिकारिणी तो अवश्य है। जनक के समान निष्ठा रखनेवालों के प्रति उसका ऐसा अधिकार, उसके और स्वयं उनके, दोनों ही के लिए अनुचित नहीं। हमारे सम्प्रदाय में ऐसे भावुक भी सुने गए हैं, जो हमारे प्रभु को प्रणाम न करके आशीर्वाद दिया करते थे, और ऐसे भी, जो बेटी के यहाँ भोजन करने की भावना से अयोध्या में पानी भी नहीं पीते थे।

मानस जैसे अनुपम धर्मग्रन्थवाली वस्तु आपने 'साकेत' में देखनी चाही थी, इसलिए कुछ भंग होना ठीक ही है। परन्तु यह भी उतना ही ठीक है कि मैंने बापू की रस-विनोदमयी मार्मिक मनोवृत्ति देखी है, और मैंने टाल्स्टाय को रोमियो-जूलियट की भेंट नहीं भेजी।

'साकेत' में मैंने, कालिदास की प्रेरणा से, उस प्रेम की एक झलक देखने की चेष्टा की है, जो भोग से आरम्भ होकर, वियोग झेलता हुआ, योग में परिणित हो जाता है। प्रथम सर्ग में उर्मिला और लक्ष्मण का प्रेम भोगजन्य किंवा कामजन्य है। उसी को योगजन्य अथवा राजजन्य देखने के उद्योग में 'साकेत' की सार्थकता है। लक्ष्मण ने अपने प्रेम को तप की अग्नि में तपाकर शुद्ध किया

है, जैसा चित्रकूट में वे उर्मिला से कहते हैं—

"वन में तनिक तपस्या करके,
बनने दो मुझको निज योग्य,
भाभी की भगिनी तुम मेरे
अर्थ नहीं केवल उपभोग्य।"

वे सफल हुए हैं और अन्त में उर्मिला से कह सके हैं—

"आँखों में ही रही अभी तक तुम थीं मानों,
अन्तस्तल में आज अचल निज आसन जानों,
जो लक्ष्मण था एक तुम्हारा लोलुप कामी,
कह सकती हो आज उसे तुम अपना स्वामी।"

इसी प्रकार ऊर्मिला ने अपने प्रेम को वियोग के पानी से धो-धोकर उसका मैल छुड़ाया है, और अन्त में वह बिना साज-सिंगार किए अपने स्वामी के सामने आ गई है। वह सखी के शृंगारानुरोध का प्रत्याख्यान करके कहती है—

"नहीं-नहीं, प्राणेश मुझी से छले न जावें,
जैसी हूँ मैं, नाथ मुझे वैसा ही पावें।
शूर्पणखा मैं नहीं, हाय! तू तो रोती है,
अरी, हृदय की प्रीति हृदय पर ही होती है।"

इतने पर भी आपको उर्मिला का रुदन असहनीय हो तो उसे मैं आपके पास भेजे देता हूँ। गुरुजनों के सामने वह किसी प्रकार अपने रुदन को रोक लेगी, परन्तु उसे भय है कि उसकी दशा पर विचार करके आप स्वयं ही व्यथित न हो उठें, क्योंकि प्रसंग-विशेष में आप चाहे वज्रादपि कठोर बन जाएँ, परन्तु स्वभाव से कुसुमादपि मृदु ही हैं। कालिदास ने कहा है-

"उष्णात्वमग्न्या तपसम्प्रयोगाच्छैत्यं हि यत्सा प्रकृतिर्जलस्य।"

इसी भय से उर्मिला अपनों से बचती रहती है—

"रोती हैं और दूनी, निरख कर मुझे
दीन-सी तीन सासें,
होते हैं देवर श्री नत हत बहनें
छोड़ती हैं उसासें।
आली, तू ही बता दे, इस विजन बिना
मैं कहाँ आज जाऊँ,

दीन हीना अधीना, ठहर कर जहाँ
शान्ति दूँ और पाऊँ।''

यदि आप उसे किसी काम में लगा दें, तो कदाचित् वह कुछ भूली रहे। वह भी यह चाहती है—

''मैं निज ललित कलाएँ भूल न जाऊँ वियोग-वेदन में,
सखि, पुरबाला-शाला खुलवा दे क्यों न उपवन में।''

वह तो आपके लिए बकरी का दूध भी लाना चाहती है, परन्तु डरती है कि उसमें कभी पानी मिला देखकर आप यह न कह दें कि छोड़ा मैंने बकरी का दूध भी। पानी, हाँ, आँखों का पानी। बहुत रोकने पर भी एक-आध बार वह टपक पड़ा तो बापू दूध से भी गए, फिर चाहे उनके हाथ-पैरों में श्रान्ति का संचार ही क्यों न होने लगे। वह कहती है—

''बनाती रसोई, सभी को खिलाती,
इसी काम में आज मैं तृप्ति पाती।
रहा किन्तु मेरे लिए एक रोना,
खिलाऊँ किसे मैं अलोना सलोना।''

यह न समझिए कि वह कातना-बुनना नहीं जानती, उसकी बड़ी बहन चित्रकूट में कोल-किरात-भिल्ल-बालाओं से कहती है—

''तुम अर्द्ध नग्न क्यों रहो अशेष समय में,
आओ, हम कातें-बुनें गान की लय में।''

परन्तु इस परिस्थिति में कदाचित् उसे रहंटा देना आप उचित न समझें, क्योंकि किसी दिन अन्यमनस्क होकर उसने अपने हाथ में उसका तकुवा लगा लिया तो और भी विपत्ति है। ड्रेसिंग के लिए डॉक्टरों को न जाने कितनी फीस देनी पड़ेगी। आप जैसे कौड़ी-कौड़ी का लेखा लगाने वाले 'लोभी'[१] के लिए यह सुविधाजनक न होगा। तकुवे के बदले यदि आप उसे तूली दें, तो उसका उपयोग वह अवश्य करेगी। उसने कई चित्र बनाए भी हैं, एक नाम है, 'दग्धवर्तिका' पसन्द है?

---

१. गाँधी जी अपने 1929 के दौरे में जब 23 नवम्बर को चिरगाँव पधारे थे, तब उन्होंने अपने भाषण में कहा था कि यद्यपि समय नहीं था, किन्तु मैंने अपना प्रोग्राम बनानेवालों से कहा था कि इस दौरे में मुझे चिरगाँव जाना ही होगा । मेरे लिए यहाँ दो-दो प्रलोभन थे । एक तो यहाँ मैथिलीशरण जी रहते हैं; दूसरे वे जानते हैं कि मैं लोभी हूँ, इसलिए उन्होंने मुझे पैसे का लोभ भी दिया ।

प्रसंगानुसार यह भी कह देना चाहता हूँ कि एक बार मैंने उसे आप की बात का विरोध करते भी देखा है। जिन दिनों आप चिरगाँव आ रहे थे, उन्हीं दिनों किसी सभा में बहुत से फूल लाए गए देखकर, उनके तोड़े जाने पर आपकी विरक्ति की बात सुनी गई थी। किन्तु उर्मिला कह रही थी—

"छोड़ छोड़, फूल मत तोड़ आली, देख मेरा
हाथ लगते ही यह कैसे कुम्हलाये हैं,
कितना विनाश निज क्षणिक विनोद में है,
दुःखिनी लता के लाल आँसुओं से छाये हैं।
किन्तु नहीं, चुन ले सहर्ष खिले फूल सब,
रूप गुण गन्ध से जो तेरे मन भाये हैं,
जाये नहीं लाल लतिका ने झड़ने के लिए,
गौरव के संग चढ़ने के लिए जाये हैं।"

परन्तु मैं समझता हूँ, इस अपराध के लिए 'साकेत' में आप उस विषादिनी को स्थान देने में कृपणता न करेंगे, सम्भवतः उसकी ठोड़ी पकड़ कर 'पगली!' कहते हुए हँस जाएँगे। सचमुच यदि आप उसे पगली कह दें, तो फिर क्या पूछना? यही तो वह चाहती है—

"स्वजनि, पागल भी यदि हो सकूँ,
कुशल तो अपनापन खो सकूँ।"

यह अपनापन-यह अहंभाव ही तो वह छोड़ना चाहती है, प्रियमयी होकर। परन्तु सखी उसे अपने आपे में ले जाती है और तब वह कहती है—

"उन्मादिनी कभी थी, विवेकिनी उर्मिला हुई सखि, अब है,
अज्ञान भला, जिसमें सोहं तो क्या, स्वयं अहं भी कब है।"

इस अज्ञान की प्राप्ति के लिए आप उसे आशीर्वाद देंगे या नहीं, यह आप ही जानें।

उसके विषाद के विषय में लक्ष्मण का कहना है—

"पाप रहित सन्ताप जहाँ,
आत्म-शुद्धि हो आप वहाँ।"

मानो इसी भाव से अनुप्राणित होकर उर्मिला कहती है—

"सुख शान्ति नहीं, न हो मुझे,
तुम सन्तोष, बने रहो मुझे।"

मैं नहीं कह सकता, आपकी संस्कृति की रक्षा करने में वह कहाँ तक समर्थ हुई है; परन्तु उसने प्रयत्न अवश्य किया है, यह कहने में मुझे कोई बाधा नहीं जान पड़ती।

मैं तो उसके विषाद की हलचल को और भी बढ़ाने की इच्छा रखता था; परन्तु आगे उसमें और भाग न लेने के नियम पर ही आप मुझे निष्कृति दे दें, तो भी मैं समझूँगा कि मेरा आवेदन स्वीकृत हो गया। और कहीं उस विषाद को आप भाषा की दृष्टि से सुन्दर मानने के साथ भाव की दृष्टि भी असुन्दर न समझें, तो फिर आपका निर्णय मेरे पक्ष में है।

जो हो, आप के युग में उर्मिला का स्थान बने रहने के लिए मुझे आपसे समझौता करना ही पड़ेगा। इसीलिए तो मैंने आपको इतना कष्ट दिया है, और इसीलिए पुस्तक लिखते और छपते समय भी यथाशक्ति मैंने आपका कितना ध्यान रखा है, उसके कहने की आवश्यकता नहीं। अब भी मैं नम्रतापूर्वक कहता हूँ कि आपका कष्ट व्यर्थ नहीं गया, क्योंकि मैं जानता हूँ कि आप मेरे प्रभु के कितने निकट हैं। आपने मेरी प्रार्थना मान ली और 'साकेत' के दूसरे संस्करण के लिए उसकी त्रुटियों की उपेक्षा नहीं थी, इसके लिए मैं नहीं जानता, किस प्रकार अपनी कृतज्ञता प्रकट करूँ। मधुर तो मुझे बहुत मिला है और अब भी मिल रहा है; किन्तु आपसे मैं जिस कल्याणकारी कटु की कामना रखता था, उसके साथ आप ने मुझे मधुर भी दिया है। उसे भी मैं सिर झुकाकर ग्रहण करता हूँ। मेरे पद्य आपको बहुत प्रिय लगे, इससे अधिक उनको और क्या सफलता मिल सकती है, एवं जैसा परशुराम जी के पत्र से ज्ञात हुआ, आपने 'अनघ' और 'साकेत' को आश्रम में पढ़ाने की आज्ञा दी है, इससे अधिक आप भी उन्हें क्या दे सकते थे।

कष्ट के लिए क्षमा-प्रार्थी हूँ। आशा है, आप सकुशल हैं। मैंने सुन्दर लिपि-विषयक आपके विचार लज्जापूर्वक पढ़े थे। आज मेरी वह लज्जा और भी बढ़ गई थी, और विवश होकर मैंने टाइपराइटर का आश्रय भी ले लिया था, तब तक अजमेरी बाहर से आ गये। उन्होंने कहा, यह पत्र तो मैं अपने हाथ से लिखकर बापू की सेवा में भेजूँगा, और प्रतिलिपि प्रस्तुत कर दी।

अजमेरी का प्रणाम।

विनीत,

मैथिलीशरण

यरवडा मन्दिर,

23.4.32

भाई मैथिलीशरण जी,

आपका पत्र मिल गया। यह पत्र, पत्र नहीं है, परन्तु काव्य है। आपने मुझको हरा दिया है। मैं आपकी बात समझ गया हूँ और उस दृष्टि से उर्मिला के विलाप को स्थान है। बात यह है कि मुझको कुछ भी कहने का अधिकार नहीं था। हमारे शास्त्रों का मेरा अभ्यास यत्किंचित् है, साहित्य का उससे भी कम, भाषा का ज्ञान वैसा ही। यह सब अपनी त्रुटियों को जानते हुए मैंने जो असर मेरे दिल पर हुआ आपको बता दिया। मित्र वर्ग मेरी अपूर्णता जानते हैं तो भी क्योंकि मैं सत्य का पुजारी हूँ, मेरा अभिप्राय कैसा भी हो चाहते हैं। ऐसे प्रेम के वश होकर मैंने आपको अभिप्राय भेज दिया था। इसके उत्तर में आपके सुन्दर पत्र की, काव्य की, प्रतीक्षा कभी नहीं कर सकता था। इसे मैं रखूँगा, दुबारा पढ़ूँगा। और अब आपने जो दृष्टि दी है उस दृष्टि से 'साकेत' फिर पढ़ना होगा। मुश्किल यह है कि अगरचे आपकी भाषा बहुत आसान है तो भी हिन्दी का मेरा ज्ञान अल्प होने के कारण कहीं-कहीं समझने में कठिनता आती है। और हिन्दी का ज्ञान भी मेरा बहुत परिमित है, यह भी कठिनाई का कारण होता है। हिन्दी में ऐसा कोई शब्द कोष है क्या, जिसमें से 'साकेत' आदि ग्रन्थ के प्रत्येक कठिन शब्द का अर्थ मिल सके? मैं जानता हूँ कि अधिक परिश्रम से बहुत-सी चीज तो ऐसे ही समझ लूँगा।

अजमेरी जी को मेरे वन्देमातरम्। उनके भजनों का मुझे खूब स्मरण है। ईश्वर कृपा होगी तो दुबारा किसी दिन सुनूँगा।

हाँ, 'साकेत' और 'अनघ' दोनों आश्रम में पढ़ाने का मैंने परसराम को लिखा था। सम्भव है उसका आरम्भ भी हो गया हो।

आपका,

मोहन दास

अनुक्रम

●

प्रथम सर्ग : 1
द्वितीय सर्ग : 15
तृतीय सर्ग : 30
चतुर्थ सर्ग : 43
पंचम सर्ग : 61
षष्ठ सर्ग : 81
सप्तम सर्ग : 94
अष्टम सर्ग : 116
नवम सर्ग : 143
दशम सर्ग : 190
एकादश सर्ग : 216
द्वादश सर्ग : 259

जय देवमन्दिर-देहली
सम-भाव से जिस पर चढ़ी,-
नृप-हेममुद्रा और रंक-वराटिका।
मुनि-सत्य-सौरभ की कली-
कवि-कल्पना जिसमें बढ़ी,
फूले-फले साहित्य की वह वाटिका।

* * *

राम, तुम मानव हो? ईश्वर नहीं हो क्या?
विश्व में रमे हुए नहीं सभी कहीं हो क्या?
तब मैं निरीश्वर हूँ ईश्वर क्षमा करें;
तुम न रमो तो मन तुममें रमा करें।

* * *

मंगलाचरण

जयति कुमार-अभियोग-गिरा गौरी-प्रति,
स-गण, गिरीश जिसे सुन मुसकाते हैं—
"देखो अम्ब, ये हेरम्ब मानस के तीर पर,
तुन्दिल शरीर एक ऊधम मचाते हैं।
गोद भरे मोदक धरे हैं, सविनोद उन्हें,
सूँड़ से उठाके मुझे देने को दिखाते हैं,
देते नहीं, कन्दुक-सा ऊपर उछालते हैं,
ऊपर ही झेलकर, खेलकर खाते हैं।"

साकेत

प्रथम सर्ग

अयि दयामयि देवि, सुखदे, सारदे,
इधर भी निज वरद-पाणि पसारदे।
दास की यह देह-तन्त्री सार दे,
रोम-तारों में नई झंकार दे।
बैठ, आ, मानस-मराल सनाथ हो,
भार-वाही कण्ठ-केकी साथ हो।
चल अयोध्या के लिए, सज साज तू,
माँ, मुझे कृतकृत्य कर दे आज तू।
स्वर्ग से भी आज भूतल बढ़ गया,
भाग्य भास्कर उदयगिरि पर चढ़ गया।
हो गया निर्गुण सगुण-साकार है,
ले लिया अखिलेश ने अवतार है।
किस लिए यह खेल प्रभु ने है किया?
मनुज बनकर मानवी का पय पिया?
भक्त-वत्सलता इसी का नाम है,
और वह लोकेश लीला-धाम है।
पथ दिखाने के लिए संसार को,
दूर करने के लिए भू-भार को।
सफल करने के लिए जन-दृष्टियाँ,
क्यों न करता वह स्वयं निज सृष्टियाँ?
असुर-शासन शिशिर-मय हेमन्त है,
पर निकट ही राम-राज्य-वसन्त है।
पापियों का जान लो अब अन्त है,
भूमि पर प्रकटा अनादि-अनन्त है।
राम-सीता, धन्य धीराम्बर इला,
शौर्य-सह सम्पत्ति लक्ष्मण-ऊर्मिला।
भरत-कर्त्ता, माण्डवी उनकी क्रिया
कीर्ति-सी श्रुतकीर्ति शत्रुघ्नप्रिया।

ब्रह्म की हैं चार जैसी पूर्तियाँ,
ठीक वैसी चार माया-मूर्तियाँ।
धन्य दशरथ-जनक-पुण्योत्कर्ष है;
धन्य भगवद्भूमि-भारतवर्ष है।

देख लो, साकेत नगरी है यही,
स्वर्ग से मिलने गगन में जा रही।
केतु-पट अंचलसदृश हैं उड़ रहे,
कनक-कलशों पर अमर-दृग जुड़ रहे!
सोहती हैं विविध-शालायें बड़ी,
छत उठाये भित्तियाँ चित्रित खड़ी।
गेहियों के चारु-चरितों की लड़ी,
छोड़ती हैं छाप, जो उन पर पड़ी।
स्वच्छ, सुन्दर और विस्तृत घर बने,
इन्द्रधनुषाकार तोरण हैं तने।
देव-दम्पति अट्ट देख सराहते,
उतरकर विश्राम करना चाहते।
फूल-फलकर, फैलकर जो हैं बढ़ी,
दीर्घ छज्जों पर विविध बेलें चढ़ी।
पौरकन्याएँ प्रसून-स्तूप कर,
वृष्टि करती हैं यहीं से भूप पर।
फूल-पत्ते हैं गवाक्षों में कढ़े,
प्रकृति से ही वे गये मानो गढ़े।
दामिनी भीतर दमकती है कभी,
चन्द्र की माला चमकती है कभी।
सर्वदा स्वच्छन्द छज्जों के तले,
प्रेम के आदर्श पारावत पले।
केश-रचना के सहायक हैं शिखी,
चित्र में मानो अयोध्या है लिखी!

दृष्टि में वैभव भरा रहता सदा;
घ्राण में आमोद है बहता सदा।

ढालते हैं शब्द श्रुतियों में सुधा,
स्वाद गिन पाती नहीं रसना-क्षुधा!
कामरूपी वारिदों के चित्र-से,
इन्द्र की अमरावती के मित्र-से।
कर रहे नृप-शौध गगन-स्पर्श हैं,
शिल्प-कौशल के परम आदर्श है।
कोट-कलशों पर प्रणीत विहंग हैं,
ठीक जैसे रूप, वैसे रंग हैं।
वायु की गति गान देती है उन्हें,
बाँसुरी की तान देती है उन्हें।
ठौर ठौर अनेक अध्वर-यूप हैं,
जो सुसंवत् के निदर्शन-रूप हैं।
राघवों की इन्द्र-मैत्री के बड़े,
वेदियों के साथ साक्षी-से खड़े,
मूर्तिमय, विवरण समेत, जुदे जुदे,
ऐतिहासिक वृत्त जिनमें हैं खुदे।
यत्र तत्र विशाल कीर्ति-स्तम्भ हैं,
दूर करते दानवों का दम्भ हैं।

स्वर्ग की तुलना उचित ही है यहाँ,
किन्तु सुरसरिता कहाँ, सरयू कहाँ?
वह मरों को मात्र पार उतारती,
यह यहीं से जीवितों को तारती!
अंगराग पुरांगनाओं के धुले,
रंग देकर नीर में जो हैं घुले।
दीखते उनसे विचित्र तरंग हैं,
कोटि शक्र-शरास होते भंग हैं।
है बनी साकेत नगरी नागरी,
और सात्विक-भाव से सरयू भरी।
पुण्य की प्रत्यक्ष धारा बह रही,
कर्ण-कोमल कल-कथा-सी कह रही।
तीर पर हैं देव-मन्दिर सोहते,
भावुकों के भाव मन को मोहते।

आस-पास लगी वहाँ फुलवारियाँ,
हँस रही हैं खिलखिला कर क्यारियाँ।

है अयोध्या अवनि की अमरावती,
इन्द्र हैं दशरथ विदित वीरव्रती,
वैजयन्त विशाल उनके धाम हैं,
और नन्दन वन बने आराम हैं।

एक तरु के विविध सुमनों-से खिले,
पौरजन रहते परस्पर हैं मिले।
स्वस्थ, शिक्षित, शिष्ट, उद्योगी सभी,
बाह्यभोगी, आन्तरिक योगी सभी।
व्याधि की बाधा नहीं तन के लिए,
आधि की शंका नहीं मन के लिए।
चोर की चिन्ता नहीं धन के लिए,
सर्व सुख हैं प्राप्त जीवन के लिए।
एक भी आँगन नहीं ऐसा यहाँ,
शिशु न करते हों कलित-क्रीड़ा जहाँ।
कौन है ऐसा अभागा गृह कहो,
साथ जिसके अश्व-गोशाला न हो।
धान्य-धन्य-परिपूर्ण सबके धाम हैं,
रंगशाला-से सजे अभिराम हैं।
नागरों की पात्रता, नव नव कला,
क्यों न दे आनन्द लोकोत्तर भला?
ठाठ हैं सर्वत्र घर या घाट है,
लोक-लक्ष्मी की विलक्षण हाट है।
सिक्त, सिंजित-पूर्ण मार्ग अकाट्य हैं,
घर सुघर नेपथ्य, बाहर नाट्य हैं।

अलग रहती हैं सदा ही ईतियाँ,
भटकती हैं शून्य में ही भीतियाँ।

नीतियों के साथ रहती रीतियाँ,
पूर्ण हैं राजा-प्रजा की प्रीतियाँ।
पुत्र रूपी चार फल पाये यहीं,
भूप को अब और कुछ पाना नहीं।
बस यही संकल्प पूरा एक हो,
शीघ्र ही श्रीराम का अभिषेक हो।

सूर्य का यद्यपि नहीं आना हुआ;
किन्तु समझो, रात का जाना हुआ।
क्योंकि उसके अंग पीले पड़ चले;
रम्य-रत्नाभरण ढीले पड़ चले।
एक राज्य न हो, बहुत से हों जहाँ;
राष्ट्र का बल बिखर जाता है वहाँ।
बहुत तारे थे, अँधेरा कब मिटा,
सूर्य का आना सुना जब, तब मिटा।
नींद के भी पैर हैं कँपने लगे,
देख लो, लोचन-कुमुद झँपने लगे।
वेष-भूषा साज ऊषा आ गई,
मुख-कमल पर मुस्कराहट छा गई।
पक्षियों की चहचहाहट हो उठी,
चेतना की अधिक आहट हो उठी,
स्वप्न के जो रंग थे वे घुल उठे,
प्राणियों के नेत्र कुछ कुछ खुल उठे।
दीप-कुल की ज्योति निष्प्रभ हो निरी;
रह गई अब एक घेरे में घिरी।
किन्तु दिनकर आ रहा, क्या सोच है?
उचित ही गुरुजन निकट संकोच है।
हिम-कणों ने है जिसे शीतल किया,
और सौरभ ने जिसे नव बल दिया।
प्रेम से पागल पवन चलने लगा,
सुमन-रज सर्वांग में मलने लगा।
प्यार से अंचल पसार हरा-भरा,
तारकाएँ खींच लाई हैं धरा।
निरख रत्न हरे गये निज कोष के,

शून्य रंग दिखा रहा है रोष के।
ठौर ठौर प्रभातियाँ होने लगीं,
अलसता की ग्लानियाँ धोने लगीं।
कौन भैरव-राग कहता है इसे,
श्रुति-पुटों से प्राण पीते हैं जिसे?
दीखते थे रंग जो धूमिल अभी,
हो गये हैं अब यथायथ वे सभी।
सूर्य के रथ में अरुण हय जुत गये,
लोक के घर-बार ज्यों लिप-पुत गये।
सजग जन-जीवन उठा विश्रान्त हो,
मरण किसको देख जड़-सा भ्रान्त हो।
दधि विलोडन, शास्त्रमन्थन सब कहीं,
पुलक-पूरित तृप्त तन-मन सब कहीं।
खुल गया प्राची दिशा का द्वार है,
गगन-सागर में उठा क्या ज्वार है!
पूर्व के ही भाग्य का यह भाग है,
या नियति का राग-पूर्ण सुहाग है!

अरुण-पट पहने हुए आह्लाद में,
कौन यह बाला खड़ी प्रासाद में?
प्रकट-मूर्तिमती उषा ही तो नहीं?
कान्ति-की किरणें उजेला कर रहीं।
यह सजीव सुवर्ण की प्रतिमा नई,
आप विधि के हाथ से ढाली गई।
कनक-लतिका भी कमल-सी कोमला,
धन्य है उस कल्प-शिल्पी की कला!
जान पड़ता नेत्र देख बड़े-बड़े—
हीरकों में गोल नीलम हैं जड़े।
पद्मरागों से अधर मानों बने;
मोतियों से दाँत निर्मित हैं घने।
और इसका हृदय किससे है बना,
वह हृदय ही है कि जिससे है बना।
प्रेम-पूरित सरस कोमल चित्त से,
तुल्यता की जा सके किस वित्त से?

शाण पर सब अंग मानो चढ़ चुके,
प्राण फिर उनमें पड़े जब गढ़ चुके।
झलकता आता अभी तारुण्य है,
आ गुराई से मिला आरुण्य है।
लोल कुण्डल मण्डलाकृति गोल हैं,
घन-पटल-से केश, कान्त-कपोल हैं।
देखती है जब जिधर यह सुन्दरी,
दमकती है दामनी-सी द्युति-भरी।
हैं करों में भूरि भूति भलाइयाँ,
लचक जाती अन्यथा न कलाइयाँ?
चूड़ियों के अर्थ, जो हैं मणिमयी,
अंग की ही कान्ति कुन्दन बन गई।
एक ओर विशाल दर्पण है लगा,
पार्श्व से प्रतिबिम्ब जिसमें है जगा।
मन्दिरस्था कौन यह देवी भला?
किस कृती के अर्थ है इसकी कला?
स्वर्ग का यह सुमन धरती पर खिला;
नाम है इसका उचित ही 'ऊर्मिला'।
शील-सौरभ की तरंगें आ रही,
दिव्य-भाव भवाब्धि में हैं ला रही।
सौधसिंहद्वार पर अब भी वही,
बाँसुरी रस-रागिनी में बज रही।
अनुकरण करता उसी का कीर है,
पंजरस्थित जो सुरम्य शरीर है।
ऊर्मिला ने कीर-सम्मुख दृष्टि की,
या वहाँ दो खंजनों की सृष्टि की!
मौन होकर कीर तब विस्मित हुआ,
रह गया वह देखता-सा स्थित हुआ!
प्रेम से उस प्रेयसी ने तब कहा—
"रे सुभाषी, बोल चुप क्यों हो रहा?"
पार्श्व से सौमित्र आ पहुँचे तभी,
और बोले—"लो बता दूँ मैं अभी।
नाक का मोती अधर की कान्ति से,
बीज दाड़िम का समझकर भ्रान्ति से।
देख कर सहसा हुआ शुक मौन है,
सोचता है, अन्य शुक यह कौन है।"

यों वचन कहकर सहास्य विनोद से,
मुग्ध हो सौमित्र मन के मोद से।
पद्मिनी के पास मत्त मराल-से,
हो गये आकर खड़े स्थिर चाल से।
चारु-चित्रित भित्तियाँ भी वे बड़ी,
देखती ही रह गईं मानों खड़ी।
प्रीति से आवेग मानो आ मिला,
और हार्दिक हास आँखों में खिला।
मुस्करा कर अमृत बरसाती हुई,
रसिकता में सुरस सरसाती हुई।
ऊर्मिला बोली, ''अजी, तुम जग गये?
स्वप्न-निधि से नयन कब से लग गये?''
''मोहिनी ने मन्त्र पढ़ जब से छुआ,
जागरण रुचिकर तुम्हें जब से हुआ!''
तन हुई संलाप में बहु रात थी,
प्रथम उठने की परस्पर बात थी।
''जागरण है स्वप्न से अच्छा कहीं?''
''प्रेम में कुछ भी बुरा होता नहीं!''
''प्रेम की यह रुचि विचित्र सराहिए,
योग्यता क्या कुछ न होनी चाहिए?''
''धन्य है प्यारी, तुम्हारी योग्यता,
मोहनी-सी मूर्ति, मजु-मनोज्ञता।
धन्य जो इस योग्यता के पास हूँ;
किन्तु मैं भी तो तुम्हारा दास हूँ।'
''दास बनने का बहाना, किसलिये?''
क्या मुझे दासी कहाना, इसलिये?
देव होकर तुम सदा मेरे रहो,
और देवी ही मुझे रक्खो, अहो!''
ऊर्मिला यह कह तनिक चुप हो रही,
तब कहा सौमित्र ने कि ''यही सही।
तुम रहो मेरी हृदय-देवी सदा,
मैं तुम्हारा हूँ प्रणय-सेवी सदा।''
फिर कहा—''वरदान भी दोगी मुझे?
मानिनी, कुछ मान भी दोगी मुझे?''
ऊर्मिला बोली कि ''यह क्या धर्म है?
कामना को छोड़ कर ही कर्म है!''

''किन्तु मेरी कामना छोटी-बड़ी,
है तुम्हारे पाद-पद्मों में पड़ी।
त्याग या स्वीकार कुछ भी हो भले,
वह तुम्हारी वस्तु आश्रित-वत्सले!''
शस्त्रधारी हो न तुम, विष के बुझे,
क्यों न काँटों में घसीटोगे मुझे!
अवश अबला हूँ न मैं, कुछ भी करो,
किन्तु पैर नहीं, शिरोरुह तब धरो!''
''साँप पकड़ाओ न मुझको निर्दये,
देख कर ही विष चढ़े जिनका अये!
अमृत भी पल्लव-पुटों में है भरा,
विरस मन को भी बना दे जो हरा।
'अवश-अबला' तुम? सकल बलवीरता,
विश्व की गम्भीरता, ध्रुव-धीरता,
बलि तुम्हारी एक बाँकी दृष्टि पर,
मर रही है, जी रही है सृष्टि भर।
भूमि के कोटर, गुहा गिरि, गर्त्त भी,
शून्यता नभ की, सलिल-आवर्त्त भी,
प्रेयसी, किसके सहज-संसर्ग से,
दीखते हैं प्राणियों को स्वर्ग-से?
जन्म-भूमि-ममत्व कृपया छोड़ कर,
चारु-चिन्तामणि-कला से होड़ कर,
कल्पवल्ली-सी तुम्हीं चलती हुई,
बाँटती हो दिव्य फल फलती हुई!''
''खोजती हैं किन्तु आश्रय मात्र हम,
चाहती हैं एक तुम-सा पात्र हम।
आन्तरिक सुख-दुःख हम जिसमें धरें,
और निज भव-भार यों हलका करें।
तदपि तुम—यह कीर चला कहने चला?
कह अरे, क्या चाहिये तुझको भला?''
''जनकपुर की राज-कुञ्ज-विहारिका,
एक सुकुमारी सलौनी सारिका।''
देख निज शिक्षा सफल लक्ष्मण हँसे,
ऊर्मिला के नेत्र खंजन-से फँसे।
''तोड़ना होगा धनुष उसके लिये,
तोड़ डाला है उसे प्रभु ने प्रिये!

सुतनु टूटे का भला क्या तोड़ना?
कीर का है काम दाड़िम फोड़ना,—
होड़ दाँतों की तुम्हारे जो करे,
जन्म मिथिला या अयोध्या में धरे!''
ललित ग्रीवा-भंग दिखला कर अहा!
ऊर्मिला ने लक्ष कर प्रिय को, कहा—
''और भी तुमने किया है कुछ कभी,
या कि सुग्गे ही पढ़ाये हैं अभी?''
''बस तुम्हें पाकर अभी सीखा यही।''
बात यह सौमित्र ने सस्मित कही।
''देख लूँगी—''ऊर्मिला ने भी कहा।
विविध विध फिर भी विनोदामृत बहा।
हार जाते पति कभी, पत्नी कभी,
किन्तु वे होते अधिक हर्षित तभी।
प्रेमियों का प्रेम गीतातीत है,
हार में जिसमें परस्पर जीत है!
''कल प्रिये, निज आर्य का अभिषेक है,
सब कहीं आनन्द का अतिरेक है।
राम-राज्य विधान होने जा रहा,
पूत पर पावन नया युग आ रहा!
अब नया वर-वेश होगा आर्य का,
और साधन क्षत्र-कुल के कार्य का।
दृग सफल होंगे हमारे शीघ्र ही,
सिद्ध होंगे सुकृत सारे शीघ्र ही।''
''ठीक है, पर कुछ मुझे देना कहो,
सेंत-मेंत न दृष्टि-फल लेना कहो,
तो तुम्हें अभिषेक दिखला दूँ अभी,
दृश्य उसका सामने ला दूँ सभी।''
''चित्र क्या तुमने बनाया है अहा?''
हर्ष से सौमित्र ने साग्रह कहा—
''तो तनिक लाओ, दिखाओ, है कहाँ?
'कुछ' नहीं मैं 'बहुत कुछ' दूँगा यहाँ!''
ऊर्मिला ने मूर्ति बन कर प्रेम की;
खींच कर मणि-खचित मचिया हेम की,
आप प्रियतम को बिठा उस पर दिया।
और लाकर चित्रपट सम्मुख किया।

चित्र भी था चित्र और विचित्र भी,
रह गये चित्रस्थ-से सौमित्र भी।
देख भाव-प्रवणता वर-वर्णता,
वाक्य सुनने को हुई उत्कर्णता!
तूलिका सर्वत्र मानो थी तुली,
वर्ण-निधि-सी व्योम-पट पर थी खुली,
चित्र के मिष, नेत्र विहंगों के लिए,
आप मोहन-जाल माया थी लिए!
सुध न अपनी भी रही सौमित्र को,
देर तक देखा किये वे चित्र को।
अन्त में बोले बड़े ही प्रेम से—
"हे प्रिये, जीती रहो तुम क्षेम से।
दुर्ग-सम्मुख दृष्टि-रोध न हो जहाँ,
है सभा-मण्डप बना विस्तृत वहाँ।
झालरों में मंजु मुक्ता है पुहे,
माँग में जिस भाँति जाते हैं गुहे।
दीर्घ खम्भे हैं बने वैदूर्य के,
ध्वज-पटों में चिह्न कुल-गुरु सूर्य के।
भूमि के आनन्द से नभ भी भरा,
फूल बरसाता हृदय लेकर हरा।
तूर्य वादक बाल कूद उमंग में
आ गया है नृत्य के भी रंग में
बज रही है द्वार पर जय-दुन्दभी;
और प्रहरी हैं खड़े प्रमुदित सभी।
क्षौम के छत में लटकते गुच्छ हैं,
सामने जिनके चमर भी तुच्छ हैं।
पद्म-पुञ्जों-से पटासन हैं पड़े,
और हैं बाघाम्बरों के पाँवड़े।
बीच में है रत्न-सिंहासन बना,
छत्र और वितान जिस पर है तना।
आर्य दम्पति राजते अभिराम हैं,
प्रकट तुलसी और शालग्राम हैं!
सब सभासद शिष्ट हैं, नय-निष्ठ हैं,
छोड़ते अभिषेक-वारि वसिष्ठ हैं।
आर्य-आर्या हैं तनिक कैसे झुके,
आज मानो लोक-भार उठा चुके!

बरसती है खचित मणियों की प्रभा,
तेज में डूबी हुई है सब सभा!
सुर-सभा-गृह विम्ब इसका ही बड़ा,
व्योम-रूपी काँच में है जा पड़ा!
पंच-पुरजन-सचिव सब प्रमुदित बड़े,
माण्डलिक नरवीर कैसे हैं खड़े।
हाथ में राजोपहार लिए हुए,
देश-देश-विचित्र-वेश किए हुए।
किन्तु मित्र नरेश सब कब आ सके?
भरत भी यहाँ न बुलाये जा सके।
यह तुम्हारी भावना की स्फूर्ति है,
जो अपूर्ण कला उसी की पूर्ति है।
हो रहा है जो जहाँ, सो हो रहा,
यदि वही हमने कहा तो क्या कहा?
किन्तु होना चाहिए कब क्या, कहाँ,
व्यक्त करती है कला ही यह यहाँ।
मानते हैं जो कला के अर्थ ही,
स्वार्थिनी करते कला को व्यर्थ ही।
वह तुम्हारे और तुम उसके लिए,
चाहिए पारस्परिकता ही प्रिये।
मञ्जरी-सी अँगुलियों में यह कला,
देख कर मैं क्यों न सुध भूलूँ भला?
क्यों न अब मैं मत्त गज-सा झूम लूँ?
कर-कमल लाओ तुम्हारा चूम लूँ!"
कर बड़ा कर, जो कमल-सा था खिला,
मुस्कराई और बोली ऊर्मिला—
"मत्त गज बन कर विवेक न छोड़ना,
कर कमल कह कर न मेरा तोड़ना!"
वचन सुन सौमित्र लज्जित हो गये,
प्रेम-सागर में निमज्जित हो गये।
पकड़ कर सहसा प्रिया का कर वही,
चूम कर फिर फिर उसे बोले यही—
"एक भी उपमा तुम्हें भाती नहीं,
ठीक भी है, वह तुम्हें पाती नहीं।
सजग अब इससे रहूँगा मैं सदा,
अनुपमा, तुमको कहूँगा मैं सदा।

निरुपमे, पर चित्र मेरा है कहाँ?''
''प्रिय, तुम्हारा कौन-सा पद है यहाँ?''
''भावती, मैं भार लूँ किस काम का?
एक सैनिक मात्र लक्ष्मण राम का।''
''किन्तु सीता की बहन है ऊर्मिला,
वाह, उलटा योग यह अच्छा मिला!
अस्तु, कुछ देना तुम्हें स्वीकार हो,
तो तुम्हारा चित्र भी तैयार हो।''
''और जो न हुआ?'' गिरा प्रिय ने कही,
''तो पलट कर आप मैं दूँगी वही।''
होड़ कर यों ऊर्मिला उद्यत हुई,
और तत्क्षण कार्य में वह रत हुई।
ज्योति-सी सौमित्र के सम्मुख जगी,
चित्रपट पर लेखनी चलने लगी।
अवयवों की गठन दिखला कर नई,
अमल जल पर कमल-से फूले कई।
साथ ही सात्विक-सुमन खिलने लगे,
लेखिका के हाथ कुछ हिलने लगे!
झलक आया स्वेद भी मकरन्द-सा,
पूर्ण भी पाटव हुआ कुछ मन्द-सा।
चिबुक-रचना में उमंग नहीं रुकी,
रंग फैला लेखनी आगे झुकी।
एक पीत तरंग-रेखा-सी बही,
और यह अभिषेक-घट पर जा रही!
हँस पड़े सौमित्र भावों से भरे,
ऊर्मिला का वाक्य था केवल ''अरे!''
''रंग घट में ही गया, देखा, रहो;
तुम चिबुक धरने चली थीं, क्यों न हो?''
ऊर्मिला भी कुछ लजा कर हँस पड़ी,
वह हँसी थी मोतियों की-सी लड़ी।
''बन पड़ी है आज तो!'' उसने कहा—
''क्या करूँ, बस में न मेरा मन रहा।
हार कर तुम क्या मुझे देते कहो?
मैं वही दूँ, किन्तु कुछ का कुछ न हो।''
हाथ लक्ष्मण ने तुरन्त बढ़ा दिये,
और बोले—''एक परिरम्भण प्रिये!''

सिमिट-सी सहसा गई प्रिय की प्रिया,
एक तीक्ष्ण अपांग ही उसने दिया।
किन्तु घाते में उसे प्रिय ने किया,
आप ही फिर प्राप्य अपना ले लिया!
बीत जाता एक युग पल-सा वहाँ,
सुन पड़ा पर हर्ष कलकल-सा वहाँ।
द्वार पर होने लगी विरुदावली,
गूँजने सहसा लगी गगनस्थली।
सूत, मागध, वन्दिजन यश पढ़ उठे,
छन्द और प्रबन्ध नूतन गढ़ उठे।
मुरज, वीणा वेणु आदिक बज उठे,
विज्ञ वैतालिक सुरावट सज उठे।
दम्पती चौंके, पवन-मण्डल हिला,
चंचला-सी छिटक छूटी ऊर्मिला।
तब कहा सौमित्र ने—"तो अब चलूँ,
याद रखना किन्तु जो बदला न लूँ?
देखने कुल-वृद्धि-सी पाताल से,
आ गये कुलदेव भी द्रुत चाल से।
दिन निकल आया, विदा दो अब मुझे;
फिर मिले अवकाश देखूँ कब मुझे?"
ऊर्मिला कहने चली कुछ, पर रुकी,
और निज अंचल पकड़कर वह झुकी।
भक्ति-सी प्रत्यक्ष भू-लग्ना हुई,
प्रिय कि प्रभु के प्रेम में मग्ना हुई।

चूमता था भूमितल को अर्द्ध विधु-सा भाल,
बिछ रहे थे प्रेम के दृग-जाल बन कर बाल।
छत्र-सा सिर पर उठा था प्राणपति का हाथ,
हो रही थी प्रकृति अपने आप पूर्ण सनाथ।

इसके आगे? विदा विशेष;
हुए दम्पती फिर अनिमेष।
किन्तु जहाँ है मनोनियोग,
वहाँ कहाँ का विरह वियोग?

द्वितीय सर्ग

लेखनी, अब किसलिए विलम्ब?
बोल,—जय भारति, जय जगदम्ब।
प्रकट जिसका यों हुआ प्रभात,
देख अब तू उस दिन की रात।

धरा पर धर्मादर्श-निकेत,
धन्य है स्वर्ग-सदृश साकेत।
बढ़े क्यों आज न हर्षोद्रेक?
राम का कल होगा अभिषेक।
दशों दिग्पालों के गुण-केन्द्र,
धन्य हैं दशरथ मही-महेन्द्र।
त्रिवेणी-तुल्य रानियाँ तीन,
बहाती सुख-प्रवाह नवीन।
मोद का आज न ओर न छोर।
आम्र वन-सा फूला सब ओर।
किन्तु हा! फला न सुमन-क्षेत्र,
कीट बन गये मन्थरा-नेत्र।
देख कर कैकेयी यह हाल,
आप उससे बोली तत्काल—
''अरी, तू क्यों उदास है आज,
वत्स जब कल होगा युवराज?''
मन्थरा बोली निस्संकोच—
''आपको भी तो है कुछ सोच?''
हँसी रानी सुनकर वह बात,
उठी अनुपम आभा अवदात।
''सोच है मुझको निस्सन्देह,
भरत जो है मामा के गेह।
सफल करके निज निर्मल-दृष्टि,
देख वह सका न यह सुख-सृष्टि!''

ठोंककर अपना क्रूर-कपाल,
जताकर यही कि फूटा भाल,
किंकरी ने तब कहा तुरन्त—
"हो गया भोलेपन का अन्त!"
न समझी कैकेयी वह बात,
कहा उसने—"यह क्या उत्पात?
वचन क्यों कहती है तू वाम?
नहीं क्या मेरा बेटा राम?"
"और वे औरस भरत कुमार;"
कुदासी बोली कर फटकार।
कहा रानी ने पाकर खेद—
"भला दोनों में है क्या भेद?"
"भेद?"—दासी ने कहा सतर्क—
"सवेरे दिखला देगा अर्क।
राजमाता होंगी जब एक,
दूसरी देखेंगी अभिषेक!"
रोक कर कैकेयी ने रोष,
कहा—"देती है किसको दोष?
राम की माँ क्या कल या आज,
कहेगा मुझे न लोक-समाज?"
कहा दासी ने धीरज त्याग—
"लगे इस मेरे मुँह में आग।
मुझे क्या, मैं होती हूँ कौन?
नहीं रहती हूँ फिर क्यों मौन?
देखकर किन्तु स्वामि-हित-घात,
निकल ही जाती है कुछ बात।
इधर भोली हैं जैसी आप,
समझतीं सबको वैसी आप!
नहीं तो यह सीधा षड़यन्त्र,
रचा क्यों जाता यहाँ स्वतन्त्र?
महारानी कौशल्या आज,
सहज सज लेतीं क्या सब साज?"
कहा रानी ने—क्या षड़यन्त्र?
वचन हैं तेरे मायिक मन्त्र।
हुई जाती हूँ मैं उद्भ्रान्त,
खोल कर कह तू सब वृत्तान्त।"

मन्थरा ने फिर ठोंका भाल—
"शेष है अब भी क्या कुछ हाल?
सरलता भी ऐसी है व्यर्थ,
समझ जो सके न अर्थानर्थ।
भरत को करके घर से त्याज्य,
राम को देते हैं नृप राज्य।
भरत-से सुत पर भी सन्देह,
बुलाया तक न उन्हें जो गेह!"
कहा कैकेयी ने सक्रोध—
"दूर हो दूर अभी निर्बोध?
सामने से हट, अधिक न बोल,
द्विजिह्वे, रस में विष मत घोल।
उड़ाती है तू घर में कीच,
नीच ही होते हैं बस नीच।
हमारे आपस के व्यवहार,
कहाँ से समझे तू अनुदार?"
हुआ भ्रूकुंचित भाल विशाल,
कपोलों पर हिलते थे बाल।
प्रकट थी मानो शासन-नीति,
मन्थरा सहमी देख सभीत।
तीक्ष्ण थे लोचन अटल अडोल,
लाल थे लाली भरे कपोल।
न दासी देख सकी उस ओर,
जला दे कहीं न कोप कठोर।
किन्तु वह हटी न अपने आप,
खड़ी ही रही नम्र चुपचाप!
अन्त में बोली स्वर-सा साध—
"क्षमा हो मेरा यह अपराध।
स्वामि-सम्मुख सेवक या भृत्य,
आप ही अपराधी हैं नित्य।
दण्ड दें कुछ भी आप समर्थ,
कहा क्या मैंने अपने अर्थ?
समझ में आया जो कुछ मर्म,
उसे कहना था मेरा धर्म।
न था यह मेरा अपना कृत्य,
भर्तृ हैं भर्तृ, भृत्य हैं भृत्य।"

महीं पर अपना माथा टेक,
भरा था जिसमें अति अविवेक।
किया दासी ने उसे प्रणाम,
और वह चली गई अविराम।

गई दासी, पर उसकी बात,
दे गई मानो कुछ आघात—
'भरत-से सुत पर भी सन्देह,
बुलाया तक न उन्हें जो गेह!'
पवन भी मानो उसी प्रकार,
शून्य में करने लगा पुकार—
'भरत-से सुत पर भी सन्देह,
बुलाया तक न उन्हें जो गेह!'
गूँजते थे रानी के कान,
तीर-सी लगती थी वह तान—
'भरत-से सुत पर भी सन्देह,
बुलाया तक न उन्हें जो गेह!'
मूर्ति-सी बनी हुई उस ठौर,
खड़ी रह सकी न अब वह और।
गई शयनालय में तत्काल,
गभीरा सरिता-सी थी चाल।
न सह कर मानो तनु का भार,
लेट कर करने लगी विचार।
कहा तब उसने—"हे भगवान,
आज क्या सुनते हैं ये कान?
मनोमन्दिर की मेरी शान्ति;
बनी जाती है क्यों उत्क्रान्ति?
लगा दी किसने आकर आग?
कहाँ था तू संशय के नाग?
नाथ, कैकेयी के वर-वित्त,
चीर कर देखो उसका चित्त।
स्वार्थ का वहाँ नहीं है लेश,
बसे हो एक तुम्हीं प्राणेश!
सदा थे तुम भी परमोदार,
हुआ क्यों सहसा आज विकार?

भरत-से सुत पर भी सन्देह,
बुलाया तक न उन्हें जो गेह?
न थी हम माँ-बेटे की चाह,
आह! तो खुली न थी क्या राह?
मुझे भी भाई के घर नाथ,
भेज क्यों दिया न सुत के साथ
राज्य का अधिकारी है ज्येष्ठ,
राम में गुण भी हैं सब श्रेष्ठ।
भला फिर भी क्या मेरा वत्स,
शान्त रस में बनता वीभत्स?
तुम्हारा अनुज भरत हे राम,
नहीं है क्या नितान्त निष्काम?
जानते जितना तुम कुलधन्य,
भरत को कौन जानता अन्य?
भरत रे भरत, शील-समुदाय,
गर्भ में आकर मेरे हाय!
हुआ यदि तू भी संशय-पात्र,
दग्ध हो तो मेरा यह गात्र!
चली जा पृथिवी, तू पाताल,
आपको संशय में मत डाल।
कहीं तुझ पर होता विश्वास,
भरत में पहले करता वास।
अरे विश्वास, विश्व-विख्यात,
किया है किसने तेरा घात?
भरत ने? वह है तेरी मूर्ति,
राम ने? वह है प्राणस्फूर्ति।
देव ने? वे हैं सदय सदैव,
दैव ने? हा घातक दुर्दैव!
तुझे क्या हे अदृष्ट, है इष्ट?
सूर्य-कुल का हो आज अरिष्ट?
बाँध सकता है कहाँ परन्तु—
राघवों को अदृष्ट का तन्तु?
भाग्य-वश रहते हैं बस दीन,
वीर रखते हैं उसे अधीन।
हाय! तब तूने अरे अदृष्ट,
किया क्या जीजी को आकृष्ट?

जान कर अबला, अपना जाल—
दिया है उस सरला पर डाल?
किन्तु हा! यह कैसा सारल्य?
सालता है जो बनकर शल्य।
भरत-से सुत पर भी सन्देह,
बुलाया तक न उसे जो गेह।
बहन कौशल्ये, कह दो सत्य,
भरत था मेरा कभी अपत्य?
पुत्र था कभी तुम्हारा राम?
हाय रे! फिर भी यह परिणाम?
किन्तु चाहे जो कुछ हो जाय,
सहूँगी कभी न यह अन्याय।
करूँगी मैं इसका प्रतिकार,
पलट जावे चाहे संसार।
नहीं है कैकेयी निर्बोध,
पुत्र का भूले जो प्रतिशोध।
कहें सब मुझको लोभासक्त,
किन्तु सुत, हूजो तू न विरक्त।''

भरत की माँ हो गई अधीर,
क्षोभ से जलने लगा शरीर।
दाह से भरा सौतिया डाह,
बहाता है बस विषप्रवाह।
मानिनी कैकेयी का कोप,
बुद्धि का करने लगा विलोप।
और रह सकी न अब वह शान्त,
उठी आँधी-सी होकर भ्रान्त।
एड़ियों तक आ छूटे केश,
हुआ देवी का दुर्गा-वेश।
पड़ा तब जिस पदार्थ पर हस्त,
उसे कर डाला अस्त-व्यस्त,
तोड़ कर फेंके सब श्रृंगार,
अश्रुमय-से थे वे मुक्ताहार।
मत्त करिणी-सी दल कर फूल,

घूमने लगी आपको भूल।
चूर कर डाले सुन्दर चित्र,
हो गये वे भी आज अमित्र!
बताते थे आ आकर श्वास,
हृदय का ईर्ष्या-वह्नि-विकास।
पतन का पाते हुए प्रहार,
पात्र करते थे हाहाकार—
"दोष किसका है, किस पर रोष,
किन्तु यदि अब भी हो परितोष!"

इसी क्षण कौशल्या अन्यत्र,
सजा कर पट-भूषण एकत्र—
वधू को युवराज्ञी के योग्य,
दे रही थी उपदेश मनोज्ञ।
इधर कैकेयी उनका चित्र,
खींचती थी सम्मुख अपवित्र।
दोष-दर्शी होता है द्वेष,
गुणों को नहीं देखता त्वेष।
राजमाता होकर प्रत्यक्ष,
उसे करके वे मानो लक्ष।
खड़ी हँसती हैं बारम्बार,
हँसी है वह या असि की धार?
उठी तत्क्षण कैकेयी काँप,
अधर-दंशन करके कर चाँप।
भूमि पर पटक पटक कर पैर,
लगी प्रकटित करने निज वैर।
अन्त में सारे अंग समेट,
गई वह वहीं भूमि पर लेट।
छोड़ती थी जब तब हुंकार,
चुटीली फणिनी-सी फुंकार!

इधर यों हुआ रंग में भंग,
ऊर्मिला उधर प्राणपति-संग,

भरत-विषयक ही वार्तालाप,
छेड़ कर सुनती थी चुपचाप।
बताते थे लक्ष्मण वह भेद,
कि 'इसका है हम सबको खेद,
किन्तु अवसर था इतना अल्प,
न आ सकते वे शुभ-संकल्प।
परे थी और न ऐसी लग्न,
पिता भी थे आतुरता-मग्न।
चलो, अविभिन्न आर्य की मूर्ति,
करेगी भरत-भाव की पूर्ति।"

इस समय क्या करते थे राम?
हृदय के साथ हृदय-संग्राम।
उच्च हिमगिरि-से भी वे धीर,
सिन्धु-सम थे सम्प्रति गम्भीर।
उपस्थित वह अपार अधिकार,
दीख पड़ता था उनको भार।
पिता का निकट देख वन-वास,
हो रहे थे वे आप उदास।
हाय! वह पितृ-वत्सलता-भोग,
और निज बाल्यभाव का योग,
विगत-सा समझ एक ही संग,
शिथिल-से थे उनके सब अंग।
कहा वैदेही ने—"हे नाथ,
अभी तक चारों भाई साथ—
भोगते थे तुम सम सुख-भोग,
व्यवस्था मेट रही वह योग।
भिन्न-सा करके कोशलराज,
राज्य देते हैं तुमको आज।
तुम्हें रुचता है यह अधिकार?"
"राज्य है प्रिये, भोग या भार?
बड़े के लिए बड़ा ही दण्ड!
प्रजा की थाती रहे अखण्ड।
तदपि निश्चिन्त रहो तुम नित्य,

यहाँ राहित्य नहीं, साहित्य।
रहेगा साधु भरत का मन्त्र,
मनस्वी लक्ष्मण का बल-तन्त्र।
तुम्हारे लघु देवर का धाम,
मात्र दायित्व-हेतु है राम।''
''नाथ, यह राज-नियुक्ति पुनीत,
किन्तु लघु देवर की है जीत।
हुआ जिनके अधीन नृपगेह,
सचिव-सेनापति-सह सस्नेह!''

कोपना कैकेयी की बात,
किसी को न थी अभी तक ज्ञात।
न जाने पृथ्वी पर प्रच्छन्न
कहाँ क्या होता है प्रतिपन्न!
भूप क्या करते थे इस काल?
लेखनी, लिख उनका भी हाल।
भूप बैठे थे कुलगुरु-संग,
भरत का ही था छिड़ा प्रसंग।
कहा कुलगुरु ने—''निस्सन्देह,
खेद है भरत नहीं जो गेह।
किन्तु यह अवसर था उपयुक्त
कि नृप हो जावें चिन्ता-मुक्त।''
भूप बोले—''हाँ, मेरा चित
विकल था आत्म-भविष्य-निमित्त।
इसी से था मैं अधिक अधीर,
आज है तो कल नहीं शरीर।
मार कर धोखे में मुनि-बाल
हुआ था मुझको शाप कराल।
कि 'तुमको भी निज पुत्र-वियोग
बनेगा प्राण-विनाशक रोग,
अस्तु यह भरत-विरह अक्लिष्ट
दुःखमय होकर भी था इष्ट।
इसी मिष पा पाऊँ चिरशान्ति,
सहज ही समझूँ तो निष्क्रान्ति।''

दिया नृप को वशिष्ठ ने धैर्य,
कहा—"यह उचित नहीं अस्थैर्य।
ईश के इंगित के अनुसार,
हुआ करते हैं सब व्यापार।"
"ठीक है" इतना कह कर भूप,
शान्त हो गये सौम्य शुभरूप।
हो रहा था उस समय दिनान्त,
वायु भी था मानो कुछ श्रान्त।
गोत्र-गुरु और देव भी आद्य,
प्रणति युत पाकर अर्घ्य सपाद्य,
गये तब जाना था जिस ओर,
चले नृप भी भीतर इस ओर।

अरुण सन्ध्या को आगे ठेल,
देखने को कुछ नूतन खेल,
सजे विधु की बेंदी से भाल,
यामिनी आ पहुँची तत्काल।
सामने कैकेयी का गेह,
शान्त देखा नृप ने सस्नेह।
मन्थरा किन्तु गई थी ताड़,
कि यह है ज्वालामुखी पहाड़!
पधारे तब भीतर भूपाल,
वहाँ जाकर देखा जो हाल।
रह गये उससे वे जड़-तुल्य,
बढ़ा भय-विस्मय का बाहुल्य।
न पाकर मानो आज शिकार,
"सिंहनी सोती थी सविकार।
कोप क्या इसका यह एकान्त,
प्राण लेकर भी होगा शान्त?
कुशल है यदि ऐसा हो जाय,
भूप-मुख से निकला बस "हाय।"
टूट कर यह तारा इस रात,
न जाने, क्या करे न उत्पात!
पड़ी थी बिजली-सी विकराल,

लपेटे थे घन-जैसे बाल!
कौन छेड़े ये काले साँप?
अवनिपति उठे अचानक काँप।
किन्तु क्या करते, धीरज धार,
बैठ पृथिवी पर पहली बार,
खिलाते-से वे व्याल विशाल,
विनय पूर्वक बोले भूपाल—
''प्रिये, किसलिए आज यह क्रोध?
नहीं होता कुछ मुझको बोध।
तुम्हारा धन है मान अवश्य,
किन्तु हूँ मैं तो यों ही वश्य।
जान पड़ता यह नहीं विनोद,
आज यद्यपि सबको है मोद।
सजे जाते हैं सुख के साज,
तुम्हें क्या दुःख हुआ है आज?
अम्ल होकर भी मधुर रसाल,
गया निज प्रणय-कलह का काल,
आज होकर हम रागातीत,
हुए प्रेमी से पितर पुनीत।
भरत की अनुपस्थिति का खेद,
किन्तु है इसमें ऐसा भेद,
निहित है जिसमें मेरा क्षेम,
प्रिये, प्रत्यय रखता है प्रेम।
हुआ हो यदि कुछ रोग-विकार,
बुलाऊँ वैद्य, करूँ उपचार।
अमृत भी मुझको नहीं अलभ्य,
कि मैं हूँ अमर-सभा का सभ्य।
किया हो कहीं किसी ने दोष,
कि जिसके कारण है यह रोष,
बता दो तो तुम उसका नाम,
दैव है निश्चय उस पर वाम।
सुनूँ मैं उसका नाम सुमिष्ट,
कौन सी वस्तु तुम्हें है इष्ट?
जहाँ तक दिनकर-कर-प्रसार,
वहाँ तक समझो निज अधिकार।
किसी को करना हो कुछ दान,

करो तो दुगना आज प्रदान।
भरा रत्नाकर-सा भण्डार,
रीत सकता है किसी प्रकार?
माँगना हो तुमको जो आज,
माँग लो, करो न कोप न लाज।
तुम्हें पहले ही दो वरदान,
प्राप्य हैं, फिर भी क्यों यह मान?
याद है वह संवर-रण-रंग,
विजय जब मिली व्रणों के संग?
किया था किसने मेरा त्राण?
विकल क्यों करती हो अब प्राण?''

हुआ सचमुच यह प्रिय संवाद,
आ गई कैकेयी को याद।
बिना खोले फिर भी वह नेत्र,
चलाने लगी वचन मय वेत्र।
चलो, रहने दो झूठी प्रीति,
जानती हूँ मैं यह नृप-नीति।
दिया तुमने मुझको क्या मान,
वचन मय वही न दो वरदान?''
भूप ने कहा—''न मारो बोल,
दिखाऊँ कहो हृदय को खोल?
तुम्हीं ने माँगा कब क्या आप?
प्रिये, फिर भी क्यों यह अभिशाप?
भला माँगो तो कुछ इस बार,
कि क्या दूँ दान, नहीं उपहार?''
मानिनी बोली निज अनुरूप—
''न दोगे वे दो वर भी भूप!''
कहा नृप ने लेकर निःश्वास—
''दिलाऊँ मैं कैसे विश्वास?
परीक्षा कर देखो कमलाक्षि,
सुनो तुम भी सुरगण, चिरसाक्षि!
सत्य से ही स्थिर है संसार,
सत्य ही सब धर्मों का सार,

राज्य ही नहीं, प्राण-परिवार,
सत्य पर सहता हूँ सब वार।''
सरल नृप को छल कर इस भाँति,
गरल उगले उरगी जिस भाँति,
भरत-सुत-मणि की माँ मुदमान,
माँगने चली उभय वरदान—
''नाथ, मुझको दो यह वर एक—
भरत का करो राज्य-अभिषेक।
दूसरा, सुन लो, न हो उदास,
चतुर्दश वर्ष राम-वन-वास!''

वचन सुन ऐसे क्रूर-कराल,
देखते ही रह गये नृपाल।
वज्र-सा पड़ा अचानक टूट,
गया उनका शरीर-सा छूट
उन्हें यों हतज्ञान-सा देख
ठोंकती-सी छाती पर मेख
पुनः बोली वह भौंहे तान—
''मौन हो गये, कहो हाँ या न!''
भूप फिर भी न सके कुछ बोल,
मूर्ति-से बैठे रहे अडोल।
दृष्टि ही अपनी करुण-कठोर,
उन्होंने डाली उसकी ओर!
कहा फिर उसने देकर क्लेश—
''सत्य-पालन है यही नरेश?
उलट दो बस तुम अपनी बात,
मरूँ मैं करके अपना घात।''
कहा तब नृप ने किसी प्रकार—
''मरो तुम क्यों, भोगो अधिकार।
मरूँगा तो मैं अगति-समान,
मिलेंगे तुम्हें, तीन वरदान।''
देख ऊपर को अपने आप,
लगे नृप करने यों परिताप—

"देव, यह सपना है कि प्रतीति!
यही है नर-नारी की प्रीति?
किसी को न दें कभी वर देव,
वचन देना छोड़ें नर-देव।
दान में दुरुपयोग का वास,
किया जावे किसका विश्वास?
जिसे चिन्तामणि-माला जान,
हृदय पर दिया प्रधान स्थान,
अन्त में लेकर यों विष-दन्त,
नागिनी निकली वह हा हन्त!
राज्य का ही न तुझे था लोभ,
राम पर भी था इतना क्षोभ?
न था वह निस्पृह तेरा पुत्र?
भरत ही था क्या मेरा पुत्र?
राम-से सुत को भी वनवास,
सत्य है यह अथवा परिहास?
सत्य है तो है सत्यानाश,
हास्य है तो है हत्या-पाश!"
प्रतिध्वनि-मिष ऊँचा प्रासाद,
निरन्तर करता था अनुवाद।
पुनः बोले मुँह फेर महीप—
"राम हा राम, वत्स, कुल-दीप!"
हो गए गद्गद वे इस बार,
तिमिरमय जान पड़ा संसार।
गृहागत चन्द्रालोक-विधान,
जँचा निज भावी शव-परिधान!
सौध बन गया श्मशान-समान,
मृत्यु-सी पड़ी कैकेयी जान।
चिता के अंगारे-से दीप,
जलाते थे प्रज्ज्वलित समीप!
"हाय! कल क्या होगा?" कह काँप;
रहे वे घुटनों में मुँह ढाँप।
आपसे ही अपने को आज,
छिपाते थे मानो नरराज!

वचन पलटें कि भेजें राम को वन में,
उभय विध मृत्यु निश्चित जान कर मन में,
हुए जीवन-मरण के मध्य धृत-से वे;
रहे बस अर्द्ध जीवित, अर्द्ध मृत-से वे।

इसी दशा में रात कटी,
छाती-सी पौ प्रात फटी।
अरुण भानु प्रतिभात हुआ,
विरुपाक्ष-सा ज्ञात हुआ।

तृतीय सर्ग

जहाँ अभिषेक-अम्बुद छा रहे थे,
मयूरों-से सभी मुद पा रहे थे।
वहाँ परिणाम में पत्थर पड़े यों;
खड़े ही रह गये सब थे खड़े ज्यों।
करें कब क्या, इसे बस राम जानें,
वही अपने अलौकिक काम जानें।
कहाँ है कल्पने! तू देख आकर,
स्वयं ही सत्य हो यह गीत गाकर।
विदा होकर प्रिया से वीर लक्ष्मण—
हुए नत राम के आगे उसी क्षण।
हृदय से राम ने उनको लगाया,
कहा, ''प्रत्यक्ष यह साम्राज्य पाया।''
हुआ सौमित्र को संकोच सुनके,
नयन नीचे हुए तत्काल उनके।
न वे कुछ कह सके प्रतिवाद-भय से,
समझते भाग्य थे अपना हृदय से।
कहा आनन्दपूर्वक राम ने तब—
''चलो, पितृ-वन्दना करने चलें अब।''
हुए सौमित्रि पीछे, राम आगे—
चले तो भूमि के भी भाग्य जागे।
अयोध्या के अजिर को व्योम जानो,
उदित उसमें हुए सुरवैद्य मानो।
कमल-दल-से बिछाते भूमितल में,
गये दोनों विमाता के महल में।

पिता ने उस समय ही चेत पाकर,
कहा ''हा राम, हा सुत, हा गुणाकर!''

सुना करुणा-भरा निज नाम ज्यों ही,—
चकित होकर बढ़े झट राम त्योंही।
अनुज-युत हो उठे व्याकुल बड़े वे,
हुए जाकर पिता-सम्मुख खड़े वे।
दशा नृप की विकट संकटमयी थी;
नियति-सी पास बैठी केकयी थी।
अनैसर्गिक घटा-सी छा रही थी;
प्रलय-घटिका प्रकटता पा रही थी।
नृपति कुछ स्वप्नगत-से मौन रहकर—
पुनः चिल्ला उठे—''हा राम!'' कहकर।
कहा तब राम ने—''हे तात! क्या है?
खड़ा हूँ राम यह मैं, बात क्या है?
हुए क्यों मौन फिर तुम? हाय! बोलो;
उठो, आदेश दो, निज नेत्र खोलो।''
वचन सुनकर फिरा फिर बोध नृप का,
हुआ पर साथ ही हृद्रोध नृप का।
पलक सूजे हुए निज नेत्र खोले,
रहे वे देखते ही, कुछ न बोले!
पिता की देखकर ऐसी अवस्था,
भँवर में पोत की जैसी अवस्था!
अवनि की ओर दोनों ने विलोका,
बड़े ही कष्ट से निज वेग रोका।
बढ़ाई राम ने फिर दृष्टि-रेखा,
विमाता केकयी की ओर देखा,
कहा भी—''देवि! यह क्या है, सुनूँ मैं,
कुसुम-सम तात के कण्टक चुनूँ मैं।''
''सुनो हे राम! कण्टक आप हूँ मैं,
कहूँ क्या और, बस, चुपचाप हूँ मैं।''
हुई चुप केकयी यह बात कहकर,
रहे चुप राम भी आघात सहकर!
कहा सौमित्र ने—''माँ! चुप हुई क्यों?
चुभाती चित्त में हो यों सुई क्यों?
न हो कण्टक पिता के हेतु मानो,
हमें पितृ-भक्त भार्गव-तुल्य जानो।''
इसी क्षण भूप ने कुछ शक्ति पाई;

पिता ने पुत्र की दृढ़ भक्ति पाई।
बढ़ाकर बाहु तब वे छटपटाये,
उठे, पर पैर उनके लटपटाये!
चढ़ाकर मौन-रोदन-रत्न-माला,
पिता को राम-लक्ष्मण ने सँभाला।
पिता ने भी किया अभिषेक मानो,
न रक्खी सत्य की भी टेक मानो!
हृदय से भूप ने उनको लगाया,
कहा—"विश्वास ने मुझको ठगाया!"
निरखती केकयी थी भौंहें तानें;
चढ़ा कर कोप से दो दो कमानें!
पकड़कर राम की ठोड़ी, ठहरके,
तथा उनका वदन उस ओर कर के
कहा गतधैर्य होकर भूपवर ने—
"चली है, देख, तू क्या आज करने!
अभागिन! देख, कोई क्या कहेगा?
यही चौदह बरस वन में रहेगा!
विभव पर हाय! तू भव छोड़ती है,
भरत का राम का जुग फोड़ती है!
भरत का भी न ऐसे राज्य होगा,
प्रजा-कोपाग्नि का वह आज्य होगा।
मरूँगा मैं तथा पछतायगी तू,
यही फल अन्त में बस पायगी तू !"
हुए आवेग से भूपाल गद्गद,
तरंगित हो उठा फिर शोक का नद।
पुनः करने लगे वे राम-रटना,
समझ ली राम ने भी सर्व घटना।
विमाता बन गई आँधी भयावह,
हुआ चंचल न तो भी श्याम घन वह!
पिता को देख तापित भूमितल-सा,
बरसने यों लगा वर वाक्य-जल-सा—
"अरे, यह बात है, तो खेद क्या है?
भरत में और मुझमें भेद क्या है?
करें वे प्रिय यहाँ निज-कर्म-पालन,
करूँगा मैं विपिन में धर्म-पालन।

पिता! इसके लिए ही ताप इतना!
तथा माँ को अहो! अभिशाप इतना!
न होगी अन्य की तो राज-सत्ता,
हमारी ही प्रकट होगी महत्ता।
उभय विध सिद्ध होगी लोक-रंजन,
यहाँ जन-भय वहाँ मुनि-विघ्न भंजन!
मुझे था आप ही बाहर विचरना,
धरा का धर्म-भय था दूर करना।
करो तुम धैर्य-रक्षा, वेश-रक्षा,
करूँगा क्या न मैं आदेश-रक्षा?
मुझे यह इष्ट है, चिन्तित न हो तुम,
पड़ूँ मैं आग में भी जो कहो तुम!
तुम्हीं हो तात! परमाराध्य मेरे,
हुए सब धर्म अब सुखसाध्य मेरे।
अभी सबसे विदा होकर चला मैं,
करूँ क्यों देर शुभ विधि में भला मैं?''
हुए प्रभु मौन आज्ञा के लिए फिर,
विवश नृप भी हुए अत्यन्त अस्थिर।
''हुए क्यों पुत्र तुम हे राम! मेरे?
यही हैं क्या पिता के काम मेरे!
विधाता!—'' बस न फिर कुछ कह सके वे,
हुए मूर्च्छित न बाधा सह सके वे।
धसकने-सी लगी नीचे धरा भी!
पसीजी पर न पाषाणी जरा भी!

निरखते स्वप्न थे सौमित्र मानो!
स्वयं निस्पन्द थे, निज चित्र मानो!
समझते थे कि मिथ्याऽलीक है यह,
यही बोले कि—''माँ! क्या ठीक है यह?''
कहा तब केकयी ने—''क्या कहूँ मैं?
कहूँ तो रेणुका बनकर रहूँ मैं!
खड़ी हूँ मैं, बनो तुम मातृघाती,
भरत होता, यहाँ तो मैं बताती।''
गई लग आग-सी, सौमित्रि भड़के,

अधर फड़के, प्रलय-घन-तुल्य तड़के!
"अरे, मातृत्व तू अब भी है जताती!
ठसक किसको भरत की है बताती?
भरत को मार डालूँ और तुझको,
नरक में भी न रक्खूँ ठौर तुझको!
युधाजित आततायी को न छोड़ूँ।
बहन के साथ भाई को न छोड़ूँ।
बुला ले सब सहायक शीघ्र अपने,
कि जिनके देखती है व्यर्थ सपने।
सभी सौमित्रि का बल आज देखें,
कुचक्री चक्र का फल आज देखें।
भरत को सानती है आपमें क्यों?
पड़ेंगे सूर्यवंशी पाप में क्यों?
हुए वे साधु तेरे पुत्र ऐसे—
कि होता कीच से है कंज जैसे।
भरत होकर यहाँ क्या आज करते,
स्वयं ही लाज से वे डूब मरते!
तुझे सुत-भक्षिणी साँपिन समझते,
निशा को, मुँह छिपाते, दिन समझते!
भला वे कौन हैं जो राज्य लेवें,
पिता भी कौन हैं जो राज्य देवें?
प्रजा के अर्थ है साम्राज्य सारा,
मुकुट है ज्येष्ठ ही पाता हमारा।"
वचन सुन केकयी कुछ भी न बोली,
गरल की गाँठ होंठों पर न घोली।
विवश थी, वाक्य उनके सह गई वह,
अधर ही काट कर बस रह गई वह।
अनुज की ओर तब अवलोक करके,
कहा प्रभु ने उन्हें यों रोक करके—
"रहो, सौमित्र! तुम क्या कह रहे हो?
संभालो वेग, देखो, बह रहे हो!"
"रहूँ" सौमित्र! बोले—"चुप रहूँ मैं?
तथा अन्याय चुप रह कर सहूँ मैं?
असम्भव है कभी होगा न ऐसा,
वही होगा कि है कुल-धर्म जैसा।

चलो, सिंहासनस्थित हो सभा में,
वही हो जो कि समुचित हो सभा में।
चलें वे भी कि जो हों विघ्नकारी,
कहो तो लौट दूँ यह भूमि सारी?
खड़ा है पार्श्व में लक्ष्मण तुम्हारे,
मरें आकर अभी अरिगण तुम्हारे।
अमरगण भी नहीं अनिवार्य मुझको,
सुनूँ मैं कौन दुष्कर कार्य मुझको!
तुम्हें कुछ भी नहीं करना पड़ेगा,
स्वयं सौमित्र ही आगे अड़ेगा।
मुझे आदेश देकर देख लीजे,
न मन में नाथ! कुछ संकोच कीजे।
इधर मैं दास लक्ष्मण हूँ तुम्हारा,
उधर हो जाय चाहे लोक सारा।
नहीं अधिकार अपना वीर खोते,
उचित आदेश ही है मान्य होते।
खड़ी है माँ बनी जो नागिनी यह,
अनार्या की जनी, हतभागिनी यह,
अभी विषदन्त इसके तोड़ दूँगा,
न रोको तुम, तभी मैं शान्त हूँगा।
बने इस दस्युजा के दास हैं जो,
इसी से दे रहे वनवास हैं जो,
पिता हैं वे हमारे या—कहूँ क्या?
कहो हे आर्य! फिर भी चुप रहूँ क्या?''
कहा प्रभु ने कि—''हाँ, बस चुप रहो तुम,
अरुन्तुद वाक्य कहते हो अहो! तुम!
जताते कोप किस पर हो, कहो तुम?
सुनो, जो मैं कहूँ, चंचल न हो तुम।
मुझे जाता समझ कर आज वन को,
न यों कलुषित करो प्रेमान्ध मन को!
तुम्हीं को तात यदि वनवास देते,
उन्हें तो क्या तुम्हीं यों त्रास देते?
पिता जिस धर्म पर यों मर रहे हैं,
नहीं जो इष्ट वह भी कर रहे हैं,
उन्हीं कुल-केतु के हा! पुत्र होकर—

करें राजत्व क्या वह धर्म खोकर?
प्रकृति मेरी स्वयं तुम जानते हो,
वृथा हठ हाय! फिर क्यों ठानते हो?
बड़ों की बात है अविचारणीया,
मुकुट-मणि-तुल्य शिरसा धारणीया।
वचन रक्खे बिना जो रह न सकते,
तदपि वात्सल्य-वश कुछ कह न सकते,
उन्हीं पितृदेव का अपमान लक्ष्मण?
किया है आज क्या कुछ पान लक्ष्मण!
उऋण होना कठिन है तात-ऋण से,
अधिक मुझको नहीं है राज्य-तृण से।
मनः शासक बनो तुम, हठ न ठानो,
अखिल संसार अपना राज्य जानो।
समझ लो, दैव की इच्छा यही है;
करे जो कुछ कि वह होता वही है।
मुझे गौरव मिला है आज, आओ,
विदा देकर प्रणय से जी जुड़ाओ।''
बढ़ीं तापिच्छ-शाखा-सी भुजाएँ—
अनुज की ओर दायें और बायें।
जगत् संसार मानो क्रोड़गत था,
क्षमा-छाया तले नत था, निरत था।
मिटा सौमित्रि का वह कोप सारा,
उमड़ आई अचानक अश्रु-धारा।
पदाब्जों पर पड़ें वे आप जब तक—
किया प्रभु ने उन्हें भुजबद्ध तब तक।
मिले रवि-चन्द्र-सम युग बन्धु ज्यों ही,
अमा का तम चतुर्दिक देख त्यों ही,
लगे बालक-सदृश नृप वृद्ध रोने;
विगत सर्वस्व-सा समझा उन्होंने!
कहा इस ओर अग्रज से अनुज ने,
पकड़ उनके चरण उस दीर्घभुज ने—
''वही हो जो तुम्हें हो इष्ट मन में,
बने नूतन अयोध्या नाथ वन में।
भले ही दैव का बल दैव जाने,
पुरुष जो है न क्यों पुरुषार्थ माने?

हुआ, कुछ भी नहीं मैं जानता हूँ,
तुम्हे जो मान्य है सो मानता हूँ।
विदा की बात किससे और किसकी?
अपेक्षा कुछ नहीं है, नाथ! इसकी।
मुझे यदि मारना है, मार डालो,
निकालो तो न जीते जी निकालो।
प्रभो! रक्खो सदा निज दास मुझको,
कि निष्कासन न हो गृह-वास मुझको।
अयोध्या है कि यह उसका चिता-वन?
करूँगा क्या यहाँ मैं प्रेत-साधन?''
''अरे, यह क्या''—कहा प्रभु ने कि ''यह क्या?
समझते हो विदा को तुम विरह क्या?
तुम्हें क्या योग्य है उद्वेग ऐसा?
सुनो, जो चित्त में है, दूर कैसा?
पिता हैं और हैं माता यहाँ पर,
भरत-शत्रुघ्न-से भ्राता यहाँ पर,
अनुज! रहना उचित तुमको यहीं है,
यहाँ जो है त्रिविद में भी नहीं है।
मुझे वन में न कुछ आयास होगा,
सतत मुनि-वृन्द का सहवास होगा।
पिता की ओर देखो, धर्म पालो,
अरे, मूर्च्छित हुए फिर ये, सँभालो!''
किया उपचार दोनों ने पिता का,
उन्हें चैतन्य था चढ़ना चिता का।
खड़ी थी केकयी, पर चित्त चल था,—
''कहा जो राम ने सच था कि छल था?''
सँभल कर कुछ किसी विध भूप बोले—
विकल सौमित्रि से इस भाँति बोले—
''कहो फिर वत्स! जो पहले कहा था,
वही गर्जन मुझे सुख दे रहा था।
नहीं हूँ मैं पिता सचमुच तुम्हारा,
(यही है क्या पिता की प्रीति-धारा?)
तदपि सत्पुत्र हो तुम शूर मेरे,
करो सब दुःख लक्ष्मण दूर मेरे।
मुझे बन्दी बनाकर वीरता से,

करो अभिषेक-साधन धीरता से।
स्वयं निःस्वार्थ हो तुम, नीति रक्खो,
न होगा दोष कुछ, कुल-रीति रक्खो।
भरत था आप ही राज्याधिकारी,
हुआ पर राज्य से भी राम भारी।
उसीसे हा! वंचित यों भरत हो,
भले ही वाम वामा लोभरत हो।
सुनो, हे राम! तुम भी धर्म धारो,
पिता को मृत्यु के मुँह से उबारो।
न मानों आज तुम आदेश मेरा,
प्रबल उससे नहीं क्या क्लेश मेरा?''

भरत की माँ डरी सुन भूप-वाणी,
कहीं वह राम-लक्ष्मण ने प्रमाणी!
पतित क्या उन्नतों के भाव जानें?
उन्हें वे आप ही में क्यों न सानें।
कहा प्रभु ने—''पिता'' हा! मोह इतना!
विचारो किन्तु होगा द्रोह कितना?
तुम्हारा पुत्र मैं आज्ञा तुम्हारी—
न मानूँ, तो कहे क्या सृष्टि सारी?
प्रकट होगा कपट ही हाय! इससे,
न माँ के साथ होगा न्याय इससे।
मिटेगी वंश-मर्यादा हमारी,
बनेंगे हम अगौरव-मार्गचारी।
कहाँ है हा! तुम्हारा धैर्य वह सब?
कि कौशिक-संग भेजा था मुझे जब
लड़कपन भूल लक्ष्मण का सदय हो,
हमारा वंश नूतन कीर्तिमय हो,
क्षमा तुम भी करो सौमित्रे को माँ,
न रक्खो चित्त में उस चित्र को माँ!
विरत तुम भी न हो अब और भाई!
अरे, फिर तात ने संज्ञा गँवाई!
रहूँगा मैं यहाँ अब और जब तक-
बढ़ेगा मोह इनका और तब तक।

करूँ प्रस्थान इससे शीघ्र ही अब,
इन्हें दें सान्त्वना मिल कर स्वजन सब।''
प्रणति-मिस निज मुकुट-सर्वस्व देकर,
चले प्रभु तात की पद-धूलि लेकर।
चले उनके अनुज भी अनुसरण कर,
सभी को छोड़ सेवा को वरण कर!
कहा प्रभु ने कि—''भाई! बात मानो,
पिता की ओर देखो, हठ न ठानो।''
कहा सौमित्रि ने कर जोड़ कर तब—
''रहा यह दास तुमको छोड़ कर कब?
रहे क्या आज जाता देख वन को?
करो दोषी न इतना नाथ! जन को।
तुम्हीं माता, पिता हो और भ्राता,
तुम्हीं सर्वस्व मेरे हो विधाता।
रहूँगा मैं, कहोगे तो रहूँगा,
नरक की यातना को भी सहूँगा।
विनश्वर जीव होता तो न सहता,
तदपि क्या रह सकेगा देह दहता?
कला, क्रीड़ा, कुतुक, मृगयाऽभिनय में,
सभा-संलाप, निर्णय और नय में,
जिसे है साथ रक्खा नाथ! तुमने,
उसी से आज खींचा हाथ तुमने!
यहाँ मेरे बिना क्या रुक रहेगा?
न अपना भार भी यह तन सहेगा।
तुम्हीं हो एक अन्तर्वाह्य मेरे,
नहीं क्या फूल-फल भी ग्राह्य मेरे!
न रक्खो आज ही यदि साथ मुझको,
चले जाओ हटा कर नाथ! मुझको।
न रोकूँगा, रहूँगा जो जियूँगा,
अमृत जब है पिया, विष भी पियूँगा।''
हुए गद्‌गद यहीं रघुनन्दनानुज,
शिशिर-कण-पूर्ण मानो प्रातरम्बुज।
खड़े थे सूर्य-कुल के सूर्य सम्मुख,
न जानें देव समझे दुःख या सुख?
अनुज को देख सम्मुख दीन रोते,

दयामय क्या द्रवित अब भी न होते?
''अहो कातर न हो, सौमित्रि! आओ,
सदा निज राम का अर्द्धांश पाओ।
यही है आज का-सा यह सबेरा,
मिटा राजत्व वन में भी न मेरा!
अनुज! मुझसे न तुम न्यारे कभी हो,
सुहृत् सहचर, सचिव, सेवक सभी हो।''
बचे सौमित्र मानो प्राण पाकर,
बची त्यों केकयी भी त्राण पाकर।
न रहना था न रखना था किसी को,
सहज सन्तोष कहते हैं इसी को।

निकलकर अग्रजानुज तब वहाँ से,
चले, पर शब्द यह कैसा, कहाँ से;
''मुझे इस मृत्यु-मुख में छोड़ कर यों,
चले हा पुत्र! तुम मुँह मोड़ कर, क्यों?''
कहा प्रभु ने कि—''भाई! क्या करूँ मैं?
पिता का शोक यह कैसे हरूँ मैं?
हुआ है धैर्य सहसा नष्ट उनका,
चलो, कातर न कर दे कष्ट उनका।''
बढ़ा कर चाल अपनी और थोड़ी,
उन्होंने एक लम्बी साँस छोड़ी!
न थी अपने लिए वह साँस निकली,
फँसाती जो यहाँ वह फाँस निकली।
चले दोनों अलौकिक शान्तिपूर्वक-
कि आये थे यथा विश्रान्तिपूर्वक!
अजिर-सर के बने युग हंस थे वे,
स्वयं रवि-वंश के अवतंस थे वे।
झुकाकर सिर प्रथम फिर टक लगाकर,
निरखते पार्श्व से थे भृत्य आकर।
यहीं होकर अभी यद्यपि गये थे,
तदपि वे दीखते सबको नये थे!
लगे माँ के महल को घूमने जब—
''जियो, कल्याण हो'' यह सुन पड़ा तब।

सुमन्त्रागम समझ कर रुक गये वे,
"अहा! काका," विनय से झुक गये वे!
सचिववर ने कहा—"भैया! कहाँ थे?"
बताया राम ने उनको, जहाँ थे।
कहा फिर—"तात आतुर हो रहे हैं,
मिलो तुम शीघ, धीरज खो रहे हैं।"
हुई सुनकर सचिववर को विकलता,
रहा "क्यों?" भी निकलता ही निकलता?
अमंगल पूछना भी कष्टमय है,
न जानें क्या न हो, अस्पष्ट भय है।
न थी गति किन्तु बोले वे—"हुआ क्या?
हमें भी अब विकारों ने छुआ क्या?
मुझे भी हो रहा था सोच मन में,
अभी तक आज नृप क्यों है शयन में।
बुलाऊँ वैद्य या मैं देख आऊँ,
सभागत सभ्यगण को क्या बताऊँ?
कुशल हो, विघ्न होते गूढ़तर यों,
इधर तुम जा रहे हो लौटकर क्यों?"
कहा सौमित्रि ने—"हे तात सुनिए,
उचित-अनुचित हृदय में आप गुनिए।
कि मँझली माँ हमें वन भेजती हैं,
भरत के अर्थ राज्य सहेजती हैं।"
निरख कर सामने ज्यों साँप भारी,
सहम जावें अचानक मार्गचारी।
सचिववर रह गये त्यों भ्रान्त होकर,
रुका निःश्वास भी क्या श्रान्त होकर।
सँभल कर अन्त में इस भाँति बोले—
कि "आये खेत पर ही दैव, ओले!
कहाँ से यह कुमति की वायु आई,
किनारे नाव जिससे डगमगाई!
भरत दशरथ पिता के पुत्र होकर—
न लेंगे, फेर देंगे राज्य रोकर।
बिना समझे भरत का भाव सारा,
विपिन का व्यर्थ है प्रस्ताव सारा।
न जानें दैव को स्वीकार क्या है?

रहो, देखूँ कि यह व्यापार क्या है?
न रोकूँगा तुम्हें मैं धर्म-पथ से,
तदपि इति तक समझ लूँ मर्म अथ से।''

उत्तर की अनपेक्षा करके आँसू रोक सुमन्त्र,
चले भूप की ओर वेग से, घूमा अन्तर्यन्त्र।
''अरे!'' मात्र कहकर ही उनको रहे देखते राम,
और राम को रहे देखते, लक्ष्मण लोक ललाम।

चले फिर रघुवर माँ से मिलने,
बढ़ाया धन-सा प्राणानिल ने!
चले पीछे लक्ष्मण भी ऐसे—
भाद्र के पीछे आश्विन जैसे।

चतुर्थ सर्ग

करुणा - कंजारण्य - रवे!
गुण - रत्नाकर, आदि - कवे!
कविता - पितः! कृपा वर दो,
भाव-राशि मुझमें भर दो।
चढ़ कर मंजु-मनोरथ में,
आकर रम्य राज-पथ में,
दर्शन करूँ तपोवन का,
यही इष्ट है इस जन का।
सुख से सद्यः स्नान किये,
पीताम्बर परिधान किये,
पवित्रता में पगी हुई,
देवार्चन में लगी हुई,
मूर्तियाँ ममता-माया,
कौसल्या कोमलकाया,
थीं अतिशय आनन्दयुता,
पास खड़ी थीं जनकसुता।
गोट जड़ाऊँ घूँघट की—
बिजली जलदोपन पट की,—
परिधि बनी थी विधु-मुख की,
सीमा थी सुषमा-सुख की!
भाव-सुरभि का सदन अहा!
अमल कमल सा वदन अहा!
अधर छबीले छदन अहा!
कुन्द-कली-से रदन अहा!
साँप खिलाती थीं अलकें,
मधुप पालती थीं पलकें,
और कपोलों की झलकें,
उठती थीं छवि की छलकें!
गोल गोल गोरी बाँहें-

दो आँखों की दो राहें।
भाग-सुहाग पक्ष में थे,
अंचलबद्ध कक्ष में थे!
थी कमला-सी कल्याणी,
वाणी में वीणापाणी।
'माँ! क्या लाऊँ? कह कह कर—
पूछ रही थीं रह रह कर।
सास चाहती थीं जब जो,—
देती थीं उनको सब सो।
कभी आरती, धूप कभी,
सजती थीं उपकरण सभी।
देख देख उनकी ममता,
करती थीं उसकी समता।
आज अतुल उत्साह-भरे,
थे दोनों के हृदय हरे।
दोनों शोभित थीं ऐसी—
मेना और उमा जैसी।
मानों वह भू-लोक न था,
वहाँ दुःख व शोक न था।
प्राणप्रद था पावन वहाँ,
ऐसा पुण्यस्थान कहाँ?
अमृत-तीर्थ का तट-सा था
अन्तर्जगत् प्रकट-सा था!
इसी समय प्रभु अनुज-सहित—
पहुँचे वहाँ विकार-रहित।
जब तक जाय प्रणाम किया,
माँ ने आशीर्वाद दिया।
हँस सीता कुछ सकुचाई।
आँखें तिरछी हो आईं।
लज्जा ने घूँघट काढ़ा—
मुख का रंग किया गाढ़ा।
"बहू! तनिक अक्षत-रोली,
तिलक लगा दूँ" माँ बोली—।
"जियो जियो बेटा! आओ,
पूजा का प्रसाद पाओ।"

लक्ष्मण ने सोचा मन में,—
जानें देंगी ये वन में?
प्रभु उनको भी छोड़ेंगे,
तो किस धन को जोड़ेंगे?
मँझली माँ! तू मरी न क्यों?
लोक-लाज से डरी न क्यों?''
लक्ष्मण ने निःश्वास लिया,
माँ के जान सु-वास लिया!

बोले तब श्रीराघव यों—
धर्मधीर नवधन-रव ज्यों—
''माँ! मैं आज कृतार्थ हुआ,
स्वार्थ स्वयं परमार्थ हुआ।
पावनकारक जीवन का,
मुझको वास मिला वन का।
जाता हूँ मैं अभी वहाँ,
राज्य करेंगे भरत यहाँ।''
माँ को प्रत्यय भी न हुआ,
इसीलिए भय भी न हुआ!
समझीं सीता किन्तु सभी,
झूठ कहेंगे प्रभु न कभी।
खिंची हृदय पर भय-रेखा,
पर माँ ने न उधर देखा।
बोली वे हँस कर—''रह तू,
यह न हँसी में भी कह तू।
तेरा स्वत्व भरत लेगा?
वन में तुझे भेज देगा?
वही भरत जो भ्राता है,
क्या तू मुझे डराता है?
लक्ष्मण! यह दादा तेरा,—
धैर्य देखता है मेरा!
ऐं! लक्ष्मण तो रोता है,
ईश्वर, यह क्या होता है!''

उनका हृदय सशंक हुआ,
उदित अशुभ आतंक हुआ।
"सच हैं तब क्या वे बातें?
दैव! दैव! ऐसी घातें!"
काँप उठीं वे मृदु देही,
धरती घूमी या वे ही।
बैठीं फिर गिर कर मानो,
जकड़ गईं घिर कर मानो,
आँखें भरीं, भुवन रीता,
उलट गया सब मनचीता,
सीता से थामीं जाकर—
रहीं देखतीं टक लाकर।
प्रभु बोले—"माँ! भय न करो,
एक अवधि तक धैर्य धरो।
मैं फिर घर आ जाऊँगा,
वन में भी सुख पाऊँगा।"
"हा! तब क्या निष्कासन है?
यह कैसा वन-शासन है?
तू सबका जीवन-धन है,
किसका यह निर्दयपन है?
क्या तुझसे कुछ दोष हुआ?
जो तुझ पर यह रोष हुआ।
अभी प्रार्थिनी मैं हूँगी,
प्रभु से क्षमा माँग लूँगी।
क्या प्रथमापराध तेरा,—
और विनीत विनय मेरा।
क्षमा दिलावेगा न तुझे?
वत्स! हुआ क्या, बता मुझे।
अथवा तू चुप ही रह जा,
बेटा लक्ष्मण? तू कह जा।
कठिन हृदय प्रस्तुत ही है,
डर न, दण्ड तो श्रुत ही है।"
"माँ! यह कोई बात नहीं,
दोषी मेरे तात नहीं।
दोष-दूरकारक हैं ये,

सब सद्गुण-धारक हैं ये।
छू सकता कब पाप इन्हें?
प्राप्त पुण्य है आप इन्हें।
प्राप्य राज्य भी छोड़ दिया,
किसने ऐसा त्याग किया?
किन्तु पिता-प्रण रखने को,
सबको छोड़ बिलखने को,
कर मँझली माँ के मन का,
पथ लेते हैं ये वन का!''
''समझ गई, मैं समझ गई,
कैकेयी की नीति नई।
मुझे राज्य का खेद नहीं,
राम-भरत में भेद नहीं।
मँझली बहन राज्य लेवें,
उसे भरत को दे देवें।
पुत्रस्नेह धन्य उनका,
हठ है हृदय-जन्य उनका।
मुझे राज्य की चाह नहीं,
उस पर कुछ भी डाह नहीं।
मेरा राम न वन जावे,
यहीं कहीं रहने पावे।
उनके पैर पड़ूँगी मैं,
कह कर यही अड़ूँगी मैं—
भरत-राज्य की जड़ न हिले,
मुझे राम की भीख मिले!''
''नहीं, नहीं यह कभी नहीं;
दैन्य विषय बस रहे यहीं।''
रुकें राम-जननी जब तक,
गूँजी नई गिरा तब तक—
चकित दृष्टियाँ व्याप्त हुईं
वहाँ सुमित्रा प्राप्त हुईं:
बधू ऊर्मिला अनुपद थी,
देख गिरा भी गद्गद थी!
देख सुमित्रा को आया,
प्रभु ने सानुज सिर नाया।

बोलीं वे कि—"जियो दोनों,
यश का अमृत पियो दोनों।"
सिंही-सदृश क्षत्रियाणी,
गरजी फिर कह यह वाणी—
"स्वत्वों की भिक्षा कैसी?
दूर रहे इच्छा ऐसी।
उर में अपना रक्त बहे।
आर्य-भाव उद्दीप्त रहे।
पाकर वंशोचित शिक्षा—
माँगेंगी हम क्यों भिक्षा?
प्राप्य याचना वर्जित है,
आप भुजों से अर्जित है।
हम पर-भाग नहीं लेंगी,
अपना त्याग नहीं देंगी।
वीर न अपना देते हैं,
न वे और का लेते हैं।
वीरों की जननी हम हैं,
भिक्षा-मृत्यु हमें सम हैं।
राघव शान्त रहोगे तुम?
क्या अन्याय सहोगे तुम?
मैं न सहूँगी लक्ष्मण! तू?
नीरव क्यों है इस क्षण तू?"
"माँ क्या करूँ? कहो मुझसे,
क्या है कि जो न हो मुझसे,
अंगीकार आर्य करते,
तो कबके द्रोही मरते!
आज्ञा करें आर्य अब भी,
बिगड़ा बनें कार्य अब भी।"
लक्ष्मण ने प्रभु को देखा,
न थी उधर कोई रेखा।
बोले वे कि—"रहो भ्रातः!
और सुनो तुम हे मातः!
यदि न आज वन जाऊँ मैं,
किस पर हाथ उठाऊँ मैं?—
पूज्य पिता या माता पर?

या कि भरत-से भ्राता पर?
और किसलिए? राज्य मिले?
है जो तृण-सा त्याज्य, मिले?
माँ की स्पृहा, पिता का प्रण,
नष्ट करूँ, करके सव्रण?
प्राप्त परम गौरव छोड़ूँ?
धर्म बेच कर धन जोड़ूँ?
अम्ब! क्या करूँ, तुम्हीं कहो?
सहसा अधिक अधीर न हो।
त्याग प्राप्त का ही होता,
मैं अधिकार नहीं खोता।
अबल तुम्हारा राम नहीं,
विधि भी उस पर वाम नहीं।
वृथा क्षोभ का काम नहीं,
धर्म बड़ा, धन-धाम नहीं।
किसने क्या अन्याय किया,
कि जो क्षोभ यों जाय किया?
माँ ने पुत्र-वृद्धि चाही,
नृप ने सत्य-सिद्धि चाही।
मँझली माँ पर कोप करूँ?
पुत्र-धर्म का लोप करूँ?
तो किससे डर सहता हूँ?
तुम पर भी कर सकता हूँ?
भैया भरत अयोग्य नहीं,
राज्य राम का भोग्य नहीं।
फिर भी वह अपना ही है,
यों तो तब सपना ही है।
मुझको महा महत्त्व मिला,
स्वयं त्याग का तत्व मिला,
माँ! तुम तनिक कृपा कर दो,
बना रहे वह, यह वर दो!''
मौन हुए रघुकुल-भूषण,
मानो प्रभा-पूर्ण पूषण!
कहाँ गई वह क्षोभ-घटा?
छाई एक अपूर्व छटा!

सबका हृदय-द्राव हुआ,
रोम रोम से स्राव हुआ!
मोती जैसे बड़े बड़े,-
टप टप आँसू टपक पड़े।

सीता ने सोचा मन में—
'स्वर्ग बनेगा अब वन में!
धर्मधारिणी हूँगी मैं,
वन-विहारिणी हूँगी मैं।'
तनिक कनोखी अँखियों से,
अजब अनोखी अँखियों से,
प्रभु ने उधर दृष्टि डाली,
दीख पड़ी दृढ़ हृदयाली।
संग-गमन-हित, सीता के,
प्रस्तुत परम पुनीता के,
उच्चव्रत पर अड़े हुए,
रोम रोम थे खड़े हुए!
उठी न लक्ष्मण की आँखें,
जकड़ी रही पलक-पाँखें।
किन्तु कल्पना घटी नहीं,
उद्रित ऊर्मिला हटी नहीं।
खड़ी हुई हृदयस्थल में—
पूछ रही थी पल पल में—
'मैं क्या करूँ? चलूँ कि रहूँ?
हाय! और क्या आज कहूँ?'
आः! कितना सकरुण मुख था,
आर्द्र-सरोज-अरुण मुख था।
लक्ष्मण ने सोचा कि—"अहो,
कैसे कहूँ चलो कि रहो!
यदि तुम भी प्रस्तुत होगी—
तो संकोच-सोच दोगी।
प्रभुवर बाधा पावेंगे,
छोड़ मुझे भी जावेंगे!
नहीं, नहीं, यह बात न हो,

रहो, रहो, हे प्रिये! रहो।
यह भी मेरे लिए सहो,
और अधिक क्या कहूँ, कहो?''
लक्ष्मण हुए वियोगजयी,
और ऊर्मिला प्रेममयी?
वह भी सब कुछ जान गई,
विवश भाव से मान गई।
श्रीसीता के कंधे पर—
आँसू बरस पड़े झर झर।
पहन तरल-तर हीरे-से,
कहा, उन्होंने धीरे से—
''बहन धैर्य का अवसर है,''
वह बोलीं—''अब ईश्वर है।''
सीता बोलीं कि—''हाँ, बहन,
सभी कहीं, गृह हो कि गहन।''
कौसल्या क्या करती थीं?
कुछ कुछ धीरज धरती थीं।
प्रभु की वाणी कट न सकी,
युक्ति एक भी अट न सकी!
प्रथम सुमित्रा भ्रान्त हुईं,
फिर क्रम क्रम से शान्त हुईं।
खड़ी रहीं, न हिलीं डोलीं,
तब कौसल्या ही बोलीं—
''जाओ, तब बेटा! वन ही,
पाओ नित्य धर्म-धन ही।
जो गौरव लेकर जाओ;
लेकर वही लौट आओ।
पूज्य-पिता-प्रण रक्षित हो,
माँ का लक्ष्य सुरक्षित हो।
घर में घर की शान्ति रहे,
कुल में कुल की कान्ति रहे।
होते मेरे सुकृत कहीं,
तो क्यों आती विपद यहीं?
फिर भी हों तो त्राण करें,
देव सदा कल्याण करें।

और कहूँ क्या मैं तुमसे—
वन में भी विकसो द्रुम-से।
फिर भी है इतना कहना—
मुनियों के समीप रहना!
जिसे गोद में पाला है,
जो उर का उजयाला है।
बहन सुमित्रे! चला वही,—
जहाँ हिंस्र-पशु-पूर्ण मही!
यह गौरव का अर्जन है,
या सर्वस्व-विसर्जन है?
त्याग मात्र इसका धन है,
पर मेरा माँ का मन है
हा! मैं कैसे धैर्य धरूँ?
क्या चिन्ता से दग्ध मरूँ?
यदि मैं मर भी जाऊँगी,
तो भी शान्ति न पाऊँगी!''
कहा सुमित्रा ने तब यों—
''जीजी! विकल न हो अब यों!
आशा हमें जिलावेगी,
अवधि अवश्य मिलावेगी।''
राघव से बोलीं फिर वे—
थीं उस समय अनस्थिर वे।
''वत्स राम! ऐसा ही हो,
फल इसका कैसा ही हो।
लेकर उच्च हृदय इतना,
नहीं हिमालय भी जितना।
तुमने मानव-जन्म लिया,
धरणी-तल को धन्य किया;
मैं भी कहती हूँ—जाओ,
लक्ष्मण को भी अपनाओ।
धैर्य सहित सब कुछ सहना,
दोनों सिंह-सदृश रहना।
लक्ष्मण! तू बड़भागी है,
जो अग्रज-अनुरागी है।
मन ये हों, तन तू वन में,

धन ये हों, जन तू वन में
लक्ष्मण का तन पुलक उठा,
मन मानो कुछ कुलक उठा।
माँ का भी आदेश मिला,
पर वह किसका हृदय हिला?

कहा ऊर्मिला ने—"हे मन!
तू प्रिय-पथ का विघ्न न बन।
आज स्वार्थ है त्याग भरा!
हो अनुराग विराग-भरा!
तू विकार से पूर्ण न हो,
शोक-भार से चूर्ण न हो।
भ्रात-स्नेह-सुधा बरसे,
भू पर स्वर्ग-भाव सरसे!"
प्रस्तुत प्राणस्नेही,
चुप थीं अब भी वैदेही।
कहतीं क्या वे प्रिय जाया,
जहाँ प्रकाश वहीं छाया।
इसी समय दुख से छाये,
सचिव सुमन्त्र वहाँ आये।
वे परिवार-भुक्त-से थे,
अति अविभिन्न युक्त-से थे।
प्रभु जो उनकी ओर बढ़े,
प्रथम अश्रु फिर वचन कहे—
"राम! क्या कहूँ मैं अब हा!
बनकर भी बिगड़ा सब हा!
देख तुम्हारा निष्कासन,
कैकेयी-सुत का शासन,
नहीं चाहती कभी प्रजा,
उड़ी क्रान्ति की कहीं ध्वजा?
विदित तुम्हें है नृप-गति भी,
कैकेयी की दुर्मति भी।
ऐसी विषमावस्था है,
फिर भी वन-व्यवस्था है?

पितृ 'स्पृहा क्या ज्ञेय नहीं,
प्रजा भाव क्या ध्येय नहीं?
प्रभु—बोले "यह बात नहीं,
तात! तुम्हें क्या ज्ञात नहीं?
स्पृहा बड़ी या धर्म बड़ा?
किसमें है शुभ कर्म बड़ा?
और प्रजा में द्रोह कहाँ?
है बस मेरा मोह वहाँ।
मैंने क्या कर दिया किसे,
कर न सकेंगे भरत जिसे?
उनके निन्दा वाक्य मुझे,
होंगे विष के बाण बुझे।
उनकी निन्दा मेरी है,
प्रजा प्रीति की प्रेरी है।
पर वे मेरे भ्राता हैं,
मँझली माँ भी माता हैं।"
अब सुमन्त्र कुछ कह न सके,
पर नीरव भी रह न सके,
खड़े रहे वे मुँह खोले,
फिर धीरे धीरे बोले—
"नहीं जानता मैं रोऊँ,
या आनन्द-मग्न होऊँ;
राम! तुम्हारा मंगल हो,
प्राप्त हमें आत्मिक बल हो।
तुम भूतल से भिन्न नहीं,
हम सबसे विच्छिन्न नहीं।
उर से किन्तु अलौकिक हो,
नित पतंग-कुल के पिक हो!
अन्तःकरण अपार्थिव है,
उदित वहाँ दिव ही दिव है।
अमरवृन्द नीचे आवें,
मानव-चरित देख जावें।
वन में ही यदि रहना है,
तो नृप का यह कहना है—
'तुम सुमन्त्र रथ ले जाओ,

पुत्रों को पहुँचा आओ।
भरत यहाँ आवें जब लों,
बचा रहा मैं यदि तब लों—
तो मैं उन्हें राज्य दूँगा,
वन में स्वयं प्राप्त हूँगा'।''

सबने ऊर्ध्वश्वास लिया,
या उर को आश्वास दिया!
प्रभु बोले—''तो देर न हो,
रथ जुतने के लिए कहो।
अब वल्कल पहनूँ बस मैं,
बनूँ वनोचित तापस मैं।
यहीं रजोगुण-लेश रहे,
वन में सात्विक वेश रहे।''

रोते हुए सुमन्त्र गये,
आये वल्कल वस्त्र नये।
बढ़े प्रथम कर कोमल दो,
या मृणालयुत शतदल दो!
सीता चुप, सब रोती थीं,
दृग-जल से मुँह धोती थीं।
''बहू बहू!'' माँ चिल्लाई,
आँखें दूनी भर आई—
''हाथ हटा, ये वल्कल हैं,
मृदुतम तेरे करतल हैं।
यदि ये छू भी जावेंगे—
तो छाले पड़ आवेंगे!
कोसल-वधू! विदेह-लली!
मुझे छोड़कर कहाँ चली?
वन की काँटों-भरी गली,
तू है मानस-कुसुम-कली।
दैव! हुआ तू वाम किसे?
रोको, रोको राम! इसे।

क्या यह वन में रह लेगी?
तप-वर्षा-हिम सह लेगी?
सौ कष्टों की कथा रहे,
वन की सारी व्यथा रहे,
जब आँधी-सी आवेगी—
यह सहसा उड़ जावेगी?''

आ पड़ता जब सोच कहीं—
रहता तब संकोच नहीं।
प्रभु ने जो निदेश पाया,
प्राणसखी को समझाया,
वन के सारे कष्ट कहे,
जो जो भय थे स्पष्ट कहे,
जिनको सुन कर मुँह सूखे,
देह दुःख पाकर दूखे—
''आतप, वर्षा, हिम सहना,
बाघ-भालुओं में रहना,
अबलाओं का काम नहीं!
वन में जन का नाम नहीं।
खान-पान सब कुछ खोना,
निशि में भी दुर्लभ सोना।
यहीं नहीं, वनचर होना,
रोने से भी मुँह धोना!''

किन्तु वृथा, सीता बोलीं,
डर से नेंक नहीं डोलीं—
''नाथ! न कुछ होगा इससे,
क्या कहते हो तुम किससे?
समझो मुझको भिन्न न हा!
करो ऐक्य उच्छिन्न न हा!
तुमको दुख तो मुझको भी।
तुमको सुख तो मुझको भी,
सुख में आ आकर घेरूँ,
संकट में अब मुँह फेरूँ,

देखेगा तो कौन उसे?
मरना होगा मौन उसे।
जो गौरव लेकर स्वामी!
होते हो काननगामी,
उसमें अर्द्ध भाग मेरा;
करो न आज त्याग मेरा,
मातृ-सिद्धि, पितृ-सत्य सभी,
मुझे अर्द्धांगी बिना अभी—
है अर्द्धांग अधूरे ही;
सिद्ध करो तो पूरे ही।
सबके हित मैं वन में भी,
निर्जन, सघन गहन में भी,
सब व्रत-नियम निबाहूँगी,
सबका मंगल चाहूँगी।
सास-ससुर की स्नेह-लता—
बहन ऊर्मिला महाव्रता!
सिद्ध करेगी वही यहाँ,
जो मैं भी कर सकी कहाँ?
वन में क्या भय ही भय है?
मुझको तो जय ही जय है?
यदि अपना आत्मिक बल है,
जंगल में भी मंगल है।
कण्टक जहाँ कुसुम भी हैं,
छाया वाले द्रुम भी हैं।
निर्झर हैं, दूर्वा-दल हैं,
मीठे कन्द, मूल, फल हैं।
रहते हैं मिष्ठान्न पड़े,
लगते हैं फल मधुर बड़े।
बधुएँ लंघन से डरतीं—
तो उपवास नहीं करतीं!
मुक्त गगन है, मुक्त पवन,
वन है प्रभु का खुला भवन।
सलिल-पूर्ण सरिताएँ हैं,
करुण-भाव-भरिताएँ हैं।
उटज लताओं से छाया,

विटपों की ममता-माया।
खग; मृग भी हिल जावेंगे,
सभी मेल मिल जावेंगे।
देवर एक धनुर्धारी—
होंगे सब सुविधाकारी।
वे दिन-रात साथ देंगे,
मेरी रक्षा कर लेंगे।
मदकल कोकिल गावेंगे,
मेघ मृदंग बजावेंगे।
नाचेंगे मयूर मानी,
हूँगी मैं वन की रानी!
हिंस्र जीव है घोर जहाँ,
ऋषि-मुनि भी क्या नहीं वहाँ?
यहाँ नहीं जो शान्ति वहीं,
भव-विकार या भ्रान्ति नहीं।
अंचल होगा फूल-भरा,
कल-जल होगा कूल-भरा,
मन होगा दुख-भूल-भरा,
वन होगा सुख-मूल भरा।
अथवा कुछ भी न हो वहाँ,
तुम तो हो जो नहीं यहाँ।
मेरी यही महामति है—
पति ही पत्नी की गति है।
नाथ! न भय दो तुम हमको,
जीत चुकी हैं हम यम को।
सतियों को पति-संग कहीं—
अगम गहन क्या दहन नहीं।''
सीता और न बोल सकीं,
गद्‌गद कण्ठ न खोल सकीं।
इधर ऊर्मिला मुग्ध निरी—
कहकर ''हाय!'' धड़ाम गिरी!

लक्ष्मण ने दृग मूँद लिये,
सब ने दो दो बूँद दिये।

कहा सुमित्रा ने—"बेटी!
आज मही पर तू लेटी!"
"बहन! बहन! कहकर भीता,
करने लगीं व्यजन सीता।
"आज भाग्य जो है मेरा,
वह भी हुआ न हा! तेरा!"
माताएँ थीं मूर्ति बनी,
व्यग्र हुए प्रभु धर्म-धनी।
युग भी कम थे उस क्षण से;
बोले वे यों लक्ष्मण से—
"अनुज, मार्ग मेरा लेकर,
संग अनावश्यक देकर,
सोचो अब भी तुम इतना—
भंग कर रहे हो कितना?
हठ करके, प्यारे भाई,
करो न मुझको अन्यायी।"
"हाय! आर्य, रहिए, रहिए,
मत कहिए, यह मत कहिए।
हम संकट को देख डरें,
या उसका उपहास करें?
पाप-रहित सन्ताप जहाँ,
आत्म-शुद्धि ही आप वहाँ।"
"लक्ष्मण तुम हो तपस्पृही,
मैं वन में भी रहा गृही।
वनवासी, हे निर्मोही,
हुए वस्तुतः तुम दो ही।"
कहा सुमित्रा ने तब यों—
"निश्चय पर वितर्क अब क्यों?
जैसे रहें, रहेंगी हम,
रोकर सही, सहेंगी हम।"
उस मूर्च्छिता वधू का सिर,
गोदी में रक्खे अस्थिर,
कौसल्या माता भोली,
धाड़ मार कर यों बोली—
"देव-वृन्द! देखो नीचे,

मत मारो आँखें मींचे।
जाओ, वत्स! कहा मैंने,
जो आ पड़ा सहा मैंने।
जो जी सकी—और जीने की चेष्टा किया करूँगी,
चौदह वर्ष बीतने पर तो मानो फिर न मरूँगी।
देख उस समय तुम तीनों को छूटा धैर्य धरूँगी।
मानों तीन लोक के धन से अपना भाग्य भरूँगी।
पक्ष सिद्ध हो,
लक्ष विद्ध हो,
राम! नाम हो तेरा,
धर्म-वृद्धि हो,
मर्म-ऋद्धि हो,
सब तेरे, तू मेरा।''

प्रस्थान,—वन की ओर,
या लोक-मन की ओर?
होकर न धन की ओर,
हैं राम जन की ओर।

पंचम सर्ग

वनदेवीगण, आज कौन-सा पर्व है,
जिस पर इतना हर्ष और यह गर्व है?
जाना, जाना, आज राम वन आ रहे,
इसलिए सुख-साज सजाये जा रहे।

तपस्वियों के योग्य वस्तुओं से सजा,
फहराये निज भानु-मूर्तिवाली ध्वजा।
मुख्य राजरथ देख समागत सामने,
गुरु को पुनः प्रणाम किया श्रीराम ने।
प्रभु-मस्तक से गये जहाँ गुरु-पद छुए,
चोटी तक वे हृष्टरोम गद्गद हुए।
बोल उठे—''हम आज सु-गौरव-युत हुए,
सुत, तुम वल्कल पहन, शिष्य से सुत हुए।''
प्रभु बोले—''बस, यही राम को इष्ट है,
क्योंकि पिता के लिए प्रतीत अरिष्ट है।
त्रिकालज्ञ हैं आप, आपकी बात से,
हुए भविष्यच्चिह्न मुझे भी ज्ञात से।
जो हो, व्याकुल आज प्रजा-परिवार है,
उन सबका अब सभी आप पर भार है।
माँ मुझको फिर देख सकें जैसे सही,
पितः, पुत्र की प्रथम याचना है यही।''
भाव देख उन एक महा व्रतनिष्ठ के,
भर आये युग नेत्र वरिष्ठ वसिष्ठ के।
कहा उन्होंने—''वत्स, चाहता हूँ अभी—
किन्तु नहीं, कल्याण इसी में है सभी।
देवकार्य हो और उदित आदर्श हो,
उचित नहीं फिर मुझे कि क्षोभ-स्पर्श हो।
मुनि-रक्षक-सम करो विपिन के वास तुम,

मेटो तप के विघ्न और सब त्रास तुम।
हरो भूमि का भार भाग्य से लभ्य तुम,
करो आर्य-सम वन्यचरों को सभ्य तुम।''
''जो आज्ञा'' कह रामचन्द्र आगे बढ़े,
उदयाचल पर सूर्य-तुल्य रथ पर चढ़े।
रुदित जनों को छोड़ बैठ उसमें भले,
सीता, लक्ष्मण-सहित राम वन को चले।
प्रजा वर्ग के नेत्र-नीर से पथ सिंचा,
रुकता रुकता महा भीड़ में रथ खिंचा।
सूर्योद्‌भासित कनक-कलश पर केतु था,
वह उत्तर को फहर रहा किस हेतु था?
कहता-सा था दिखा दिखाकर कर-कला,
यह जंगम-साकेत-देव मन्दिर चला!

सुन कैकेयी-कर्म, जिसे लज्जा हुई,
पाकर मानो ताप गलित मज्जा हुई।
वैदेही को देख बधू-गण बच गया,
कोलाहल युग भावपूर्ण तब मच गया।
उभय ओर थीं खड़ी नगर-नर-नारियाँ,
बरसाती थीं साश्रु सुमन सुकुमारियाँ।
करके जय जयकार राम का धर्म का,
करती थीं अपवाद केकयी कर्म का।
''जहाँ हमारे राम, वहीं हम जायेंगे,
वन में ही नव-नगर-निवास बनायेंगे।
ईंटों पर अब करें भरत शासन यहाँ!''
जन-समूह ने किया महा कलकल वहाँ।''

''हरकर प्रभु का राज्य कठोरा केकयी,
प्रजा-प्रीति भी हरण करे अब यह नई।''
भाभी को यह भाव जताने के लिए,
लक्ष्मण ने निज नेत्र उधर प्रेरित किये।
वैदेही में पुलक भाव था भर रहा,
प्रियगुणानुभव रोम रोम था कर रहा।

केकयी का स्वार्थ, राम का त्याग था,
परम खेद था और चरम अनुराग था।
राम-भाव अभिषेक-समय जैसा रहा,
वन जाते भी सहज सौम्य वैसा रहा।
वर्षा हो या ग्रीष्म, सिन्धु रहता वही,
मर्यादा की सदा साक्षिणी है मही।
सत्य-धर्म का श्रेष्ठ भाव भरते हुए,
जन-समूह को स्वयं शान्त करते हुए,
विपिनातुर वे किसी भाँति आगे बढ़े,
पहुँचे रथ से प्रथम, मनोरथ पर चढ़े।

रख कर उनके वचन, लौटते लोग थे,
पाते तत्क्षण किन्तु विशेष वियोग थे।
जाते थे फिर वही टोल के टोल यों—
आते-जाते हुए जलधि-कल्लोल ज्यों।
सम्बोधन कर पौरजनों को प्रीति से,
बोले हँसकर राम यथोचित रीति से—
"रोकर ही क्या विदा करोगे सब हमें?
आना होगा नहीं यहाँ क्या अब हमें?
लौटो तुम सब, यथा समय हम आयेंगे;
भाव तुम्हारे, साथ हमारे जायेंगे!
पहुँचाते हैं दूर उसी को शोक में—
जिससे मिलना हो न सके फिर लोक में।"
बोल उठे जन—"भद्र, न ऐसा तुम कहो,
देते हैं हम तुम्हें विदा ही कब अहो!
राजा हमने राम, तुम्हीं को है चुना,
करो न तुम यो हाय! लोकमत अनसुना।
जाओ, यदि जा सको रौंद हमको यहाँ!"
यों कह पथ में लेट गये बहु जन वहाँ।
अश्व अड़े-से खड़े उठाये पैर थे,
क्योंकि समझते प्रेम और वे वैर थे।
ऊँचा कर कुछ वक्ष कन्धरा-संग में,
शंखालोड़न यथा उदग्र तरंग में—
करता है गम्भीर अम्बुनिधि नाद ज्यों,

बोले श्रीमद्रामचन्द्र सविषाद यों—
"उठो प्रजा-जन, उठो, तजो यह मोह तुम,
करते हो किस हेतु विनत विद्रोह तुम?
तुमसे प्यारा मुझे कौन? कातर न हो,
मैं अपना भी त्याग करूँ तुम पर कहो?
सोचो तुम सम्बन्ध हमारा नित्य का,
जब से भव में उदय आदि आदित्य का।
प्रजा नहीं, तुम प्रकृति हमारी बन गये,
दोनों के सुख-दुःख एक में सन गये,
मैं स्वधर्म से विमुख नहीं हूँगा कभी,
इसीलिए तुम मुझे चाहते हो सभी।
पर मेरा यह विरह विशेष विलोक कर,
करो न अनुचित कर्म धर्म-पथ रोक कर।
होते मेरे ठौर तुम्हीं हे आग्रही,
तो क्या तुम भी आज नहीं करते यही?
पालन सहज, सुयोग कठिन है धर्म का,
हुआ अचानक लाभ मुझे सत्कर्म का।
मैं वन जाता नहीं रूठ कर गेह से,
अथवा भय, दौर्बल्य तथा निःस्नेह से।
तुम्हीं कहो, क्या तात-वचन झूठे पड़ें?
असद्वस्तु के लिए परस्पर हम लड़ें!
मान लो कि यह राज्य अभी मैं छीन लूँ,
काँटों में से सहज कुसुम-सा बीन लूँ,
पर जो निज नृप और पिता का भी न हो,
हो सकता है कभी प्रजा का वह कहो?
ऐसे जन को पिता राज्य देते कहीं,—
जिसको उसके योग्य मानता मैं नहीं,
तो अधिकारी नहीं, प्रजा के भाव से,
सहमत होता स्वयं न उस प्रस्ताव से।
किन्तु भरत के भाव मुझे सब ज्ञात हैं,
हममें वे जड़भरत-तुल्य विख्यात हैं।
भूलोगे तुम मुझे उन्हें पाकर, सुनो,
मुझे चुना तो जिसे कहूँ अब मैं, चुनो!
जैसा है विश्वास मुझे उनके प्रती—
प्रिय उससे भी अधिक न निकलें वे व्रती—

तो तुम मुझको दूर न पाओगे कभी,
देता हूँ मैं वचन, मार्ग दे दो अभी,
महाराज स्वर्गीय सगर ने राज्य कर,
तजा तुम्हारे लिए पुत्र भी त्याज्य कर।
भरत तुम्हारे योग्य न हों त्राता कहीं,
तो समझेगा राम उन्हें भ्राता नहीं।
तुम हो ऐसे प्रजावृन्द, भूलो न हे,
जिनके राजा देव-कार्य साधक रहे।
गये छाड़ सुख-धाम दैत्य-संग्राम में,
धैर्य धरो तुम, वही वीर्य है राम में।
बन्धु, बिदा दो उसी भाव से तुम हमें,
वन के काँटे बनें कीर्ण कुंकुम हमें।
करूँ पाप-संहार, पुण्य-विस्तार मैं,
भरूँ भद्रता, हरूँ विघ्न-भय-भार मैं।
या जाने दो आर्य भगीरथ-रीति से,
करूँ शुल्क-ऋण-मुक्त पिता को प्रीति से।
सौ विघ्नों के बीच व्रतोद्यापन करूँ,
गंगा-सम कुछ नव्य निधि-स्थापन करूँ!
उठो, विघ्न मत बनो धर्म के मार्ग में;
चलो स्वयं कल्याण-कर्म के मार्ग में।
दो मुझको उत्साह, बढ़ूँ, विचरूँ, तरूँ,
पद पद पर मैं चरण-चिह्न अंकित करूँ।''

क्षिप्त खिलौने देख हठीले बाल के,
रख दे माँ ज्यों उन्हें सँभाल सँभाल के।
विभु-वाणी से वही, पड़े थे जो अड़े,
मन्त्रमुग्ध-से हुए अलग उठकर खड़े।
झुक देखें जो किन्तु उठाकर सिर उन्हें,
पा सकते थे कहाँ पौर जन फिर उन्हें।
झोंके-सा झट स्वच्छ मार्ग से रथ उड़ा,
बढ़ मानो कुछ दूर शून्य पथ भी मुड़ा!
चले यथा रथ-चक्र अचल भावित हुए,
युग पार्श्वों के अचल दृश्य धावित हुए।
सीमा पूरी हुई जहाँ साकेत की,

पुर, प्रान्तर, उद्यान, सरित, सर, खेत की,
रुके सधे हय, हींस उठे रज चूमकर,
उतर पुरी की ओर फिरे प्रभु घूमकर।
जन्मभूमि का भाव न अब भीतर रुका,
आर्द्र भाव से कहा उन्होंने, सिर झुका—
''जन्मभूमि, ले प्रणति और प्रस्थान दे;
हमको गौरव, गर्व तथा निज मान दे।
तेरे कीर्ति-स्तम्भ, सौध, मन्दिर यथा—
रहें हमारे शीर्ष समुन्नत सर्वथा।
जाते हैं हम, किन्तु समय पर आयेंगे;
आकर्षक तब तुझे और भी पायेंगे।
उड़े पक्षिकुल दूर दूर आकाश में,
तदपि चंग-सा बंधा कुञ्ज-गृह-पाक में।
हममें तेरे व्याप्त विमल जो तत्व हैं,—
दया, प्रेम, नय, विनय, शील, शुभ सत्व है;
उन सबका उपयोग हमारे हाथ है,
सूक्ष्म रूप में सभी कहीं तू साथ है!
तेरा स्वच्छ समीर हमारे श्वास में,
मानस में जल और अनल उच्छ्वास में।
अनासक्ति में सतत नभस्थिति हो रही,
अविचलता में बसी आप तू है मही।
गिर गिर, उठ उठ, खेल-कूद, हँस बोलकर;
तेरे ही उत्संग-अजिर में डोल कर—
इस पथ में है सहज हुआ चलना हमें,
छल न सकी वह लोभ-मोह-छलना हमें,
हम सौरों की प्राचि, पुराधिष्ठात्रि तू,
मनुष्यत्व-मनुजात-धर्म की धात्रि तू!
तेरे जाये सदा याद आते रहे,
नव नव गौरव पुण्यपर्व पाते रहे।
तू भावों की चारु चित्रशाला बनी,
चारित्र्यों की गीत-नाट्यमाला बनी।
तू है पाठावली आर्यकुल-कर्म की,
पत्र पत्र पर छाप लगी ध्रुव धर्म की।
चलना, फिरना और विचरना हो कहीं,
किन्तु हमारा प्रेम-पालना है यहीं।

हो जाऊँ मैं लाख बड़ा नर-लोक में,
शिशु ही हूँ तुझ मातृभूमि के ओक में।
यहीं हमारे नाभि कंज की नाल है,
विधि-विधान की सृष्टि यहीं सुविशाल है।
हम अपने तुझ दुग्ध-धाम के विष्णु हैं,
हैं अनेक भी एक, इसीसे जिष्णु हैं!
तेरा पानी शस्त्र हमारे हैं धरे,
जिसमें अरि आकण्ठमग्न होकर तरे।
तब भी तेरा शान्ति भरा सद्भाव है,
सब क्षेत्रों में हरा हृदय का हाव है।
मेरा प्रिय हिण्डोल निकुंजागार तू,
जीवन-सागर, भाव-रत्न-भाण्डार तू।
मैं हूँ तेरा सुमन, चढ़ूँ-सरसूँ कहीं,
मैं हूँ तेरा जलद, बढ़ूँ-बरसूँ कहीं।
शुचिरुचि शिल्पादर्श, शरद्घन पुंज तू,
कलाकलित, अति ललित कल्पना कुंज तू।
स्वर्गोपरि साकेत, राम का धाम तू,
रक्षित रख निज उचित अयोध्या नाम तू।
राज्य जाय, मैं आप चला जाऊँ कहीं,
आऊँ अथवा लौट यहाँ आऊँ नहीं,
रामचन्द्र भवभूमि अयोध्या का सदा,
और अयोध्या रामचन्द्र की सर्वदा।"

आया झोंका एक वायु का सामने,
पाया सिर पर सुमन समर्पित राम ने।
पृथ्वी का गुण सरस गन्ध मन भा गया,
खगकुल का कल विकल करुण रव छा गया।
क्षण भर तीनों रहे मूर्ति जैसे गढ़े,
लेकर फिर निश्वास दीर्घ रथ पर चढ़े।
बैठ चले चुपचाप सभी निस्पन्द-से,
बढ़े अश्व भी निरानन्द गति मन्द से।
पहुँचे तमसा-तीर साँझ को संयमी,
वहीं बिताई गई प्रथम पथ की तमी।
स्वजन-शोच-संकोच तनिक बाधक हुआ,

किन्तु भरत-विश्वास शयन-साधक हुआ।
सजग रहे सौमित्र, बने प्रहरी वही,
निद्रा भी ऊर्मिला-सदृश घर ही रही!
प्रभु-चर्चा में मग्न सुमन्त्र समेत थे,
बीत गई कब रात, सचेताचेत थे।
पर-दिन पथ में निरख स्वराज्य-समृद्धियाँ,
प्रजावर्ग की धर्म-धान्य-धन-वृद्धियाँ,
गोरसधारा-सदृश गोमती पार कर,
पहुँचे गंगा-तीर धीर धृति धार कर।
यह थी एक विशाल मोतियों की लड़ी,
स्वर्ग-कण्ठ से छूट, धरा पर गिर पड़ी!
सह न सकी भव-ताप, अचानक गल गई,
हिम होकर भी द्रवित रही कल जलमयी।

''प्रभु आये हैं,'' समाचार सुनकर नया,
भेंट लिए गुहराज सपरिकर आ गया।
देख सखा को दिया समादर राम ने,
उठकर, बढ़कर, लिया प्रेम से सामने।
''रहिए, रहिए, उचित नहीं उत्थान यह,
देते हैं श्रीमान किसे बहु मान यह!
मैं अनुगत हूँ, भूल पड़े कहिए कहाँ?
अपना मृगयावास समझ रहिए यहाँ।
कुशल मूल इस मधुर हास पर भूल सब,
वारूँ मैं निज नीलविपिन के फूल सब।
सहसा ऐसे अतिथि मिलेंगे कब, किसे,
क्यों न कहूँ मैं अहोभाग्य अपना इसे?
पाकर यह आनन्द-सम्मिलन-लीनता,
भूल रही है आज मुझे निज हीनता।
मैं अभाव में भाव लेखता हूँ तुम्हें,
निज गृह में गृह नहीं, देखता हूँ तुम्हें।
त्रुटियों पर पद-धूलि डालिए आइए,
घर न देखकर, मुझे निहार निभाइए।
न हों योग्य आतिथ्य, अटल अनुरक्ति है;
चाहे मुझमें शक्ति न हो, पर भक्ति है।

अथवा मृगयाशील कभी फिर भी यहाँ—
पड़ सकते हैं चारु चरण ये, पर कहाँ?
आ सकती हैं, बार बार माँ जानकी?
कुलदेवी-सी मिली मुझे हाँ, जानकी।
भद्रे, भूले नहीं मुझे आह्लाद वे,
मिथिलापुर के राजभोग हैं याद वे!
पेट भरा था, किन्तु भूख तब भी रही!
एक ग्रास में तृप्त न कर दूँ तो सही!
रूखा-सूखा खान-पान भी इष्ट है,
भाता किसको सदा मिष्ट ही मिष्ट है!
तुम सदैव सौभाग्यवती, जीती रहो,
उभय कुलों की प्रीति-सुधा पीती रहो।''
फिर गुह ने हँस उन्हें हँसा कर नत किया,
प्रभु ने तत्क्षण उसे अंक में भर लिया।
चौंका वह इस बार, देखकर राम को—
शैवलपरिवृत यथा सरोरुह श्याम को!
''ऐं, ये वल्कल! दृष्टि कहाँ मेरी रही?
कौतुक, अब तक देख न पाई वह यही!
कहिए, ये किसलिए आज पहने गये?
कहाँ राजपरिधान और गहने गये?
क्या मुनि बनकर हरिण भुलाये जायेंगे?
पर वे चंचल, सहज समीप न आयेंगे।
किसी वेष में रहें रूप ही धन्य यह,
जय आभरणावरण-मुक्त लावण्य यह!''
''वचनों से ही तृप्त हो गये हम सखे,
करो हमारे लिये न अब कुछ श्रम सखे!
वन का व्रत हम आज तोड़ सकते कहीं,
तो भाभी की भेंट छोड़ सकते नहीं।
तपस्वियों के विघ्न दूर कर प्रेम से,
कुछ दिन हम वनवास करेंगे क्षेम से।
देखेंगे पुर-कार्य भरत पुण्यस्पृही,
होता है कृतकृत्य सहज बहुजन गृही।''
''ऐसा है तो साथ चलेगा दास यह,
होगा सचमुच बड़ा विनोदी वास वह।
वन में वे वे चमत्कार हैं सृष्टि के,

पलक खुले ही रहें देख कर दृष्टि के!''
''सुविधा करके स्वयं भ्रमण-विश्राम की,
सब कृतज्ञता तुम्हीं न ले लो राम की।
औरों को भी सखे, भाग दो भाव से,
कर दो केवल पार हमें कल नाव से।''

ध्रुवतारक था व्योम विलोक समाज को,
प्रभु ने गौरव-मान दिया गुहराज को।
प्रकृत वृत्त जब सुना परन्तु विषाद का,
मुरझ गया मन सुमन-समान निषाद का,
देवमूर्ति वे राजमंदिरों के पले,
कुश-शय्या पर आज पड़े थे तरु-तले।
हाय! फूलते हुए भाग्य कैसे फले,
उस भावुक के अश्रु उमड़ कर बह चले।
''घुरक रही है साँय साँय कर रात भी,
मानों लय में लीन तरंगाघात भी।
तब भी लक्ष्मण घूम रहे हैं जाग कर,
निद्रा का निज तुच्छ भाग तक त्याग कर।
यह किसका अभिशाप न जाने हे हरे,
चलती है दुर्नीति राज्य से ही अरे!
खोकर ऐसे लाल, लिया क्या केकयी?
क्या करना था तुझे, किया क्या केकयी?
इस भव पर है असित वितान तना सदा,
जिसके खम्भे दुःख, शोक, भय, आपदा।
उस अचिंत्यगति गगन तले जब तक पड़े,
हम हैं कितने विवश सभी छोटे-बड़े!
जो प्रभु निज साकेत छोड़, वन को चला,
उसके सम्मुख शृंगवेरपुर क्या भला?
पर उसको दूँ और कौन उपहार मैं?
हूँगा कल कृतकृत्य आपको वार मैं।''
बद्धमुष्टि रह गया वीर, ज्यों भ्रान्त हो,
बोले तब सौमित्रि—''बन्धु, तुम शान्त हो!
तुमको जिनके लिए दुःख या रोष है,
स्वयं उन्हें निज हेतु सौख्य-सन्तोष है।

श्रृंगवेरपुर-राज्य करो तुम नीति से,
आर्य तृप्त हैं मात्र तुम्हारी प्रीति से।
मिला धर्म का आज उन्हें वह धन नया,
जिस पर कोसल राज्य स्वयं वारा गया।
समय जा रहा और काल है आ रहा,
सचमुच उलटा भाव भुवन में छा रहा।
कीट-पूर्ण हैं कुसुम, कण्टकित है मही,
जो सबसे बच निकल चले, विजयी वही,
कर्म-हेतु ही कर्म नहीं हम कर सकें,
तो उनके फल हमें कहाँ से धर सकें।
कर्त्ता मानों जिसे तात, भोक्ता वही,
बन्ध-मुक्ति की एक युक्ति जानों यही।
मेरे लिए विषाद व्यर्थ है, धन्य मैं,
सुप्त नहीं हूँ, सतत सजग, चैतन्य मैं।
मैं तो निज भवसिन्धु कभी का तर चुका,
राम-चरण में आत्मसमर्पण कर चुका।
जीव और प्रभु-मध्य अड़ी माया खड़ी,
वह दुरत्यया और शक्तिशाली बड़ी।
साधो उसको और मनाओ युक्ति से,
सखे, समन्वय करो भक्ति का मुक्ति से।''

निकल गई चुपचाप निशा अभिसारिका,
पढ़ी द्विजों ने बोधमयी कल-कारिका।
सबने मज्जन किया, निरख प्रातश्छटा,
स्वर्णघटित थी रजत जाह्नवी की घटा।
लेकर वट का दूध जटा प्रभु ने रची,
अब सुमन्त्र के लिए न कुछ आशा बची।
''स्वयं क्षात्र ने लिया आज वैराग्य क्या?
शान्त सर्वथा हुआ हमारा भाग्य क्या?''
प्रभु ने उन्हें प्रबोध दिया तब प्रीति से—
''व्रत ले तो फिर उसे निभा दे रीति से।
जटाजूट पर छत्र करे छाया भले,
किन्तु मुकुट की हँसी मात्र है तरु-तले।
सौम्य, कहाँ क्या काम भला विधि वाम का?

यह तो है सौभाग्य तुम्हारे राम का।
जाकर मेरा कुशल कहो तुम तात से,
दो सबको संतोष, मिले जिस बात से।
मूल-तुल्य तुम रहो, फूल-से हम खिलें;
कब बीते यह अवधि और आकर मिलें।
फिर भी ये दिन अधिक नहीं हैं, अल्प हैं,
काल-सिन्धु में बिन्दु-तुल्य युग-कल्प हैं।''

समयोचित संदेश उन्हें प्रभु ने दिये,
सबके प्रति निज भाव प्रकट सबने किये।
कह न सके कुछ सचिव विनीत विरोध में,
उमड़ी करुणा और प्रबोध-निरोध में।
देख सुमन्त्र-विषाद हुए सब अनमने,
आये सुरसरि-तीर त्वरित तीनों जने।
बैठीं नाव-निहार लक्षणा-व्यंजना,
'गंगा में गृह' वाक्य सहज वाचक बना।

बढ़ी पदों की ओर तरंगित सुरसरी,
मोद-भरी मदमत्त झूमती थी तरी।
धो ली गुह ने धूलि अहल्या-तारिणी,
कवि की मानस-कोष-विभूति-विहारिणी।
प्रभु-पद धोकर भक्त आप भी धो गया,
कर चरणामृत-पान अमर वह हो गया!
हींस रहे थे उधर अश्व उद्ग्रीव हो,
जैसे उनका उड़ा जा रहा जीव हो।
प्रभु ने दिया प्रबोध हाथ से, हेर कर,
पोंछा गुह ने नेत्र-नीर मुँह फेर कर।
कोमल है बस प्रेम, कठिन कर्त्तव्य है,
कौन दिव्य है, कौन न जाने भव्य है?

''जय गंगे, आनन्दतरंगे, कलरवे,
अमल अंचले, पुण्यजले, दिवसम्भवे!

सरस रहे यह भरत-भूमि तुमसे सदा,
हम सबकी तुम एक चलाचल सम्पदा।
दरस-परस की सुकृति-सिद्धि ही जब मिली,
माँगे तुमसे आज और क्या मैथिली?
बस, यह वन की अवधि यथाविधि तर सकूँ।''
समुचित पूजा-भेंट लौटकर कर सकूँ।''
उद्भासित थी जह्नुनन्दिनी मोद में,
किरण-मूर्तियाँ खेल रही थीं गोद में।
वैदेही थीं झलक झलक पर झूमती,
त्रिविध पवन गति अलक-पलक थी चूमती।

बोले तब प्रभु, परम पुण्य पथ के पथी—
''निज कुल की ही कीर्ति प्रिये, भागीरथी।''
''तुम्हीं पार रहे आज जिसको अहो!''
सीता ने हँस कहा—''क्यों न देवर, कहो?''
''है अनुगामीमात्र देवि, यह दास तो!''
गुह बोला—''परिहास बना वनवास तो!''
वहाँ हर्ष के साथ कुतूहल छा गया,
नाव चली या स्वयं पार ही आ गया!

''मिलन-स्मृति-सी रहे यहाँ तक क्षुद्रिका,''
सीता देने लगीं स्वर्णमणि-मुद्रिका।
गुह बोला कर जोड़ कि—''यह कैसी कृपा?
न हो दास पर देवि, कभी ऐसी कृपा।
क्षमा करो, इस भाँति न तुम तज दो मुझे,
स्वर्ण नहीं, हे राम, चरण-रज दो मुझे।
जड़ भी चेतन मूर्ति हुई पाकर जिसे,
उसे छोड़ पाषाण भला भावे किसे?''
उसे हृदय से लगा लिया श्रीराम ने,
ज्यों त्यों करके विदा किया धी-धाम ने।
पथ में सबके प्रीति-हर्ष-विस्मय बनें,

तीर्थराज की ओर चले तीनों जनें।
कहीं खड़े थे खेत, कहीं प्रान्तर पड़े,
शून्य सिन्धु के द्वीप गाँव छोटे-बड़े।
पथ के प्रहरी वृक्ष झूमते थे कहीं,
खग-मृग चरते हुए घूमते थे कहीं।
छोटी-मोटी कहीं कहीं थीं झाड़ियाँ,
बनी शशादिक हेतु प्राकृतिक बाड़ियाँ।
पगडंडी थी गई मार्ग से ठीक यों—
शास्त्र छोड़ बन जाय लोक की लीक ज्यों।
टीले दीखे कहीं और भरके कहीं,
दृश्य बावड़ी, कूप और सर के कहीं।
पथ-पार्श्वों में मिले पथिक-चत्वर उन्हें,
कौतूहल ने हरा किया सत्वर उन्हें।
चरणों पर कण और मुखों पर बिन्दु थे,
रजःपूर्ण थे पद्म अमृतयुत इन्दु थे।
देख घटा-सी पड़ी एक छाया घनी,
ठहर गये कुछ काल वहाँ कोसलधनी,
''तुम दोनों क्या नहीं थके? मैं ही थकी?''
सीता कुछ भी और न आगे कह सकी।
हँसते हँसते सती अचानक रो पड़ी,
तप्त हेम की मूर्ति द्रवित-सी हो पड़ी।
''मुझको अपने लिए नहीं कुछ सोच है,
तुम्हें असुविधा न हो, यही संकोच है।''
''प्रिये, हमारे लिए न तुम चिन्ता करो,
अभी नया अभ्यास, तनिक धीरज धरो।''

जुड़ आई थीं वहाँ नारियाँ ग्राम की,
वे साधक ही सिद्ध हुईं विश्राम की।
सीता सबसे प्रेम-भावपूर्वक मिलीं,
लतिकाओं में कुसुमकली-सी वे खिलीं।
'शुभे, तुम्हारे कौन उभय ये श्रेष्ठ हैं?''
''गोरे देवर, श्याम उन्हीं के ज्येष्ठ हैं।''

वैदेही यह सरल भाव से कह गईं।
तब भी वे कुछ तरल हँसी हँस रह गईं।

यों स्वच्छन्द, विराम लाभ करते हुए,
मार्ग-जनों में भूरि भार भरते हुए,
पर-दिन तीनों तीर्थराज में आ गये,
द्विगुण पर्व-सा भरद्वाज मुनि पा गये।
स्वयं त्रिवेणी धन्य हुई उन तीन से,
बोल उठे सौमित्रि अमृत में लीन-से—
"देखो भाभी, तीर्थराज की यह छटा,
वर्षा से आ मिली शरद् की-सी घटा!"
हँस कर बोलीं जनकसुता सस्नेह यों—
"श्याम-गौर तुम एक प्राण, दो देह ज्यों!"
"रामानुज ने कहा कि "भाभी क्यों नहीं;
सरस्वती-सी प्रकट जहाँ तुम हो रहीं!"
"देवर, मेरी सरस्वती अब है कहाँ?
संगम-शोभा निरख निमग्न हुई यहाँ!
धूप-छाँव का वस्त्र मात्र उसका बड़ा,
मन्द पवन से लहर रहा है यह पड़ा!"
प्रभु बोले—"यह गीत-काव्य-चित्रावली,
तुम माई के लाल, जनक की वे लली!
अभिव्यक्ति की कुशल शक्ति ही तो कला,
किन्तु आप अनुभूति यहाँ है निश्चला!
तुम ये दो दो कलाकार जीते रहो,
मुझे प्रशंसा कठिन एक की भी अहो!
सुनो, मिलन ही महातीर्थ संसार में,
पृथ्वी परिणत यहीं एक परिवार में।
एक तीसरे हुए मिले जब दो जहाँ,
गंगा-यमुना बनीं त्रिवेणी ज्यों यहाँ।
त्याग और अनुराग चाहिए बस, यही।"
भरद्वाज ने कहा—"भरा तुममें वही।
जाओगे तुम जहाँ, तीर्थ होगा वहीं,
मेरी इच्छा है कि रहो गृह-सम यहीं।"
प्रभु बोले—"कृतकृत्य देव, यह दास है;

पर जनपद के पास उचित क्या वास है?
ऐसा वन निर्देश कीजिए अब हमें,
जहाँ सुमन-सा जनकसुता का मन रमे।
अपनी सुध ये कुलस्त्रियाँ लेती नहीं,
पुरुष न लें तो उपालम्भ देतीं नहीं।''
''कर देती हैं दान न अपने आपको,
''कैसे अनुभव करें स्वात्म-सन्ताप को।
वैदेही की जाति सदैव विदेहिनी,
वन में भी प्रिय-संग सुखी कुल-गेहिनी।
चित्रकूट तब तात, तुम्हारे योग्य है,
जहाँ अचल सुख, शान्ति और आरोग्य है।''
''जो आज्ञा'' कह राम सहर्ष प्रयाग से।
चित्रकूट की ओर चले अनुराग से।
दिखला आये मार्ग आप मुनिवर उन्हें,
मिली सूर्य की सुता धन्य धुनिवर उन्हें।
जल था इतना अमल कि नभ-सा नील था,
विभु-वपु के ही वर्ण-योग्य समशील था।
राजपुत्र भी कलाकुशल थे वे कृती,
धीर, धारणाधार, धुरन्धर, ध्रुवधृती।
लक्ष्मण लाये दारु-लताएँ तोड़ कर।
नौका निर्मित हुई उन्हीं को जोड़ कर।
सभी निछावर स्वावलम्ब के भाव पर,
सीता प्रभु-कर पकड़, चढ़ीं निज नाव पर।
ज्यों पुरेंन पर फुल्ल पद्मिनी तर चली,
चले सहारा दिये हंस-सम युग बली।

करके यमुना-स्नान, विलम वट के तले,
लक्ष्मण, सीता, राम विकट वन को चले।
वहाँ विविध वैचित्र्य, विलक्षण ठाठ थे,
अगणित आकृति-दृश्य, प्रकृति के पाठ थे।
''वन में अग्रज अनुग, अनुज है अग्रणी।''
सीता ने हँस कहा—''न हो कोई व्रणी।''
''भाभी, फिर भी गईं न आईं तुम कहीं,
मध्यभाग की मध्यभाग में ही रहीं!''

मुसकाये प्रभु मधुर मोदधारा बही,—
''वन में नागर भाव प्रिये, अपना यही।
बीते यों ही अवधि यहाँ हँस-खेलकर।
तो हम सब कृतकृत्य, कष्ट भी झेलकर।''
''आहा! मैं तो चौंक पड़ी, यह कक्ष से,—
फड़ फड़ करके कौन उड़ा दृढ़ पक्ष से।
देखो, पहुँचा हाल कहीं का वह कहीं।
वैमानिक हो, किन्तु मनुज पक्षी नहीं।
ऊपर विस्तृत व्योम, विपुल वसुधा तले,
फिर भी, कैसे फाड़ फाड़ अपने गले—
वे तीतर नख-चंचु मार कर लड़ रहे,
कौन कहे किस तुच्छ बात पर अड़ रहे,
यहाँ सरल संकुचित घनी वनवीथि है।
वनस्थली की माँग बनी वनवीथि है।
वनलक्ष्मी सौभाग्यवती फूले-फले,
झूले शिशु-सी शान्ति, पवन पंखा झले।
आगे आगे भाग रहा है मोर यह,
पक्षों से पथ झाड़, चपल चितचोर यह।
मचक मचक वह कीश-मण्डली खेलती,
लचक लचक बच डाल भार है झेलती!
नाथ, सभी कुछ त्याग, जान कर झूठ ही,
खड़े तपस्वी-तुल्य कहीं ये ठूँठ ही!''
''इन पर भी तो प्रिये, लताएँ चढ़ रहीं,
मानो फिर वे इन्हें हरा कर, बढ़ रहीं!''
''कहीं सहज तरुतले कुसुम-शय्या बनी,
ऊँघ रही है पड़ी जहाँ छाया घनी!
घुस धीरे से किरण लोल दलपुंज में,
जगा रही है उसे हिला कर कुंज में।
किन्तु वहाँ से उठा चाहती वह नहीं,
कुछ करवट-सी पलट, लेटती है वहीं।
सखि, तरुवर-पद-मूल न छोड़ो तुम कभी,
एकरूप हैं वहाँ फूल-काँटे सभी!
फैलाए यह एक पक्ष, लीला किये,

छाती पर भर दिये, अंग ढीला किये,—
देखो, ग्रीवा-भंग-संग किस ढंग से,
देख रहा है हमें विहंग उमंग से।
पाता है जो जहाँ ठौर, उगता वहीं,
मिलता है जो जिसे जहाँ, चुगता वहीं।
अत्र तत्र उद्योग सर्व सुखसत्र है,
पर सुयोग-संयोग मुख्य सर्वत्र है।''
''माना आर्य, सभी भाग्य का भोग है;
किन्तु भाग्य भी पूर्वकर्म का योग है।''
''प्रिये, ठीक है, भेद रहा बस, नाम का,
लक्ष्मण का उद्योग, भाग्य है राम का।''
''नाथ, भाग्य तो आज मैथिली का बड़ा,
जिसको यह सुख छोड़, न घर रहना पड़ा।
वह किंशुक क्या हृदय खोलकर खिल गया,
लो, पलाश को पुष्प नाम भी मिल गया।
ओहो! कितनी बड़ी केंचुली यह पड़ी!
पवन-पान कर फूल न हो फिर उठ खड़ी?''
''आर्ये, तब भी हमें कौन भय है भला?
वह मरने भी चला, मारने जो चला।
अच्छा ये क्या पड़े? बताओ तो सही,''
''देवर, सब सब नहीं जानते, बस यही।
विविध वस्तुएँ हमें यहाँ हैं देखनी,
पर इनसे क्या बने न सुन्दर लेखनी?''
''ठीक, यहाँ पर शल्य छोड़कर शल गया,
नाम रहे पर काम तुम्हारा चल गया।
मुस्तकगन्धा खुदी मृत्तिका है इधर,
बुने आर्द्रपदचिह्न, गये शूकर जिधर।
देखो, शुकशिशु निकल निकल वह नीड़ से,
घुसता है फिर वहीं भीत-सा भीड़ से।
नीरस तरु का प्राण शान्ति पाता नहीं,
जा जाकर भी, अवधि बिना जाता नहीं!''
''पास पास ये उभय वृक्ष देखो, अहा!''
फूल रहा है एक, दूसरा झड़ रहा।''

"है ऐसी ही दशा प्रिये, नरलोक की,
कहीं हर्ष की बात, कहीं पर शोक की।
झाड़ विषम झंखाड़ बने वन में खड़े,
काँटे भी हैं कुसुम-संग बाँटे पड़े।"
"काँटों का भी भार मही माता सहे,
जिसमें पशुता यहाँ तनिक डरती रहे!
वन तो मेरे लिए कुतूहल हो गया,
कौन यहाँ पर विपुल बीज ये बो गया?
अरे, भयंकर नाद कौन यह भर रहा?"
"भाभी, स्वागत सिंह हमारा कर रहा।
देखा चाहो शब्दवेध तुम, तो कहो?"
"फिर देखूँगी, अभी शान्त ही तुम रहो।
वन में सौ सौ भरे पड़े रस के घड़े,
मटके-से लटक रहे कितने बड़े!
क्या कर सकती नहीं क्षुद्र की भी क्रिया?"
पुलक उठीं मधुचक्र देख प्रभु की प्रिया।
"माली हारें सींच जिन्हें आराम में,
बढ़ते हैं वे वृक्ष सहज वनधाम में।
आहा! ये गजदन्त और मोती पड़े,
पके फलों के साथ साथ मानो झड़े।
जिन रत्नों पर बिकें प्राण भी पण्य में,
वे कंकड़ हैं निपट नगण्य अरण्य में!"

चल यों सब वाल्मीकि महामुनि से मिले।
ध्यानमूर्ति निज प्रकट प्राप्त कर वे खिले,
वे ज्यों कविकुल देव धरा पर धन्य थे,
ये नायक नरदेव अपूर्व अनन्य थे।
"कवे, दाशरथि राम आज कृतकृत्य है,
करता तुम्हें प्रणाम सपरिकर भृत्य है।"
"राम तुम्हारा वृत्त आप ही काव्य है,
कोई कवि बन जाय, सहज सम्भाव्य है।"

आये फिर सब चित्रकूट मोदितमना,
जो अटूट गढ़ गहन वन-श्री का बना।
जहाँ गर्भगृह और अनेक सुरंग थे,
विविध धातु-पाषाण-पूर्ण सब अंग थे।
जिसकी शृंगावली विचित्र बढ़ी-चढ़ी,
हरियाली की झूल, फूल-पत्ती कढ़ी।
गिरि हरि का हरवेष देख वृष वन मिला,
उन पहले ही वृषारूढ़ का मन खिला।
''शिला-कलश से छोड़ उत्स उद्रेक-सा,
करता है नग-नाग प्रकृति-अभिषेक-सा।
क्षिप्त सलिलकण किरण योग पाकर सदा,
वार रहे हैं रुचिर रत्न-मणि-सम्पदा।
वार-मुद्रा में चित्रकूट का नग जड़ा,
किसे न होगा यहाँ हर्ष-विस्मय बड़ा?''
लक्ष्मण ने झट रची मन्दिराकृति कुटी,
मधु-सुगन्धि के हेतु सरोरुह-सम्पुटी।
वास्तु शान्ति-सी स्वयं प्रकट थीं जानकी,
की मुनियों ने नीति तथापि विधान की।
वनचारी जन जुड़े जोड़ कर डालियाँ,
नृत्य-गान-रत हुए, बजा कर तालियाँ।

''लेकर पवित्र नेत्रनीर रघुवीर धीर,
वन में तुम्हारा अभिषेक करें आओ तुम,
व्योम के वितान तले चन्द्रमा का छत्र तान,
सच्चा-सिंह-आसन बिछा दें, बैठ जाओ तुम।
अर्घ्यपाद्य और मधुपर्क यहाँ भूरि भूरि,
अतिथि समादर नवीन नित्य पाओ तुम,
जंगल में मंगल मनाओ, अपनाओ देव,
शासन जनाओ, हमें नागर बनाओ तुम।''

पृथ्वी की मन्दाकिनी लेने लगी हिलोर,
स्वर्गंगा उसमें उतर डूबी अम्बर, बोर।

षष्ठ सर्ग

तुलसी, यह दास कृतार्थ तभी—
मुँह में हो चाहे स्वर्ण न भी,
पर एक तुम्हारा पत्र रहे,
जो निज मानस-कवि-कथा कहे।

उपमे, यह है साकेत यहाँ,
पर सौख्य, शान्ति, सौभाग्य कहाँ?
इसके वे तीनों चले गये,
अनुगामी पुरजन छले गये,
पुरदेवी-सी यह कौन पड़ी?
ऊर्मिला मूर्च्छिता मौन पड़ी।
किन तीक्ष्ण करों से छिन्न हुई—
यह कुमुद्वती जल-भिन्न हुई?
सीता ने अपना भाग लिया,
पर इसने वह भी त्याग दिया।
गौरव का भी है भार यही,
उर्वी भी गुर्वी हुई मही।
नव वय में ही विश्लेष हुआ,
यौवन में ही यति-वेश हुआ।
किस हत विधि का यह योग हुआ,
सुख-भोग भयंकर रोग हुआ।
होता है हित के लिए सभी,
करते हैं हरि क्या अहित कभी?
इसमें क्या हित है, कहें जिसे,
बतलावेगा बस समय इसे।

भर भरकर भीति-भरी अँखियाँ,

करती थीं उसे सजग सखियाँ,
पर शोक भयंकर खरतर था,
चैतन्य मोह से बढ़कर था।
वह नई वधू भोली-भाली,
जिसमें सु-राग की थी लाली,
कुम्हलाई यथा कैरवाली,
या ग्रस्त चन्द्र की उजयाली।
मुख-कान्ति पड़ी पीली पीली,
आँखें अशान्त नीली नीली।
क्या हाय! यही वह कृशकाया,
या उसकी शेष सूक्ष्म छाया?
सखियाँ अवश्य समझाती थीं,
आँखें परन्तु भर आती थीं।
बोली सुलक्षणा नाम सखी—
'है धीरज का ही काम सखी!
विधि भी न रहेगा वाम सखी,
फिर आवेंगे श्रीराम सखी!
नृप ने सुमन्त्र को भेजा है,
मृगयोचित साज सहेजा है।
यह कहा है कि 'श्रीराम विना,
जायेगा पल पल वर्ष गिना।
होंगे यथेष्ट चौदह पल ही,
ले आना उन्हें आज कल ही,'
इसलिए न इतना सोच करो,
अब भी आशा है, धैर्य धरो।''
बोली ऊर्मिला विषादमयी—
''सब गया, हाय! आशा न गई।
आशे, निष्फल भी बनी रहो,
तुम हो हीरे की कनी अहो!
रखती हो मूल्य मार कर भी,
उज्ज्वल हो अन्धकार कर भी!
अब भी सुलक्षणे, आशा है?
यदि है, विश्वास-विनाशा है।

लौटेंगे क्या प्रभु और बहन?
उनके पीछे—हा! दुःख-दहन!
जो ज्ञाता हैं वे जान चुके,
उनके महत्त्व को मान चुके।
जिस व्रत पर छोड़ गये सब वे?
लौटेंगे उसे छोड़ अब वे?
निकली अभागिनी मैं ऐसी,
त्रैलोक्य में न होगी जैसी,
दे सकी न साथ नाथ का भी!
ले सकी न हाय! हाथ का भी!
यदि स्वामि-संगिनि रह न सकी,
तो क्यों इतना भी कह न सकी—
''हे नाथ, साथ दो भ्राता का,
बल रहे मुझे उस त्राता का।
है त्राण आज भी इष्ट मुझे,
ये प्राण आज भी इष्ट मुझे।
रह कर वियोग से अस्थिर भी,
देखूँ मैं तुम्हें यहाँ फिर भी।
है प्रेम स्वयं कर्त्तव्य बड़ा,
जो सींच रहा है तुम्हें खड़ा।
यह भ्रातृ-स्नेह न ऊना हो,
लोगों के लिए नमूना हो।
सुन कर जीजी की मर्म-कथा,
गिर पड़ी मैं, न रह सकी व्यथा।
वह नारि-सुलभ दुर्बलता थी,
आकस्मिक - वेग - विकलता थी।
करना न सोच मेरा इससे,
व्रत में कुछ विघ्न पड़े जिससे।
आने का दिन है दूर सही,
पर है, मुझको अवलम्ब यही।
आराध्य युग्म के सोने पर,
निस्तब्ध निशा के होने पर,
तुम याद करोगे मुझे कभी,

तो बस फिर मैं पा चुकी सभी।''
प्रिय-उत्तर भी सुन सकी न मैं,
निज चिर गति भी सुन सकी न मैं।
यह दीर्घ काल काटूँ जिससे,
पूछूँ अब हाय! और किससे?
सजनी सुलक्षणे, धैर्य धरूँ?
तो कहो, क्या करूँ, क्या न करूँ?
जिससे महत्त्व से मण्डित फिर,
देखूँ वह विकसित वदन रुधिर।
मैं अपने लिए अधीर नहीं,
स्वार्थी यह लोचन-नीर नहीं।
क्या से क्या हाय! हो गया यह,
रस में विष कौन बो गया यह।
जो यों निज प्राप्य छोड़ देंगे—
अप्राप्य अनुग उनके लेंगे?
माँ ने न तनिक समझा-बूझा,
पर उन्हें अचानक क्या सूझा?
अभिषेक कहाँ, वनवास कहाँ?
है नहीं क्षणिक विश्वास यहाँ।
भावी समीप भी दृष्ट नहीं,
क्या है जो सहसा सृष्ट नहीं!
दुरदृष्ट, बता दे स्पष्ट मुझे—
क्यों है अनिष्ट ही इष्ट तुझे?
तू है बिगाड़ता काम बना।
रहता है बहुधा वाम बना।
प्रतिकार-समय तक दिये बिना,
छिपकर, कुछ अकधक किये विना—
करता प्रहार तू यहाँ वहाँ,
धोखा देता है जहाँ तहाँ।
तूने जो कुछ दुरदृष्ट किया,
आभास स्वप्न में भी न दिया।
कुछ शमन-यत्न करते हम भी,
है योगसाध्य दुर्दम यम भी।''

नभ-ओर ऊर्मिला ने देखा,
थी ईर्ष्या-भरी दृष्टि-रेखा।
तब नभ भी मानो धधक उठा,
सन्ध्यारुणिमा-मिस भभक उठा।

रीता दिन बीता, रात हुई,
ज्यों त्यों वह रात प्रभात हुई।
फिर सूनी सूनी साँझ हुई,
मानो सब बेला : बाँझ हुई!
ऊर्मिला कभी तो रोती थी,
फिर कभी शान्त-सी होती थी।
देता प्रबोध जो, सुनती थी,
मन में अतर्क्य कुछ गुनती थी।

उन माताओं की करुण-कथा,
देती थी दारुण द्विगुण व्यथा।
सुत गये तथा पति पड़े यथा,
रोने तक का अवकाश न था!
आँधी से उखड़े वृक्ष-सदृश,
थे भूप शोक-हत जर्जर-कृश।
ज्यों हतप्रसूना लतिकाएँ,
वे थीं समीप दायें-बायें।
ज्यों त्यों कर शोक सहन करके,
अंचल से वायु वहन करके,
बोलीं प्रभुवरप्रसू तब यों,
—"हे नाथ, अधीर न हो अब यों।
तुमने निज सत्य-धर्म पाला,
सुत ने स्वापत्य-धर्म पाला,
पत्नी पति-संग बनी देवी,
प्रिय अनुज हुआ अग्रज-सेवी।
जो हुआ सभी अविचित्र हुआ,
पर धन्य मनुष्य-चरित्र हुआ।
गौरव-बल से यह शोक सहो,

देखो हम सबकी ओर अहो!''
भूपति ने आँखें खोल कहा,—
''यह कौन है कि जो बोल रहा?
कौसल्ये धन्य राम-मातः
क्या कहूँ, हाय रे! धिक धातः?
यह शोक कहाँ तक रोकूँ मैं?
किस मुँह से तुम्हें विलोकूँ मैं?
हा! आज दृष्टि भी कहाँ गई?
वह बधू जानकी जहाँ गई!
सीता भी नाता तोड़ गई,
इस वृद्ध ससुर को छोड़ गई!
ऊर्मिला बहू की बड़ी बहन!
किस भाँति करूँ मैं शोक सहन?
ऊर्मिला कहाँ है, हाय बहू!
तू रघुकुल की असहाय बहू!
मैं ही अनर्थ का हेतु हुआ,
रवि कुल में सचमुच 'केतु' हुआ!
यदि राम न लौटेंगे वन से,
तो भेंट न होगी इस जन से।
कैकेयी, भोग कर बलि मेरी,
राज्यश्री तृप्त रहे तेरी।
पाकर दशरथ जैसा दानी,
कर चुकी भोगिनी मनमानी।
माँगो तुम भी कुछ पटरानी,
दूँ लेकर आँखों का पानी।''
'माँगूँगी क्यों न नाथ, तुमसे,
दो यही मुझे कल्पद्रुम-से।
कैकेयी हों चाहे जैसी,
सुत-वंचिता न हों मुझ जैसी।
''क्या यही माँगकर लेती हो,
या मरण-शान्ति तुम देती हो?
पर कहाँ भाग्य में वह मेरे,
कृत कर्म जो मुझे हैं घेरे!''
दोनों सुरानियाँ रोती थीं,
पति के पद-पद्म भिगोती थीं।

नृप राम राम ही रटते थे,
युग के समान पल कटते थे,
फिर भी सुमन्त्र हैं साथ गये,
गृह-दशा देख रघुनाथ गये।
अटकी थीं आशा एक यही,
जो थी अब उनको जिला रही।
आशा अवलम्बदायिका है,
क्या ही कल-गीत-गायिका है।
वह आप क्यों न नाता तोड़े,
पर कौन है कि उसको छोड़े?

ऊँचे अट्टों पर चढ़ चढ़कर—
सब ओर पथों में बढ़बढ़ कर,
रथ-मार्ग देखने लगे सभी,
फिर आवें राघव कहीं अभी!
पर यदि रघुनाथ लौट आते—
तो प्रथम ही न वे वन जाते।
लौटे सुमन्त्र ही बेचारे,
अनुरोध-तर्क भी सब हारे।
कर में घोड़ों की रास लिये,
निज जीवन का उपहास किये,
होकर मानो परतन्त्र निरे,
सूना रथ लिये सुमन्त्र फिरे।
रथ मानो एक रिक्त घन था,
जल भी न था, न वह गर्जन था।
वह बिजली भी थी हाय! नहीं,
विधि-विधि पर कहीं उपाय नहीं।
जो थे समीर के जोड़ों के,
—उठते न पैर थे घोड़ों के!
थे राम विना वे भी रोते,
पशु भी प्रेमानुरक्त होते।
जो भीषण रण में भी न हटे,
मानो अब उनके पैर कटे।
अति भार हुआ रीता रथ था,

गृह-पथ मानो अरण्यपथ था!
अवसन्न सचिव का तन-मन था,
करता-समीर भी सन सन था।
सिर पर अनन्त-सा आ टूटा,
कटि टूटी और भाग्य फूटा।
धरती मानो थी मरी पड़ी,
थी प्रकृति भीति से भरी पड़ी।
सम्मुख मानो मुख खोल बड़ा,
खाने को था दिग्दैत्य खड़ा!
था सोच यही मुख-सरसिज को,
किस भाँति दिखाऊँगा निज को?
इसलिए श्यामता लाता था—
उसमें निज मूर्ति छिपाता था।
उर विकल हुआ क्या करता था?
साँसें शरीर में भरता था।
सन्देश सुनाये बिना कहीं,
गिर जाय न हा! यह देह यहीं!

जब रजनी आकर प्राप्त हुई,
बाहर ही साँझ समाप्त हुई,
नीरव गति से, उदास उर में,
तब सचिव प्रविष्ट हुए पुर में।
थी पड़ी पुरी भी काली-सी,
(जगती थी जहाँ दिवाली-सी)।
खोले थी मानो केश पुरी,
रक्खे थी विधवा-वेश पुरी।
क्या घुसे सुमन्त्र रसातल में?
रुक उठी साँस भी पल पल में।
यह तमी हटेगी क्या न कभी,
पौ यहाँ फटेगी क्या न कभी?
सब चौक बन्द थे, पथ सूनें,
हो गई अमावस-सी पूनें।
रहती जो गीत गुंजरित सी,
गृह-राजि आज भी स्तम्भित-सी।
पुर-रक्षक नीरव फिरते थे,

आँसू अमात्य के गिरते थे।
'हो चुकी लूट घर की गहरी,
अब किसे रखाते हैं प्रहरी?'
उत्तर में 'नहीं' सुनें न कहीं,
इसलिए 'राम लौटे कि नहीं?'
यह पूछ न सके सचिव-वर से,
पुरवासी मौन रहे डर से।
नीरवता ही अमात्य वर की,
थी शोक-सूचना उत्तर की।
कोई अनिष्ट कहते-कहते,
बहुधा मनुष्य चुप ही रहते।
रथ देख सभी ने सीस धुना,
ऊपर अमरों ने स्पष्ट सुना,—
'क्या फिरे हमारे आर्य नहीं?'
सुन बोले—'था सुर-कार्य वही।'
देवों के वाक्य सुधा-सींचे,
सुन पड़े न उसी समय नीचे।
वे कोलाहल में लीन हुए,
पुरवासी दुख से दीन हुए।
करके सुमन्त्र ने सिर नीचा,
आँखों को एक बार मींचा।
जिस रथ पर थे प्रसून झड़ते,
उस पर थे आज अश्रु पड़ते।
जब नृप समीप उपनीत हुए,
तब शोक भूल वे भीत हुए।
''यह पोत डूब ही जावेगा—
या कूल किनारा पावेगा?''
गजराज पंक में धँसा हुआ,
छटपट करता था फँसा हुआ।
हथनियाँ पास चिल्लाती थीं,
वे विवश, विकल बिल्लाती थीं।
बोले नृप—''राम नहीं लौटे?''
गूँजा सब धाम 'नहीं लौटे।'
नृप ने सशंक जो कुछ पूछा,
बस उत्तर हुआ वही छूछा।
यद्यपि सुमन्त्र ने कुछ न कहा,
प्रतिनाद तदपि नीरव न रहा,
पर सचिव-मौन ही अधिक खला,

भर आया, सूखा हुआ गला,
बोले फिर वे कि—"कहाँ छोड़ा,
ले चलो मुझे कि जहाँ छोड़ा।
मुझको भी वहीं छोड़ आओ,
वह रामचन्द्र-मुख दिखलाओ।"

टूटी महीप की हृत्तन्त्री,
बोले विषाद-पूर्वक मन्त्री—
"हे आर्य राम-मुख देखोगे,
दुख देख क्या न सुख देखोगे?
आवेंगे वे यश को लेकर,
सुख पावेंगे तुमको देकर।
नभ में भी नया नाम होगा,
पर चिन्ता से न काम होगा।
अवसर ही उन्हें मिलावेगा,
यह शोक न हमें जिलावेगा।
राघव ने हाथ जोड़ करके,
तुमसे यह कहा धैर्य धरके—
'आता है जी में तात यही,—
पीछे पिछले व्यवधान-मही—
कब लौटूँ चरणों में आकर,
सुख पाऊँ करस्पर्श पाकर।
पर धर्म रोकता है वन में,
करना न सोच मेरा मन में।
देगा मुझको विश्राति वही,
दे तात तुम्हें भी शान्ति वही।"
"क्या शान्ति? शांति हा शांति कहाँ?
बन गई कैकेयी क्रान्ति यहाँ।
हो गया पुण्य ही पाप मुझे,
दे रहा धर्म ही ताप मुझे।
कुछ नहीं कहा क्या सीता ने,
वैदेही वधू विनीता ने?"
बोले सुमन्त्र—"वे कह न सकीं,
कहने जाकर भी रुकीं, थकीं।
साकेतस्मृति में मग्न हुईं,

करके प्रणाम भूलग्न हुईं,
फिर नभ की ओर हाथ जोड़े,
दृग सजल हुए थोड़े-थोड़े।
आँसू बरौनियों तक आये,
नीचे न किन्तु गिरने पाये।
जा खड़ी हुईं पति के पीछे!
ज्यों मुक्ति महा यति के पीछे!''
नृप रोने लगे—''हाय! सीते,
हम हैं कठोर अब भी जीते।
सह कर भी घोर कष्ट तन पर,
आया न मैल तेरे मन पर।
गृह-योग बने हैं वनस्पृही,
वन-योग्य हाय! हम बने गृही।
हे विधे, व्यतिक्रम यह तेरा,
किसलिए बता श्रम यह तेरा?
यदि मन्थरा न पहचान सकी,
तो क्यों न केकयी जान सकी?
कोई उससे जा कहे अभी,—
ले, तेरे कण्टक टले सभी!''
बोले सुमन्त्र सहसा कि ''हहा—
लक्ष्मण ने भी है यही कहा।''
भूपति को जीवन भार हुआ,
बस यह अन्तिम उद्‌गार हुआ—
''मेरे कर युग हैं टूट चुके,
कटि टूट चुकी, सुख छूट चुके।
आँखों की पुतली निकल पड़ी,
वह यहीं कहीं है विकल पड़ी!
खाकर भी बार बार झटके—
क्यों प्राण अभी तक हैं अटके?
हे जीव, चलो अब दिन बीते,
हा राम, राम, लक्ष्मण, सीते!''

बस, यहीं दीप-निर्वाण हुआ,
सुत-विरह वायु का बाण हुआ।

धुँधला पड़ गया चन्द्र ऊपर,
कुछ दिखलाई न दिया भू पर।
अति भीषण हाहाकार हुआ,
सूना-सा सब संसार हुआ।
अर्द्धांग रानियाँ शोककृता,
मूर्च्छिता हुईं या अर्द्ध-मृता?
हाथों से नेत्र बन्द करके,
सहसा यह दृश्य देख डरके,
'हा स्वामी!' कह ऊँचे रव से,
दहके सुमन्त्र मानो दव से।
अनुचर अनाथ-से रोते थे,
जो थे अधीर सब होते थे।
थे भूप सभी के हितकारी,
सच्चे परिवार-भार-धारी।

''माँ, कहाँ गये वे पूज्य पिता?''
करके पुकार यों शोक-सिता,
ऊर्मिला सभी सुध-बुध त्यागे,
जा गिरी कैकेयी के आगे।
कैकेयी का मुँह भी न खुला,
पाषाण-शरीर हिला न डुला।
बस फट-सी गईं बड़ी आँखें,
मानो थीं नई जड़ी आँखें।
रोना उसको उपहास हुआ,
निज कृत वैधव्य-विकास हुआ।
तब वह अपने से आप डरी,
किस कुसमय में मन्थरा मरी!
भूपति-पद का विच्छेद हुआ,
यह सुनकर किसे न खेद हुआ?
नभ भी रोया चुपचाप हहा!
हिम-कण-मिस अश्रु-समूह बहा!
दानव-भय-हारी देह मिटा,
वह राजगुणों का गेह मिटा।

ऊपर सुरांगनाएँ रोईं,
भू पर पुरांगनाएँ रोईं।
थे मुनि वसिष्ठ तत्वज्ञानी,
पर व्यथा उन्होंने भी मानी।
होकर भी जन्म-मृत्यु संगी,
रखते हैं भिन्न भाव-भंगी।
वह डील अपूर्व मनोहारी,
हेमाद्रि - शृंग - समताकारी,
रहता जो मानो सदा खड़ा,
था आज निरा निश्चेष्ट पड़ा।
मुख पर थे शोक-चिह्न अब भी,
नृप गये, न भाव गये तब भी!
या इसीलिए वे थे सोये,
सुत मिलें स्वप्न में ही खोये!
मुँह छिपा पदों में प्रिय पति के,
आधार एक जो थे गति के,
कर रहीं विलाप रानियाँ थीं,
जीवन-धन-मयी हानियाँ थीं।
देखा वसिष्ठ ने और कहा—
"क्षर देह यहीं का यहीं रहा।
वह श्वास-शृंखला टूट गई,
आत्मा बन्धन से छूट गई!"
बोले सुमन्त्र कातर होकर—
"क्या हुआ देखिये, यह गुरुवर!
हा! अमर-पूज्य इस भाँति मरें!
सुत चार कहाँ जो क्रिया करें?"

धैर्य देकर धीर मुनि ने ज्ञान के प्रस्ताव से,
तैल में रखवा दिया नृप-शव सुरक्षित भाव से।
दूत भेजे दक्ष फिर सन्देश के अक्षर गिना—
जो बुला लावें भरत को प्रकृत वृत्त कहे बिना।

इस शोक के सम्बन्ध से—
सब देखते थे अन्ध से—
बस एक मूर्ति घृणामयी,
वह थी कठोरा केकयी!

सप्तम सर्ग

'स्वप्न' किसका देखकर सविलास—
कर रही है कवि-कला कल-हास?
और 'प्रतिमा' भेंट किसकी भास,
भर रही है वह करुण-निःश्वास?

छिन्न भी है, भिन्न भी है, हाय!
क्यों न रोवे लेखनी निरुपाय?
क्यों न भर आँसू बहावे नित्य?
सींच करुणे, सरस रख साहित्य!
जान कर क्या शून्य निज साकेत,
लौट आये राम अनुज-समेत?
या उन्हीं के अन्य रूप अनन्य,
ये भरत-शत्रुघ्न दोनों धन्य?
क्यों हुए हैं ये उदास अशान्त?
शीघ्र यात्रा ने किया है क्लान्त?
या शशी में ज्यों मही की म्लानि,
दूर भी विम्बित हुई गृह-ग्लानि?

''सूत, रथ की गति करो कुछ मन्द,
अश्व अपने से चलें स्वच्छन्द।
अनुज, देखो, आ गया साकेत,
दीखते हैं उच्च राज-निकेत।
काम्य, कर्बुर, केतु-भूषित अट्ट।
गगन में ज्यों सान्ध्य घन-संघट्ट।
अवनि-पुण्याकृष्ट, लोक-ललाम,
मौन खिंच आया यथा सुरधाम!

किन्तु करते हाय! आज प्रवेश,
काँपता है क्यों हृदय सविशेष!
जान पड़ता है, न जाकर आप,
मैं खिंचा जाता, खिंचे ज्यों चाप!
जब उमड़ना चाहिए आह्लाद,
हो रहा है क्यों मुझे अवसाद?
निकट ज्यों ज्यों आ रहा है गेह,
सिहरती है क्यों न जाने देह!
बन्धु, दोनों ओर दो तुम ध्यान,
आ गये ये बाह्य नगरोद्यान।
हो रही है सन्ध्या अभी उपलब्ध,
किन्तु मानो अर्द्धनिशि निस्तब्ध!
नागरिक-गण-गोष्ठियों से हीन,
आज उपवन है विजन में लीन।
वृक्ष मानो व्यर्थ बाट निहार,
झँप उठे हैं झीम, झुक, थक, हार!
कर रही सरयू जिसे कुछ रुद्ध,
बह रही है वायु-धारा शुद्ध।
पर किसे है आज इसकी चाह?
भर रही यह आप ठण्डी आह!
जा रहा है व्यर्थ सुरभि-समीर,
हैं पड़े हत-से सरों के तीर!
देखकर ये रिक्त क्रीड़ा क्षेत्र,
हैं भरे आते उमड़ कर नेत्र।
याद है, घुड़दौड़ का वह खेल,
हँस मुझे जब हाथ से कुछ ठेल,
हय उड़ा कर, उछल आप समक्ष,
प्रथम लक्ष्मण ने धरा ध्वजलक्ष?
दीख पड़ते हैं न सादी आज,
गज न लाते हैं निषादी आज।
फिर रही गायें रँभाती दूर,
भागते हैं श्लथ-शिखण्ड मयूर।
पार्श्व से यह खिसकती-सी आप,
जा रही सरयू बही चुपचाप।
चल रही नावें न उसमें तैर,

लोग करते हैं न तट पर सैर।
कुछ न कुछ विघटित हुआ विभ्राट,
विप्र-पंक्ति-विहीन हैं सब घाट।
क्या हुआ सन्ध्यार्घ्य का वह ठाठ?
सुन नहीं पड़ता कहीं श्रुति-पाठ!
ये तरणि अपने अतुल कुल-मूल,
सुरस देते हैं जिन्हें युग कूल,
उदित थे जिस लालिमा के संग,
अस्त भी हैं रख वही रस-रंग।
आयेंगे फिर ये इसी विध कल्य,
जन्म-जीवन का यही साफल्य।
नमन तुमको देव, निज कुलकेतु,
तुम तपो चिरकाल इस भव-हेतु।
मानते हैं अनुज, अपने ज्येष्ठ,
मुक्ति से आवागमन यह श्रेष्ठ।
धड़कता है किन्तु मेरा चित्त,
भटकता है भावना का पित्त।
निकट हो दिन-रात-सन्धि सहर्ष,
किन्तु जँचता है मुझे संघर्ष।
दीखता है अन्धकार समीप,
भीत मत हो, आर्य हैं कुल-दीप।''

तब कहा शत्रुघ्न ने भर आह—
''था कहाँ मेरा विचार-प्रवाह!
घर पहुँच कर, कल्पना के साथ,
हो रहा था मैं सहर्ष सनाथ!
पूछते थे कुशल मानो तात,
प्रेम-पूर्वक भेंटते थे भ्रात।
बढ़ रहा था जननियों का मोद,
हँस रही थीं भाभियाँ सविनोद।
कह यहाँ के वृत्त सहचर बाल,
पूछते थे सब वहाँ के हाल।
प्राप्त मातुल से हुए जो द्रव्य,
था अमात्यों को वही सब श्रव्य।

सब हमें नव, हम सभी को नव्य,
हो रहे थे ज्ञात कितने भव्य।
वेष-भाषा-भंगियों पर हास्य,
कर रहे थे सरस सबके आस्य।
हम अतिथि-से थे स्वगृह में आज,
सम्मिलित था क्या अपूर्व समाज।
हो रहा था हर्ष, उत्सव, गान,
और सबका संग भोजन-पान।
पर निरख अब दृश्य ये विपरीत;
हो उठा हूँ आर्य्य, मैं अति भीत।
जान पड़ता है, पिता सविशेष,
रुग्ण होकर पा रहे हैं क्लेश।''
''रुग्ण ही हों तात, हे भगवान!''
भरत सिहरे शफर-वारि-समान।
ली उन्होंने एक लम्बी साँस;
हृदय में मानो गड़ी हो गाँस।

''सूत तुम खींचे रहो कुछ रास,
कर चुके हैं अश्व अति आयास।
या कि ढीली छोड़ दो, हा हन्त,
हो किसी विध इस अगति का अन्त!
जब चले थे तुम यहाँ से दूत,
तब पिता क्या थे अधिक अभिभूत?
पहुँच ही अब तो गये हम लोग,
ठीक कह दो, था उन्हें क्या रोग?''
दूत बोला उत्तरीय समेट—
''कर सका था मैं न प्रभु से भेंट।
आप आगे आ रहा जो वीर,
आप हों उसके लिए न अधीर।''

प्राप्त इतने में हुआ पुर-द्वार,
प्रहरियों का मौन विनयाचार।
देख कर उनका गंभीर विषाद,

भरत पूछ सके न कुछ संवाद।
उभय ओर सुहर्म्य पुलिनाकार,
बीच में पथ का प्रवाह-प्रसार।
बढ़ चला निःशब्द-सा रथ-पोत,
था तरंगित मानसिक भी स्त्रोत।
उच्च थी गृहराज दोनों ओर,
निकट था जिसका न ओर न छोर।
राजमार्ग-वितान-सा था व्योम,
छत्र-सा ऊपर उदित था सोम।

''क्या यही साकेत है जगदीश!
थी जिसे अलका झुकाती शीश।
क्या हुए वे नित्य के आनन्द?
शान्ति या अवसन्नता यह मन्द?
है न क्रय-विक्रय, न यातायात,
प्राणहीन पड़ा पुरी का गात।
सुन नहीं पड़ती कहीं कुछ बात,
सत्य ही क्या तब नहीं हैं तात?
आज क्या साकेत के सब लोग,
सांग कर अपने अखिल उद्योग,
शान्त हो बैठे सहज ही श्रान्त?
दीखते हैं किन्तु क्यों उद्भ्रान्त?
सब कला-गृह शिक्षणालय बन्द,
छात्र क्यों फिरते नहीं स्वच्छन्द?
हो रहे बालक बँधे-से कीर,
बाल्य ही में वृद्ध-सम गम्भीर!
झिमिट आते हैं जहाँ जो लोग,
प्रकट कर कोई अकथ अभियोग,
मौन रहते हैं खड़े बेचैन;
सिर झुका कर फिर उठाते हैं न।''

चाहते थे जन-करें आक्षेप,
दीखते थे पर भरत निर्लेप।

देख उनका मुख समक्ष समोह,
भूल जाते थे सभी विद्रोह।
"ये गगन-चुम्बित महा प्रासाद,
मौन साधे हैं खड़े सविषाद।
शिल्प-कौशल के सजीव प्रमाण,
शाप से किसके हुए पाषाण।
आ खड़े हैं मेटने को आधि,
आत्मचिन्तन-रत अचल ससमाधि,
किरणचूड़, गवाक्ष-लोचन मींच,
प्राण-से ब्रह्माण्ड में निज खींच?
सूत, मागध, वन्दि, याचक, भृत्य,
दीख पड़ते हैं न करते कृत्य।
एक प्रहरी ही, सतर्क विशेष,
व्यक्त करते हैं अशुभ उन्मेष!"

"आ गये!" सहसा उठा यह नाद,
बढ़ गया अवरोध तक संवाद।
रथ रुका, उतरे उभय अविलम्ब,
ले सचिव सिद्धार्थ-कर-अवलम्ब।
हो गये तुम जीर्ण ऐसे तात!
मैं सुनूँगा क्या भयानक बात?"
मुँह छिपा सचिवांक में तत्काल,
हो गये चुप भरत आँसू डाल।
सचिव उनको एक बार विलोक,
ले चले, आँसू किसी विध रोक।
"मैं कहूँ तुमसे भयानक बात?
राज्य भोगो तुम जयी-कुल-जात!"
भरत को क्यों ज्ञात था वह भेद,
तदपि बोले वे सशंक, सखेद—
"तात कैसे हैं" सचिव की उक्ति—
"पा चुके वे विश्व-बाधा-मुक्ति।"
"पर कहाँ हैं इस समय नरनाथ?"
सचिव फिर बोले उठा कर हाथ—

"सब रहस्य जहाँ छिपे हैं रम्य,
योगियों का भी वहाँ क्या गम्य?"
"किन्तु उनके पुत्र हैं हम लोग,
मार्ग दिखलाओ मिले शुभ योग।"
"मार्ग है शत्रुघ्न, दुर्गम सत्य,
तुम रहो उनके यथार्थ अपत्य।"

आ गया शुद्धान्त का था द्वार,
एक पद था देहली के पार।
"हा पितः!" सहसा चिहुँक, चीत्कार,
गिर पड़े सुकुमार भरत कुमार!

केकयी बढ़ मन्थरा के साथ,
फेरने उन पर लगी झट हाथ।
रह गये शत्रुघ्न मानो मूक,
कण्ठरोधक थी हृदय की हूक।'
देर में निकली गिरा—"हा अम्ब!
आज हम सबके कहाँ अवलम्ब?
देखने को तात-शून्य निकेत,
क्या बुलाये हम गये साकेत?"
सिहर कर गिरते हुए से काँप।
बैठ वे नीचे गये मुँह ढाँप।
"वत्स, स्वामी तो गये उस ठौर,
लौटना होगा न जिससे और!"
"कौन था हमसे अधिक हा शोक!
वे गये जिसके लिए उस लोक?
हृदय, आशंका हुई क्या ठीक,
हो गई आशा अशेष अलीक!"
"मैं स्वयं पतिघातिनी हूँ हाय!
जीव जीवन-मृत्यु का व्यवसाय!"
"हा! अमर भी मृत्यु-करगत जीव!
मुक्त होकर भी अधीन अतीव!
किन्तु साधारण न थी वह व्यक्ति,
अतुल भी जिसकी अलौकिक शक्ति।

जीर्ण तुमको जान सहसा तात!
कर गया क्या काल यह अपघात?
तो धरा-धन हो भले ही ध्वस्त,
आर्य, हो जाओ तनिक आश्वस्त।
हम करेंगे काल से संग्राम,
''हैं कहाँ अग्रज हमारे राम?''
''हैं कहाँ वे सजल घन-सम श्याम?''
वन न था हा! किन्तु वह था धाम।
''वन गये वे अनुज-सीता-युक्त,''
''वन गये?'' बोले भरत भययुक्त।
''तो सँभालेगा हमें अब कौन?
यों अनाश्रित रह सका कब कौन?''
''आर्य का औदास्य यह अवलोक,
सहम-सा मेरा गया पितृ-शोक!''
''अनुज ठहरो, मैं लगा दूँ होड़
रह सकें यदि आर्य हमको छोड़।
जायँ वे इस गेह ही से रूठ,
यह असम्भव, झूठ निश्चय झूठ!
हँस रही है यह मन्थरा क्यों घूर?
री अभागिन! दूर हो तू दूर।
भेद है इसमें निहित कुछ गूढ़,
माँ कहो, मैं हो रहा हूँ मूढ़।''
''वत्स, मेरा भी इसी में सार,—
जो किया, कर लूँ उसे स्वीकार।
साक्षि हो अनपेक्ष्य मेरे अर्थ,
सत्य कर दे सर्व सहन-समर्थ!
तो सुनो, यह क्यों हुआ परिणाम,—
प्रभु गये सुर-धाम, वन को राम।
माँग मैंने ही लिया कुल-केतु,
राजसिंहासन तुम्हारे हेतु।''

''हा हतोस्मि!'' हुए भरत हतबोध,
'हूँ' कहा शत्रुघ्न ने सक्रोध।
ओंठ काटा और पटका पैर,

किन्तु लेता वीर किससे वैर?
केकयी चिल्ला उठी सोन्माद—
"सब करें मेरा महा अपवाद;
किन्तु उठ ओ भरत, मेरा प्यार,
चाहता है एक तेरा प्यार।
राज्य कर, उठ वत्स, मेरे बाल,
मैं नरक भोगूँ भले चिरकाल।
दण्ड दे, मैंने किया यदि पाप,
दे रही हूँ शक्ति वह मैं आप।"
"दण्ड, ओहो दण्ड, कैसा दण्ड?
पर कहाँ उद्दण्ड ऐसा दण्ड?
घोर नरकानल चिरन्तन चण्ड,
किन्तु वह तो है यहाँ हिम-खण्ड।
चण्डि! सुन कर ही जिसे, सातंक,
चुभ उठे सौ बिच्छुओं के डंक।
दण्ड क्या उस दुष्टता का स्वल्प?
है तुषानल तो कमल-दल-तल्प!
जी, द्विरसने! हम सभी को मार,
कठिन तेरा उचित न्याय-विचार।
मृत्यु? उसमें तो सहज ही मुक्ति,
भोग तू निज भावना की भुक्ति।
धन्य तेरा क्षुधित पुत्र-स्नेह,
खा गया जो भून का पति-देह।
ग्रास करके अब मुझे हो तृप्त,
और नाचे निज दुराशय-दृप्त!"
"चुप अरे चुप, केकयी का स्नेह,
जान पाया तू न निस्सन्देह।
पर वही यह वत्स, तुझमें व्याप्त,
छोड़ता है राज-पद भी प्राप्त।
सब करें मेरा महा अपवाद,
किन्तु तू तो न कर हाय! प्रमाद।
हो गये थे देव जीवन्मुक्त,
उचित था जाना न ऋण-संयुक्त।

ले लिये इस हेतु वर युग लभ्य,
उचित मानेंगे इसे सब सभ्य,
'क्या लिया' बस है यहीं सब शल्य,
किन्तु मेरा भी यहीं वात्सल्य।''
''सब बचाती हैं सुतों के गात्र,
किन्तु देती हैं डिठोंना मात्र।
नील से मुँह पोत मेरा सर्व,
कर रही वात्सल्य का तू गर्व।
खर मँगा, वाहन वही अनुरूप,
देख लें सब-है यही वह भूप!
राज्य, क्यों माँ, राज्य केवल राज्य?
न्याय-धर्म-स्नेह, तीनों त्याज्य!
सब करें अब से भरत से भीति,
राजमाता केकयी की नीति—
स्वार्थ ही ध्रुव-धर्म हो सब ठौर!
क्यों न माँ! भाई, न बाप, न और!
आज मैं हूँ कोसलाधिप धन्य,
गा, विरुद गा, कौन मुझ-सा अन्य?
कौन हा! मुझ-सा पतित-अतिताप?
हो गया वर ही जिसे अभिशाप!
तू अड़ी थी राज्य ही के अर्थ,
तो न था तेरा तनय असमर्थ।
और भू पर था न कोसल गात्र,
छत्र-भागी है कहीं भी क्षात्र।
क्षत्रियों के चाप-कोटि-समक्ष,
लोक में है कौन दुर्गम लक्ष?
था न किस फल का तुझे अधिकार?
सुत न था मैं एक, हम थे चार!
राज सुख है बलि पुरुष का भोग,
मूल्य जिसका प्राण का विनियोग।
स्वार्थिनी तू कर सकेगी त्याग?
राज्य में घर से लगी हा आग।
स्वप्न किसका देखते हैं लोग,

जो तजे लोकार्थ निद्रा-योग।
किन्तु करके दूसरे का होम,
पान करना चाहती तू सोम।
हाय! ऐसी तो न थी यह बुद्धि,
क्या हुई तेरे हृदय की शुद्धि?
और से करते हुए छल-पाप,
हम छले जाते प्रथम ही आप।
सूर्यकुल में यह कलंक कठोर!
निरख तो तू तनिक नभ की ओर।
देख तेरी उग्र यह अनरीति,
खस पड़ें नक्षत्र ये न सभीति!
भरत-जीवन का सभी उत्साह,
हो गया ठंडा यहाँ तक आह!
ये गगन के चन्द्रमणि-मय हार,
जान पड़ते हैं ज्वलित अंगार!
कौन समझेगा भरत का भाव—
जब करे माँ आप यों प्रस्ताव!
री, हुआ तुझको न कुछ संकोच?
तू बनी जननी कि हननी, सोच!
इष्ट तुझसे दृप्त-शासन-नीति,
और मुझको लोक-सेवा-प्रीति।
वेन होता योग्य ज़िसका जात,
जड़भरत-जननी वही विख्यात!
व्यर्थ आशा, व्यर्थ यह संसार।''
रो दिया, हो मौन राजकुमार।
थे भरे घन-से खड़े शत्रुघ्न,
बरस अब मानो पड़े शत्रुघ्न,—
''तुम यहाँ थे हाय! सोदरवर्य,
और यह होता रहा, आश्चर्य!
वे तुम्हारे भुज-भुजंग विशाल,
क्या यहाँ कीलित हुए उस काल?
राज्य को यदि हम बना लें भोग,
तो बनेगा वह प्रजा का रोग।

फिर कहूँ मैं क्यों न उठ कर ओह!
आज मेरा धर्म राजद्रोह!
विजय में बल और गौरव-सिद्धि,
क्षत्रियों के धर्म-धन की वृद्धि।
राज्य में दायित्व का ही भार,
सब प्रजा का वह व्यवस्थागार।
बहु प्रलोभन हो किसी के हेतु,
तो उचित है क्रान्ति का ही केतु।
दूर हो ममता, विषमता, मोह,
आज मेरा धर्म राजद्रोह।
त्याग से भी कठिन जिसकी प्राप्ति,
स्वार्थ की यदि हो उसी में व्याप्ति,
छोड़ दूँ तो क्यों न मैं भी छोह?
आज मेरा धर्म राजद्रोह।
दो अभीप्सित दण्ड मुझको अम्ब,
न्याय ही शत्रुघ्न का अवलम्ब।'
मैं तुम्हारा राज्य-शासन-भार,
कर नहीं सकता यथा स्वीकार।
मानते थे सब जिसे निज शक्ति,
बन गई अब राजभक्ति विरक्ति।
हा! अराजक भाव, जो था पाप,
कर दिया है पुण्य तुमने आप।
राज-पद ही क्यों न अब हट जाय?
लोभ-मद का मूल ही कट जाय?
कर सके कोई न दर्प न दम्भ,
सब जगत में हो नया आरम्भ।
विगत हों नर-पति, रहें नर मात्र।
और जो जिस कार्य के हों पात्र—
वे रहें उस पर समान नियुक्त,
सब जियें ज्यों एक ही कुल भुक्त।"
"अनुज, उस राजत्व का हो अन्त,
हन्त! जिस पर केकयी के दन्त।
किन्तु राजे राम-राज्य नितान्त—

विश्व के विद्रोह करके शान्त।
रघु - भगीरथ - सगर - राज्य - किरीट,
केकयी का सुत भरत मैं ढीट—
यदि छुऊँ तो पाप—कर गल जाय,
या वही अनुताप से जल जाय!
तात, राज्य नहीं किसी का वित्त,
वह उन्हीं के सौख्य-शान्ति-निमित्त-
स्वबलि देते हैं उसे जो पात्र,
नियत शासक लोक-सेवक मात्र!''
''आर्य छाती फट रही है हाय!
राज्य भी अब तो बना व्यवसाय।
हम उसे लें बेच कर भी धर्म,
अतुल कुछ में आज ऐसा कर्म!
भ्रातृ-निष्कासन, पिता का घात,
हो चुके दो दो जहाँ उत्पात,
और दो हों—मातृवध, गृहदाह!
बस यही इस चित्त की अब चाह!
पूर्ण हो दुरदृष्ट तेरी तुष्टि!''
वीर ने मारी हृदय पर मुष्टि।
उठ भरत ने धर लिया झट हाथ,
और वे बोले व्यथा के साथ—
''हाय! मारोगे किसे हे तात,
मृत्यु निष्कृति हो जिसे हे तात?
छोड़ दो इसको इसी पर वीर,
आर्य-जननी-ओर आओ धीर!''
युगल कण्ठों से निकल अविलम्ब,
अजिर में गूँजी गिरा—'' हा अम्ब!''
शोक ने ली अफर आज डकार—
वत्स हम्बा कर उठे डिडकार!
सहन कर मानो व्यथा की चोट,
हृदय के टुकड़े उड़े सस्फोट—
''तुम कहाँ हो अम्ब, दीना अम्ब,
पति-विहीना, पुत्र-हीना अम्ब!

भरत-अपराधी भरत-है प्राप्त,
दो उसे आदेश अपना आप्त।
आज माँ, मुझ-सा अधम है कौन?
मुँह न देखो, पर न हो तुम मौन।
प्राप्त है यह राज्यहारी चोर,
दूर से षड़यन्त्रकारी घोर,
आ गया मैं—गृहकलह का मूल;
दण्ड दो, पर दो पदों की धूल।''

''झूठ यह सब झूठ, तू निष्पाप;
साक्षिणी तेरी यहाँ मैं आप।
भरत में अभिसन्धि का हो गन्ध,
तो मुझे निज राम की सौगन्ध।
केकयी, सुन लो बहन यह नाद,
ओह! कितना हर्ष और विषाद!''
पूर्ण महिषी का हुआ उत्संग,
जा गिरा शवरीशरार्त-कुरंग।
''वत्स रे आ जा, जुड़ा यह अंक;
भानुकुल के निष्कलंक मयंक!
मिल गया मेरा मुझे तू राम,
तू वही है, भिन्न केवल नाम।
एक सुहृदय, और एक सुगात्र,
एक सोने के बने दो पात्र।
अग्रजानुज मात्र का है भेद,
पुत्र मेरे, कर न मन में खेद।
केकयी ने कर भरत का मोह,
क्या किया ऐसा बड़ा विद्रोह?
भर गई फिर आज मेरी गोद,
आ, मुझे दे राम का-सा मोद।
किन्तु बेटा, हो गई कुछ देर,
सो गये हैं देव ये मुँह फेर!
हो गई है हृदय की गति भग्न,
तदपि अब भी स्नेह में है मग्न!
देख लो हे नाथ, लो परितोष;

जननियों के जात हैं निर्दोष।''
नाव में नृप किन्तु पाँव पसार,
सुप्त थे भव-सिन्धु के पर-पार।

''हा पिता, यों हो रहे हो सुप्त;
क्या हुई वह चेतना चिरलुप्त?
जिस अभागे के लिए यह काण्ड,
आ गया वह भर्त्सना का भाण्ड!
शास्ति दो, पाओ अहो! आरोग्य,
मैं नहीं हूँ यों अभाषण-योग्य।
त्याज्य भी यह नीच हे नरराज,
हो न अन्तिम वचन-वंचित आज!''
''राज्य तुमको दे गये नरराज,
सुत, जलांजलि दो उन्हें तुम आज!
दे तुम्हें क्या वत्स, मेरा प्यार?
लो तुम्हीं अन्त्येष्टि का अधिकार।
राज्य—'' हा! वह राज्य बन कर काल,
भरत के पीछे पड़ा विकराल!
यह अराजक उग्र आज नितान्त,
प्राण लेकर भी न होगा शान्त!''
''वत्स, धीरे, कठिनता के साथ,
सो सके हैं, छटपटा कर नाथ।
हो न जावे शान्ति उनकी भंग,
धर्म पालो धीरता के संग।
संगिनी इस देह की मैं नित्य,
साक्षि हैं ध्रुव, धरणि, अनिलादित्य।
सुत, तुम्हारे भाव ये अविभक्त,
मैं स्वयं उन पर करूँगी व्यक्त।''
''हाय! मत मारो मुझे इस भाँति,
माँ, जियो, मैं जी सकूँ जिस भाँति।
मैं सहन के अर्थ ही, मन-मार,
वहन करता हूँ स्वजीवन-भार।
मैं जियूँ लोकापवाद-निमित्त,
तब न होगा तनिक प्रायश्चित्त?

तुम सभी त्यागो मुझे यदि हाय!
तो मरूँ मैं भी न क्यों निरुपाय?
आर्य्र को तो मुँह दिखाने योग्य,
रख मुझे ओ भाग्य के फल भोग्य।''
शोक से अति आर्त, अनुज समेत,
भरत यों कह हो गये हतचेत।
लोटता हो ज्यों हृदय पर साँप,
सभय कौसल्या-सुमित्रा काँप—
हाय कर, करने लगीं उपचार—
व्यजन, सिञ्चन, परस और पुकार।
भ्रातृ युग सँभले नयन निज खोल,
पर सके मुँह से न वे कुछ बोल।
देख सुत-हठ और वंश-अरिष्ट,
कह न माँएँ भी सकीं निज इष्ट।
आ गये तब तक तपोव्रत निष्ठ।
राजकुल के गुरु वरिष्ठ वसिष्ठ।
प्राप्त कर उनके पदों की ओट,
रो पड़े युग बन्धु उनमें लोट—
''क्या हुआ गुरुदेव, यह अनिवार्य?''
''वत्स, अनुपम लोक-शिक्षण-कार्य।
त्याग का संचय, प्रणय का पर्व,
सफल मेरा सूर्यकुलगुरु-गर्व!''
''किन्तु मुझ पर आज सारी सृष्टि,
कर रही मानो घृणा की वृष्टि।
देव, देखूँ मैं किधर, किस भाँति?''
''भरत, तुम आकुल न हो इस भाँति।
वत्स, देखो तुम पिता की ओर,
सत्य भी शव-सा अकम्प कठोर!
और उनका प्रेम-ओघ अभग्न,
वे स्वयं जिसमें हुए चिरमग्न!
और देखो भ्रातृवर की ओर,
त्याग का जिसके न ओर, न छोर।
अतुल जिसकी पुण्य पितर-प्रीति
स्वकुल-मर्यादा, विनय, नय-नीति।
और उस अग्रज-वधू की ओर,

वत्स, देखो तुम निहार-निहोर।
हाँ, जिसे वे गहन-कण्टक-शूल,
बन गये गृह-वाटिका के फ़ूल!
और देखो उस अनुज की ओर,
आह! वह लाक्ष्मण्य कैसा घोर!
वह विकट व्रत और वह दृढ़ भक्ति,
एक में सबकी अटल अनुरक्ति।
और देखो इस अनुज की ओर,
हो रहा जो शोक-मग्न विभोर,
आज जो सबसे अधिक उद्भ्रान्त;
सुमन-सम हिमवाष्प भाराक्रान्त!
वत्स, देखो जननियों की ओर,
आज जिनकी भोग-निशि का भोर!''
''हाय भगवन्! क्यों हमारा नाम?
अब हमें इस लोक में क्या काम?
भूमि पर हम आज केवल भार?
क्यों सहे संसार हाहाकार?
क्यों अनाथों की यहाँ हो भीड़?
जीव-खग उड़ जाय अब निज नीड़?
''देवियो, ऐसा नहीं वैधव्य,
भाव भव में कौन वैसा भव्य?
धन्य वह अनुराग निर्गत-राग,
और शुचिता का अपूर्व सुहाग।
अग्निमय है अब तुम्हारा नाम,
दग्ध हों जिसमें स्वयं सब काम।
सहमरण के धर्म से भी ज्येष्ठ,
आयु भर स्वामि-स्मरण है श्रेष्ठ।
तुम जियो अपना वही व्रत पाल,
धर्म की बल-वृद्धि हो चिरकाल।
सहन कर जीना कठिन है देवि,
सहज मरना एक दिन है देवि!
भरत, देखो आप अपनी ओर,
निज हृदय-सागर गभीर हिलोर।
पूर्ण हैं अगणित वहाँ गुण-रत्न,
अमर भी जिनके लिए कृतयत्न।

भरत-भावामृत पियें जन जाग,
मोह-विष था केकयी का भाग।
वत्स, मेरी ओर देखो, ओह!
मैं सगद्गद हूँ यदपि निर्मोह।
रो रहे हो तुम, परन्तु विनीत,
गा रहे हैं सुर तुम्हारे गीत।
प्राप्त अपने आप ही यह राज्य,
कर दिया तृण-तुल्य तुमने त्याज्य।
मति यहाँ शत्रुघ्न, मेरी मौन,
तुम कि लक्ष्मण, अधिक सुकृती कौन?
अब उठो हे वत्स, धीरज धार,
बैठते हैं वीर क्या थक-हार?
शत्रु-शर-सम तुम सहो यह शोक,
सतत कर्मक्षेत्र है नरलोक।
कर पिता का मृत्युकृत्य अपत्य,
लो क्रमागत गोत्र-जीवन-सत्य।
मरण है अवकाश, जीवन कार्य,
कह रहा हूँ आप मैं आचार्य।
व्याप्त हैं तुममें पिता के प्राण,
शोक छोड़ो शूर पाओ त्राण।
हम रुकें क्यों, चल रही है साँस,
गति न बिगड़े, दे नियति भी आँस।
विघ्न तो हैं मार्ग के कुश-काँस,
फँस न जावे इस हृदय में फाँस।
तात, जीवनगीत सुन कर काल,
नाचता है आप, देकर ताल।
सुगति होती है तभी यह प्राप्त,
प्रलय में भी लय रहे निज व्याप्त।
उठ खड़े हो निज पदों पर आज,
धैर्य धारें स्वजन और समाज।
वीर देखो, उस प्रजा की ओर,
चाहती है जो कृपा की कोर।''
सान्त्वना में शोक की वह रात,
कट चली, होने लगा फिर प्रात।
दूर बोला ताम्रचूड़ गभीर—

'क्रूर भी है काल निर्झर-नीर।'
अरुण-पूर्व उतार तारक-हार,
मलिन-सा सित-शून्य अम्बर धार,
प्रकृति-रञ्जन हीन, दीन अजस्र,
प्रकृति-विधवा थी भरे हिम-अस्र।

आज नरपति का महासंस्कार,
उमड़ने दो शोक-पारावार।
है महायात्रा यही, इस हेतु,
फहरने दो आज सौ सौ केतु!
घहरने दो सघन दुन्दुभि-घोर,
सूचना हो जाय चारों ओर—
सुकृतियों के जन्म में भव-भुक्ति,
और उनकी मृत्यु में शुभ-मुक्ति!
अश्व, गज, रथ, हों सुसज्जित सर्व!
आज है सुर-धाम-यात्रा-पर्व!
सम्मिलित हों स्वजन, सैन्य, समाज,
बस, यही अन्तिम विदा है आज।
सूत, मागध, वन्दि आदि अभीत,
गा उठें जीवन-विजय के गीत—
तुच्छ कर नृप मृत्यु-पक्ष समक्ष,
पा गये हैं आज अपना लक्ष।
राजगृह की वह्नि बाहर जोड़,
कर उठे द्विज होम-आहुति छोड़।
कुल-पुरोहित और कुल-आचार्य,
भरत युत करने लगे सब कार्य।
शव बना था शिव-समाधि-समान,
था शिवालय-तुल्य शिविका यान।
और जिनसे था बहन-सम्बन्ध,
थे भरत के भव्य-भद्र-स्कन्ध।
बज रहे थे झाँझ, झालर, शंख,
पा गया जयघोष अगणित पंख।

भाव-गद्गद हो रहे थे लोग,
गा रहे थे, रो रहे थे लोग,
बरसता था नेत्र-नीर नितान्त,
मार्ग-रज-कण थे प्रथम ही शान्त।
पाँवड़ों पर बीच में शव-यान,
उभय ओर मनुष्य-पंक्ति महान्।
आज पैदल थे सभी सत्पात्र,
वाहनों पर नृप-समादर मात्र।
शेष-दर्शन कर सभक्ति सयत्न,
जन लुटाते थे वसन, धन, रत्न।
आ गया सब संघ सरयू-तीर,
करुण-गद्गद था सहज ही नीर।
आप सरिता बीच-वेणी खोल,
कर रही थी कल-विलाप विलोल!
अगरु-चन्दन की चिता थी सेज,
राजशव था सुप्त, संयत तेज।
सरस कर भूतल, बरस एकान्त,
क्षितिज पर मानो शरदघन शान्त!
फिर प्रदक्षिण, प्रणति जय जयकार,
सामगान-समेत शुचि-संस्कार।
बरसता था घृत तथा कर्पूर,
सूर्य पर था एक लघु घन दूर।
जाग कर ज्वाला उठी तत्काल,
बिम्ब पानी में पड़ा सुविशाल।
फिर प्रदक्षिणा कर तथा कर जोड़,
रो उठे यों भरत धीरज छोड़—
"तात यह क्या देखता हूँ आज?
जा रहे हो तुम कहाँ नरराज!
देव, ठहरो, हो न अन्तर्धान,
चाहिए मुझको न वे वरदान।
इस अधम की बाट तो कुछ देर,
देखते तुम काल-कारण हेर।
वन गये हैं आर्य, तुम परलोक,

कौन समझे आज मेरा शोक?
स्वर्ग क्या, अपवर्ग पाओ तात,
पर बता जाओ मुझे यह बात—
राज्य-संग तुम्हें कहाँ से हाय!
दे सकूँगा आर्य को अनुपाय?
आज तुम नरराज, प्रश्नातीत,
ये प्रजाजन, ही कहें, नयनीत!
धन किसी का जो हरे क्रम-भोग्य,
दण्ड क्या उसके लिए है योग्य?
आह! मेरी जय न बोलो हार,
इस चिता ही में बहुत अंगार!
था तुम्हें अभिषेक जिनका मान्य,
हैं कहाँ वे धीर-वीर-वदान्य?
वन चलो सब पञ्च मेरे साथ,
हैं वहीं सबके प्रकृति नरनाथ,
राज्य पालें राम जनकप्राय,
राम का प्रतिनिधि भरत बन जाय।
निज प्रजा-परिवार-पालन-भार;
यदि न आर्य करें स्वयं स्वीकार।
तो चुनो तुम अन्य निज नरपाल,
जो किसी माँ का जना हो लाल।
व्यर्थ हो यदि भरत का उद्योग,
तो करें इतनी कृपा सब लोग—
इस, पिता ही की चिता के पास,
मुझ अगति को भी मिले चिरवास!"

साथ ही आनन्द और विषाद,
'जयभरत', 'जयराम' जय जय नाद!
लौटते थे पर भरत गति-हीन,
पितृ-चिता के पादतल में लीन।
दे रहे थे धैर्य लोग सराह,
विकल थे सब किन्तु आप कराह।

"भरत!" बोले गुरु—"भरत, हो शान्त,
जनकवर के जातवर, कुलकान्त!
कर चुके हो मृतजनक-संस्कार,
हत-जननियों का करो उपचार।
भेज यों पितृवन उन्हें सस्नेह,
पुत्र, इनको ले चलो अब गेह।"

बोले फिर मुनि यों चिता की ओर हाथ कर
"देखो सब लोग, अहा! क्या ही आधिपत्य है!
त्याग दिया आप अज-नन्दन ने एक साथ,
पुत्र-हेतु प्राण, सत्य-करण अपत्य है!
पा लिया है सत्य-शिव-सुन्दर-सा पूर्ण लक्ष
इष्ट हम सबको इसी का आनुगत्य है।
सत्य है स्वयं ही शिव, राम सत्य-सुन्दर हैं,
सत्य काम सत्य और राम नाम सत्य है!"

कण्ठ कण्ठ गा उठा, शून्य शून्य छा उठा—
सत्य काम सत्य है! राम नाम सत्य है!

अष्टम सर्ग

(१)

चल-चपल कमल, निज चित्रकूट चल देखें,
प्रभु-चरण-चिह्न पर सफल भाल-लिपि लेखें।
सम्प्रति साकेत-समाज वहीं है सारा,
सर्वत्र हमारे संग स्वदेश हमारा।

तरु-तले विराजे हुए,-शिला के ऊपर,
कुछ टिके,—धनुष की कोटि टेक कर भू पर।
निज लक्ष-सिद्धि-सी, तनिक घूम कर तिरछे,
जो सींच रही थीं पर्णकुटी के बिरछे-
उन सीता को, निज मूर्तिमती माया को,
प्रणयप्राणा को और कान्तकाया को,
यों देख रहे थे राम अटल अनुरागी,
योगी के आगे अलख-ज्योति ज्यों जागी!

अंचल-पट कटि में खोंस, कछोटा मारे,
सीता माता थीं आज नई धज धारे।
अंकुर-हितकर थे कलश-पयोधर पावन,
जन-मातृ-गर्वमय कुशल वदन भव-भावन।
पहने थीं दिव्य दुकूल अहा! वे ऐसे,
उत्पन्न हुआ हो देह-संग ही जैसे।
कर, पद, मुख तीनों अतुल अनावृत पट-से,
थे पत्र-पुञ्ज में अलग प्रसून प्रकट-से!
कन्धे ढक कर कच छहर रहे थे उनके,—
रक्षक तक्षक-से लहर रहे थे उनके।
मुख धर्म-विन्दु-मय ओस-भरा अम्बुज-सा,

पर कहाँ कण्टकित नाल सुपुलकित भुज-सा?
पाकर विशाल कच-भार एड़ियाँ धँसतीं,
तब नखज्योति-मिष, मृदुल अँगुलियाँ हँसतीं।
पर पग उठने में भार उन्हीं पर पड़ता,
तब अरुण एड़ियों से सुहास-सा झड़ता!
क्षोणी पर जो निज छाप छोड़ते चलते,
पद-पद्मों में मंजीर-मराल मचलते।
रुकने-झुकने में ललित लंक लच जाती,
पर अपनी छवि में छिपीं आप बच जातीं,
तनु गौर केतकी-कुसुम-कली का गाभा,
थी अंग-सुरभि के संग तरंगित आभा।
भौंरों से भूषित कल्प-लता-सी फूली,
गाती थीं गुनगुन गान-भान-सा भूली—

"निज सौध सदन में उटज पिता ने छाया,
मेरी कुटिया में राज-भवन मन भाया।

सम्राट स्वयं प्राणेश, सचिव देवर हैं,
देते आकर आशीष हमें मुनिवर हैं,
धन तुच्छ यहाँ,—यद्यपि असंख्य आकर हैं,
पानी पीते मृग-सिंह एक तट पर हैं।
सीता रानी को यहाँ लाभ ही लाया,
मेरी कुटिया में राज-भवन मन भाया।

क्या सुन्दर लता-वितान तना है मेरा,
पुंजाकृति गुंजित कुंज घना है मेरा।
जल निर्मल, पवन पराग-सना है मेरा,
गढ़ चित्रकूट दृढ़-दिव्य बना है मेरा।
प्रहरी निर्झर, परिखा प्रवाह की काया,
मेरी कुटिया में राज-भवन मन भाया।

औरों के हाथों यहाँ नहीं पलती हूँ,
अपने पैरों पर खड़ी आप चलती हूँ।
श्रमवारि विन्दुफल स्वास्थ्य शुचि फलती हूँ,
अपने अंचल से व्यजन आप झलती हूँ।

तनु-लता-सफलता-स्वाद आज हो आया,
मेरी कुटिया में राज-भवन मन भाया।

जिनसे ये प्रणयी प्राण त्राण पाते हैं,
जी भर कर उनको देख जुड़ा जाते हैं।
जब देव कि देवर विचर-विचर आते हैं,
तब नित्य नये दो-एक द्रव्य लाते हैं।
उनका वर्णन ही बना विनोद सवाया,
मेरी कुटिया में राज-भवन मन भाया।

किसलय-कर स्वागत-हेतु हिला करते हैं,
मृदु मनोभाव-सम सुमन खिला करते हैं।
डाली में नव फल नित्य मिला करते हैं,
तृण तृण पर मुक्ता-भार झिला करते हैं।
निधि खोले दिखला रही प्रकृति निज माया,
मेरी कुटिया में राज-भवन मन भाया।

कहता है कौन कि भाग्य ठगा है मेरा?
वह सुना हुआ भय दूर भगा है मेरा।
कुछ करने में अब हाथ लगा है मेरा,
वन में ही तो गार्हस्थ्य जगा है मेरा।
वह वधू जानकी बनी आज यह जाया,
मेरी कुटिया में राज-भवन मन भाया।

फल-फूलों से हैं लदी डालियाँ मेरी,
वे हरी पत्तलें, भरी थालियाँ मेरी।
मुनि बालाएँ हैं यहाँ आलियाँ मेरी,
तटिनी की लहरें और तालियाँ मेरी।
क्रीड़ा-सामग्री बनी स्वयं निज छाया,
मेरी कुटिया में राज-भवन मन भाया।

मैं पली पक्षिणी विपिन-कुंज-पिंजर की,
आती है कोटर-सदृश मुझे सुध घर की,
मृदु-तीक्ष्ण वेदना एक एक अन्तर की,
बन जाती है कल-गीति समय के स्वर की।

कब उसे छेड़ यह कण्ठ यहाँ न अघाया?
मेरी कुटिया में राज-भवन मन भाया।

गुरुजन-परिजन सब धन्य ध्येय हैं मेरे,
औषधियों के गुण-विगुण, ज्ञेय हैं मेरे,
वन-देव-देवियाँ आतिथेय हैं मेरे,
प्रिय-संग यहाँ सब प्रेय श्रेय हैं मेरे।
मेरे पीछे ध्रुव-धर्म स्वयं ही धाया,
मेरी कुटिया में राज-भवन मन भाया।

नाचो मयूर, नाचो कपोत के जोड़े,
नाचो कुरंग, तुम लो उड़ान के तोड़े।
गाओ दिवि, चातक, चटक, भृंग भय छोड़े,
वैदेही के वनवास-वर्ष हैं थोड़े।
तितली, तूने यह कहाँ चित्रपट पाया?
मेरी कुटिया में राज-भवन मन भाया।

आओ कलापि, निज चन्द्रकला दिखलाओ,
कुछ मुझसे सीखो और मुझे सिखलाओ।
गाओ पिक, मैं अनुकरण करूँ, तुम गाओ,
स्वर खींच तनिक यों उसे घुमाने जाओ।
शुक, पढ़ो,-मधुर फल प्रथम तुम्हींने खाया,
मेरी कुटिया में राज-भवन मन भाया।

अयि राजहंसि, तू तरस तरस क्यों रोती,
तू शुक्ति-वंचिता कहीं मैथिली होती,
तो श्यामल, तनु के श्रमज-विन्दुमय मोती,
निज व्यजन-पक्ष से तू अँकोर सुध खोती,—
जिन पर मानस ने पद्म-रूप मुँह बाया,
मेरी कुटिया में राज-भवन मन भाया।

ओ निर्झर, झरझर नाद सुना कर झड़ तू,
पथ के रोड़ों में उलझ-सुलझ, बढ़-अड़ तू।
ओ उत्तरीय, उड़ मोद-पयोद, घुमड़ तू।
हम पर गिरि-गद्गद भाव, सदैव उमड़ तू।

जीवन का तूने गीत बनाया, गाया,
मेरी कुटिया में राज-भवन मन भाया।

ओ भोली कोल-किरात-भिल्ल-बालाओ,
मैं आप तुम्हारे यहाँ आ गई, आओ।
मुझको कुछ करने योग्य काम बतलाओ,
दो अहो! नव्यता और भव्यता पाओ।
लो, मेरा नागर भाव भेंट जो लाया,
मेरी कुटिया में राज-भवन मन भाया।

सब ओर लाभ ही लाभ बोध-विनिमय में,
उत्साह मुझे है विविध वृत्त-संचय में।
तुम अर्द्ध नग्न क्यों रहो अशेष समय में,
आओ, हम कातें-बुनें गान की लय में।
निकले फूलों का रंग, ढंग से ताया,
मेरी कुटिया में राज-भवन मन भाया।''

थे समाधिस्थ-से राम अनाहत सुनते,
स्वर पत्र पत्र पर प्रेम-जाल थे बुनते।
कितने मीठे हैं, मेरे बीन के छोले,
तरु झूम रहे थे हरे-भरे मतवाले।
''गाओ मैथिलि, स्वच्छन्द, राम के रहते;
सुन ले कोई भी आज मुझे यह कहते—
निश्चिन्त रहे, जो करे भरोसा मेरा,
बस, मिले प्रेम का मुझे परोसा मेरा।
आनन्द हमारे ही अधीन रहता है,
तब भी विषाद नरलोक व्यर्थ सहता है।
करके अपना कर्त्तव्य रहो सन्तोषी,
फिर सफल हो कि तुम विफल, न होगे दोषी,
निश्चिन्त नारियाँ आत्म-समर्पण करके,
स्वीकृति में ही कृतकृत्य भाव हैं नर के।
गौरव क्या है, जन-भार वहन करना ही,
सुख क्या है, बढ़ कर दुःख सहन करना ही।''
कलिकाएँ खिलने लगीं, फूल फिर फूले,
खग-मृग भी चरना छोड़ सभी सुध भूले।

सन्नाटे में था एक यही रव छाया—
''मेरी कुटिया में राज-भवन मन भाया!

देवर के शर की अनी बना कर टाँकी,
मैंने अनुजा की एक मूर्ति है आँकी।
आँसू नयनों में, हँसी वदन पर बाँकी,
काँटे समेटती, फूल छींटती झाँकी!
निज मन्दिर उसने यही कुटीर बनाया!
मेरी कुटिया में राज-भवन मन भाया।''

''हा! ठहरो, बस, विश्राम प्रिय, लो थोड़ा,
हे राजलक्ष्मि, तुमने न राम को छोड़ा।
श्रम करो, स्वेदजल स्वास्थ्य-मूल में ढालो,
पर तुम यति का भी नियम स्वगति से पालो।
तन्मय हो तुम-सा किसी कार्य में कोई,
तुमने अपनी भी आज यहाँ सुध खोई।
हो जाना लता न आप लता-संलग्ना,
करतल तक तो तुम हुई नवल-दल-मग्ना!
ऐसा न हो कि मैं फिरूँ खोजता तुमको,
है मधुप ढूँढ़ता तथा मनोज्ञ कुसुम को!
वह सीताफल जब फलै तुम्हारा चाहा,—
मेरा विनोद तो सफल,—हँसी तुम आहा!''
''तुम हँसो, नाथ, निज इन्द्रजाल के फल पर,
पर ये फल होंगे प्रकट सत्य के बल पर।
उनमें विनोद, इनमें यथार्थता होगी,
मेरे श्रम-फल के रहें सभी रस-भोगी।
तुम मायामय हो तदपि बड़े भोले हो,
हँसने में भी तो झूठ नहीं बोले हो।
हो सचमुच क्या आनन्द, छिपूँ मैं वन में,
तुम मुझे खोजते फिरो गभीर गहन में!''
''आमोदिनि, तुमको कौन छिपा सकता है?
अन्तर को अन्तर अनायास कसता है।
बैठी है सीता सदा राम के भीतर,
जैसे विद्युद्द्युति घनश्याम के भीतर।''

"अच्छा, ये पौधे कहो फलेंगे कब लौं;
हम और कहीं तो नहीं चलेंगे तब लौं?"
"पौधे सींचो ही नहीं, उन्हें गोड़ो भी,
डालों को चाहो जिधर, उधर मोड़ो भी।"
"पुरुषों को तो बस राजनीति की बातें!
नृप में, माली में काट-छाँट की घातें!
प्राणेश्वर, उपवन नहीं, किन्तु यह वन है,
बढ़ते है विटपी जिधर चाहता मन है।
बन्धन ही का तो नाम नहीं जनपद है?
देखो कैसा स्वच्छन्द यहाँ लघु नद है।
इसको भी पुर में लोग बाँध लेते हैं।"
"हाँ वे इसका उपयोग बढ़ा देते हैं।"
"पर इससे नद का नहीं, उन्हीं का हित है,
पर बन्धन भी क्या स्वार्थ-हेतु समुचित है?"
"मैं तो नद का परमार्थ इसे मानूँगा,
हित उसका उससे अधिक कौन जानूँगा?"
जितने प्रवाह हैं, बहें-अवश्य बहें वे,
निज मर्यादा में किन्तु सदैव रहें वे।
केवल उनके ही लिए नहीं यह धरणी,
है औरों की भी भार-धारिणी-भरणी।
जनपद के बन्धन मुक्ति-हेतु हैं सबके,
यदि नियम न हों, उच्छिन्न सभी हो कब के।
उसको पुरुषों की काट-छाँट है खलती,
जो फूलों को चुन रंग चुवाने चलती।
ताओगी कैसे उन्हें, बताओ यह तो?
कोमलता के उपमान अतुल हैं वह तो।
इतनी निष्ठुरता, और उन्हीं के ऊपर,
जो शूलों के प्रतिकूल भाव-भू पर।"
"यह संग-दोष है, और क्या कहूँ तुमसे;
मैं क्षमा-प्रार्थिनी आज अवश्य कुसुम से।
पर जो उसका अनुराग, उसे स्थिर कर लूँ,
वह आप अचिर, मैं क्यों न उसे चिर कर लूँ।"
"वह राग-रंग रच लो सुहाग-अंचल में।
क्या कहना है, आ गई ठिकाने पल में!
जब हम सोने को ठोक-पीट गढ़ते हैं,

तब मान, मूल्य, सौन्दर्य, सभी बढ़ते हैं।
सोना मिट्टी में मिला खान में सोता,
तो क्या इससे कृतकृत्य कभी वह होता?''
''वह होता चाहे नहीं, किन्तु हम होते,
हैं लोग उसी के लिए झींकते-रोते!''
''होकर भी स्वयं सुवर्णमयी, ये बातें?
पर वे सोने की नहीं, लोभ की घातें।
हाँ, तब अनर्थ के बीज अर्थ बोता है,
जब एक वर्ग में मुष्टि-बद्ध होता है।
जो संग्रह करके त्याग नहीं करता है,
वह दस्यु लोक धन लूट-लूट धरता है।
यों तो फिर कह दो-कहीं न कुछ भी होता,
निर्द्वन्द्व भाव ही पड़ा शून्य में सोता!''
''हम तुम तो होते कान्त!'' ''न थे कब कान्ते!
हैं और रहेंगे नित्य विविध वृत्तान्ते!
हमको लेकर ही अखिल सृष्टि की क्रीड़ा,
आनन्दमयी नित नई प्रसव की पीड़ा!''
''फिर भी नद का उपयोग हमारे लेखे,
किसने हैं उसके भाव सोच कर देखे?''
''पर नद को ही अवकाश कहाँ है इसका?
सोचो जीवन में श्लाघ्य स्वार्थमय किसका?
करते हैं जब उपकार किसी का हम कुछ,
होता है तब सन्तोष हमें क्या कम कुछ?
ऐसा ही नद के लिए मानते हैं हम,
अपना जैसा ही उसे जानते हैं हम।
जल निष्फल था यदि तृषा न हममें होती,
है वही उगाता अन्न, चुगाता मोती।
निज हेतु बरसता नहीं व्योम से पानी,
हम हों समष्टि के लिए व्यष्टि-बलिदानी।''

''तुम इसी भाव से भरे यहाँ आये हो?
यह घनश्याम-तनु धरे हरे, छाये हो।
तो बरसों, सरसै, रहे न भूमि जली-सी,
मैं पाप-पुञ्ज पर टूट पडूँ-बिजली-सी।''

"हाँ इसी भाव से भरा यहाँ आया मैं,
कुछ देने ही के लिए प्रिये, लाया मैं।
निज रक्षा का अधिकार रहे जन जन को,
सबकी सुविधा का भार किन्तु शासन को।
मैं आर्यों का आदर्श बताने आया।
जन-सम्मुख धन को तुच्छ जताने आया।
सुख-शान्ति-हेतु मैं क्रान्ति मचाने आया,
विश्वासी का विश्वास बचाने आया,
मैं आया उनके हेतु कि जो तापित हैं,
जो विवश, विकल, बल-हीन, दीन शापित हैं।
हो जायँ अभय वे जिन्हें कि भय भासित हैं,
जो कौणप-कुल से मूक-सदृश शासित हैं।
मैं आया, जिसमें बनी रहे मर्यादा,
बच जाय प्रलय से, मिटै न जीवन सादा।
सुख देने आया, दुःख झेलने आया,
मैं मनुष्यत्व का नाट्य खेलने आया।
मैं यहाँ एक अवलम्ब छोड़ने आया,
गढ़ने आया हूँ, नहीं, तोड़ने आया।
मैं यहाँ जोड़ने नहीं, बाँटने आया,
जगदुपवन के झंखाड़ छाँटने आया।
मैं राज्य भोगने नहीं, भुगाने आया,
हंसों को मुक्ता-मुक्ति चुगाने आया।
भव में नव वैभव व्याप्त कराने आया,
नर को ईश्वरता प्राप्त कराने आया!
सन्देश यहाँ मैं नहीं स्वर्ग का लाया,
इस भूतल को ही स्वर्ग बनाने आया।
अथवा आकर्षण पुण्यभूमि का ऐसा,
अवतरित हुआ मैं, आप उच्च फल जैसा।
जो नाम मात्र ही स्मरण मदीय करेंगे,
वे भी भवसागर बिना प्रयास तरेंगे।
पर जो मेरा गुण, कर्म, स्वभाव धरेंगे,
वे औरों को भी तार, पार उतरेंगे।"
"पर होगा यह उद्देश्य सिद्ध क्या वन में?
सम्भव है चिन्तन-मनन मात्र निर्जन में।"
"वन में निज साधन सुलभ धर्म से होगा,

जब मन से होगा तब न कर्म से होगा?
बहु जन वन में हैं बने ऋक्ष-वानर-से,
मैं दूँगा अब आर्यत्व उन्हें निज कर से।
चल दण्डक वन में शीघ्र निवास करूँगा,
निज तपोधनों के विघ्न विशेष हरूँगा।
उच्चारित होती चले वेद की वाणी,
गूँजे गिरि-कानन-सिन्धु-पार कल्याणी।
अम्बर में पवन होम-धूप घहरावे,
वसुधा का हरा दुकूल भरा लहरावे।
तत्त्वों का चिन्तन करें स्वस्थ हों ज्ञानी,
निर्विघ्न ध्यान में निरत रहें सब ध्यानी।
आहुतियाँ पड़ती रहें अग्नि में क्रम से,
उप तपस्त्याग की विजय-वृद्धि हो हमसे।
मुनियों को दक्षिण देश आज दुर्गम है,
बर्बर कौणप गण वहाँ उग्र यम-सम है।
वह भौतिक मद से मत्त यथेच्छाचारी,
मेटूँगा उसकी कुगति-कुमति मैं सारी।''

''पर यह क्या, खग-मृग भीत भगे आते हैं,
मानो पीछे से व्याध लगे आते हैं।
चर्चा भी अच्छी नहीं बुरों की मानो,
साँपों की बातें जहाँ वहीं वे जानो।
अस्फुट कोलाहल भरित मर्मरित वन है,
वह धूलि-धूसरित उच्च गभीर गगन है।
देखो, यह मेरा नकुल देहली पर से,
बाहर की गति-विधि देख रहा है डर से।
लो, यें देवर आ रहे बाढ़ के जल-से,
पल पल में उथले-भरे, अचल-चंचल से!
होगी ऐसी क्या बात, न जानें स्वामी,
भय न हो उन्हें, जो सदय पुण्य-पथ-गामी।''

भाभी भय का उपचार चाप यह मेरा,
दुगुना गुणमय आकृष्ट आप यह मेरा।

कोटिक्रम-सम्मुख कौन टिकेगा इसके—
आई परास्तता कर्म भोग में जिसके।
सुनता हूँ, आये भरत यहाँ दल-बल से,
वन और गगन है विकल चमू-कलकल से।
विनयी होकर भी करें न आज अनय वे,
विस्मय क्या है, क्या नहीं स्वमातृतनय वे?
पर कुशल है कि असमर्थ नहीं हैं हम भी,
जैसे को तैसे, एक बार हो यम भी।
हे आर्य, आप गम्भीर हुए क्यों ऐसे—
निज रक्षा में भी तर्क उठा हो जैसे?
आये होंगे यदि भरत कुमति-वश मन में,
तो मैंने यह संकल्प किया है मन में—
उनको इस शर का लक्ष चुनूँगा क्षण में,—
प्रतिरोध आपका भी न सुनूँगा रण में!''
''गृह-कलह शान्त हो, हाय! कुशल हो कुल की,
अक्षुण्ण अतुलता रहे सदैव अतुल की।
विग्रह के ग्रह का कोप न जानें अब क्यों,
आ बैठे देवर, राज्य छोड़ तुम जब यों?''

''भद्रे, न भरत भी उसे छोड़ आये हों,
मातुश्री से भी मुँह न मोड़ आये हों।
लक्ष्मण, लगता है यही मुझे हे भाई,
पीछे न प्रजा हो पुरी शून्य कर आई।''
''आशा अन्तःपुर-मध्यवासिनी कुलटा,
सीधे हैं आप, परन्तु जगत है उलटा,
जब आप पिता के वचन पाल सकते हैं,
तब माँ की आज्ञा भरत टाल सकते हैं?''
''भाई कहने को तर्क अकाट्य तुम्हारा,
पर मेरा ही विश्वास सत्य है सारा।
माता का चाहा किया राम ने आहा!
तो भरत करेंगे क्यों न पिता का चाहा?''
''मानव-मन दुर्बल और सहज चंचल है,
इस जगती-तल में लोभ अतीव प्रबल है!
देवत्व कठिन, दनुजत्व सुलभ है नर को,

नीचे से उठना सहज कहाँ ऊपर को?''
''पर हम क्यों प्राकृत-पुरुष आपको मानें?
निज पुरुषोत्तम की प्रकृति क्यों न पहचानें?
हम सुगति छोड़ क्यों कुगति विचारें जन की।
नीचे-ऊपर सर्वत्र तुल्य गति मन की।''
''बस हार गया मैं आर्य आपके आगे,
तब भी तनु में शत पुलक भाव ये जागे!''
''देवर, मैं तो जी गई, मरी जाती थी,
विग्रह की दारुण मूर्ति दृष्टि आती थी।
अच्छा ले आये आर्यपुत्र, तुम इनको,
ये तुम्हें छोड़ कब, कहाँ मानते किनको?
सन्तोष मुझे है आज, यहाँ देवर ये;
हा! क्या जानें क्या न कर बैठते घर ये।''
''पर चिन्तित हूँ, सहज प्रेम के कारण,
हठ पूर्वक मुझको भरत करें यदि वारण?
वह देखो, वन के अन्तराल से निकले,
मानो दो तारे क्षितिज-जाल से निकले।
वे भरत और शत्रुघ्न, हमीं दो मानो,
फिर आया हमको यहाँ प्रिय, तुम जानो।''
कहते-कहते प्रभु उठे, बढ़े वे आगे,
सीता-लक्ष्मण भी संग चले अनुरागे।

देखा सीता ने स्वयं साक्षिणी हो हो,—
प्रतिमाएँ सम्मुख एक एक की दो दो!
रह गये युग्म स्ववैद्य आप ही आधे,
जगती ने थे निज चार चिकित्सक साधे!
दोनों आगत आ गिरे दण्डवत् नीचे,
दोनों से दोनों गये हृदय पर खींचे।
सीता-चरणामृत बना नयन-जल उनका,
इनका दृगम्बु अभिषेक सुनिर्मल उनका!
''रोकर रज में लोटो न भरत, ओ भाई,
यह छाती ठंडी करो सुमुख सुखदायी।
मानस के मोती यों न बिखेरो, आओ,
उपहार-रूप यह हार मुझे पहनाओ।''

"हा आर्य, भरत का भाग्य रजोमय ही है,
उर रहते उर्वी उसे तुम्हीं ने दी है।
उस जड़ जननी का विकृत वचन तो पाला,
तुमने इस जन की ओर न देखा-भाला!"
"ओ निर्दय, कर दे न यों निरुत्तर मुझको,
रे भाई, कहना यही उचित क्या तुझको?
चिरकाल राम है भरत-भाव का भूखा,
पर उसको तो कर्त्तव्य मिला है रूखा!"
इतने में कलकल हुआ वहाँ जय जय का,
गुरुजन सह पुरजन-पंच-सचिव-समुदय का।
हय-गज-रथादि निज नाद सुनाते आये,
खोये-से अपने प्राण सभी ने पाये,
क्या ही विचित्रता चित्रकूट ने पाई,
सम्पूर्ण अयोध्या जिसे खोजती आई।
बढ़कर प्रणाम कर वसिष्ठादि मुनियों को,
प्रभु ने आदर से लिया गृही गुनियों को।

जिस पर पाले का एक पर्त-सा छाया,
हत जिसकी पंकज-पंक्ति, अचल-सी काया।
उस सरसी-सी, आभरण-रहित सितवसना,
सिहरे प्रभु माँ को देख, हुई जड़ रसना।
"हाँ तात!" कहा चीत्कार समान उन्होंने,
सीता सह लक्ष्मण लगे उसी क्षण रोने।
उमड़ा माँओं का हृदय हाय! ज्यों फट कर,—
"चिर मौन हुए वे तात तुम्हीं को रट कर।"
"जितने आगत हैं रहें क्यों न गत-धर्मा,
पर मैं उनके प्रति रहा क्रूर ही कर्मा।"
दी गुरु वसिष्ठ ने उन्हें सान्त्वना बढ़ कर,—
"वे समुपस्थित सर्वत्र कीर्ति पर चढ़ कर।
वे आप उऋण ही नहीं हुए जीवन से,
उलटा भव को कर गये ऋणी निज धन से।
वे चार चार दे गये एक के बदले,
तुम तक को यों तज गये टेक के बदले!
वे हैं अशोच्य, हाँ स्मरण-योग्य हैं सबके,

अभिमान योग्य, अनुकरण-योग्य हैं सबके।''
बोले गुरु से प्रभु साश्रुबदन, बद्धांजलि—
''दे सकता हूँ क्या उन्हे अभी श्रद्धांजलि?
पितृ-देव गये हैं हाय! तृषित ही सुरपुर!''
भर आया उनका गला, हुआ आतुर उर।
फिर बोले वे—''क्या करूँ और मैं कहिए,
गुरुदेव, आप ही तात-तुल्य अब रहिए।''
''वह भार प्राप्त है मुझे अपूर्ण प्रथम ही,
हम जब जो उनके लिए करें, है कम ही।''
''भगवन् इस जन में भक्तिभाव अविचल है,
पर अर्पणार्थ बस पत्र-पुष्प-फल-जल है।''
''हा! याद न आवे उन्हें तुम्हारे वन की?
प्रभु-जननी रोने लगीं व्यथा से मन की।
''वे सब दुखों से परे आज हैं देवी।
स्वर्गीय भाव से भरे आज हैं देवी।
उनको न राम-वनवास देख दुख होगा,
अवलोक भरत का वही भाव सुख होगा।''
गुरु-गिरा श्रवण कर हुए सभी गद्‌गद-से,
बोले तब राघव भरे स्नेह के नद-से—
''पूजा न देख कर देव भक्ति देखेंगे,
थोड़े को भी वे सदय बहुत लेखेंगे।''
कौसल्या को अब रहा न मान-परेखा,
पर कैकेयी की ओर उन्होंने देखा।
बोली वह अपना कण्ठ परिष्कृत करके,
प्रभु के कन्धे पर वलय-शून्य कर धरके—
''है श्रद्धा पर ही श्राद्ध, न आडम्बर पर,
पर तुम्हें कमी क्या, करो कहें जो गुरुवर।''
यह कह मानो निज भार उतारा उसने,
लक्ष्मण-जननी की ओर निहारा उसने।
कुछ कहा सुमित्रा ने न अश्रुमय मुख से,
सिर से अनुमति दी नेत्र पोंछ कर दुख से।
''जो आज्ञा'' कह प्रभु घूम अनुज से बोले—
''लेकर अपने कुछ चुने वनेचर भोले,
सबका स्वागत-सत्कार करो तुम अब लौं,
मैं करूँ स्वयं करणी कार्य सब जब लौं।''

यह कह सीता-सह नदी-तीर प्रभु आये,
श्रद्धा-समेत सद्धर्म समान सुहाये।
पीछे परिजन विश्वास-सदृश थे उनके,
फल-सम लक्ष्मण ने दिया आपको चुनके।
पट मण्डल चारों ओर तने मनभाये,
जिन पर रसाल-मधु, निम्ब, जम्बु, वट छाये।
मानो बहु कटि-पट चित्रकूट ने पाये,
किंवा नूतन घन उसे घेर घिर आये।
आलान बने द्रुम-काण्ड गजों के जैसे,
गज-निगड़ वलय बन गये द्रुमों के वैसे।
च्युत पत्र पीठ पर पड़े, फुरहरी आई,
घोड़ों ने ग्रीवा मोड़ दृष्टि दौड़ाई।
नव उपनिवेश-सा बसा घड़ी भर ही में,
समझा लोगों ने कि हैं सभी घर ही में।
लग गई हाट जिसमें न पड़े कुछ देना,
ले लें उसमें जो वस्तु जिन्हें हो लेना।
बहु कन्द-मूल-फल कोल-भील लाते थे,
पहुँचाते थे सर्वत्र, प्रीति पाते थे—
"बस, पत्र-पुष्प हम वन्यचरों की सेवा,
महुवा मेवा है, बेर कलेवा, देवा!"

उस ओर पिता के भक्ति-भाव से भरके,
अपने हाथों उपकरण इकट्ठे करके,
प्रभु ने मुनियों के मध्य श्राद्ध-विधि साधी,
ज्यों दण्ड चुकावे आप अवश अपराधी।
पाकर पुत्रों में अटल प्रेम अघटित-सा,
पितुरात्मा का परितोष हुआ प्रकटित-सा।
हो गई होम की शिखा समुज्ज्वल दूनी,
मन्दानिल में मिल खिली धूप की धूनी।
अपना आमन्त्रित अतिथि मान कर सबको,
पहल परोस परितृप्ति-दान कर सबको,
प्रभु ने स्वजनों के साथ किया भोजन यों,
सेवन करता है मन्द पवन उपवन ज्यों।

(२)

तदन्तर बैठी सभा उटज के आगे,
नीले वितान के तले दीप बहु जागे।
टकटकी लगाये नयन सुरों के थे वे,
परिणामोत्सुक उन भयातुरों के थे वे।
उत्फुल्ल करौंदी-कुंज वायु रह रह कर,
करती थी सबको पुलक-पूर्ण मह मह कर।
वह चन्द्रलोक था, कहाँ चाँदनी वैसी,
प्रभु बोल गिरा गम्भीर नीरनिधि जैसी।
''हे भरतभद्र, अब कहो अभीप्सित अपना,''
सब सजग हो गये, भंग हुआ ज्यों सपना।
''हे आर्य, रहा क्या भरत-अभीप्सित अब भी?
मिल गया अकण्टक राज्य उसे, जब, तब भी?
पाया तुमने तरु-तले अरण्य-बसेरा,
रह गया अभीप्सित शेष तदपि क्या मेरा?
तनु तड़प तड़प कर तप्त तात ने त्यागा,
क्या रहा अभीप्सित और तथापि अभागा?
हा! इसी अयश के हेतु जनन था मेरा,
निज जननी ही के हाथ हनन था मेरा।
अब कौन अभीप्सित और आर्य, वह किसका?
संसार नष्ट है भ्रष्ट हुआ घर जिसका।
मुझसे मैंने ही आज स्वयं मुँह फेरा,
हे आर्य, बता दो तुम्हीं अभीप्सित मेरा?''
प्रभु ने भाई को पकड़ हृदय पर खींचा,
रोदन जल से सविनोद उन्हें फिर सींचा!—
''उसके आशय की थाह मिलेगी किसको?
जनकर जननी ही जान न पाई जिसको!''

''यह सच है तो अब लौट चलो तुम घर को।''
चौंके सब सुन कर अटल केकयी-स्वर को।
सबने रानी की ओर अचानक देखा,
वैधव्य-तुषारावृत यथा विधु-लेखा।
बैठी थी अचल तदापि असंख्यतरंगा,

वह सिंही अब थी हहा! गोमुखी गंगा—
"हाँ जनकर भी मैंने न भरत को जाना,
सब सुन लें, तुमने स्वयं अभी यह माना।
यह सच है तो फिर लौट चलो घर भैया,
अपराधिन मैं हूँ तात, तुम्हारी मैया।
दुर्बलता का ही चिह्न विशेष शपथ है,
पर, अबलाजन के लिए कौन-सा पथ है?
यदि मैं उकसाई गई भरत से होऊँ,
तो पति समान ही स्वयं पुत्र भी खोऊँ!
ठहरो, मत रोको मुझे, कहूँ सो सुन लो,
पाओ यदि उसमें सार उसे सब चुन लो।
करके पहाड़-सा पाप मौन रह जाऊँ?
राई भर भी अनुताप न करने पाऊँ?"
थी सनक्षत्र शशि-निशा ओस टपकाती,
रोती थी नीरव सभा हृदय थपकाती।
उल्का-सी रानी दिशा दीप्त करती थी,
सबमें भय-विस्मय और खेद भरती थी।
"क्या कर सकती थी, मरी मन्थरा दासी,
मेरा ही मन रह सका न निज विश्वासी।
जल पंजर-गत अब अरे अधीर, अभागे,
वे ज्वलित भाव थे स्वयं तुझी में जागे।
पर था केवल क्या ज्वलित भाव ही मन में?
क्या शेष बचा था कुछ न और इस जन में?
कुछ मूल्य नहीं वात्सल्य-मात्र, क्या तेरा?
पर आज अन्य-सा हुआ वत्स भी मेरा।
थूके, मुझ पर त्रैलोक्य भले ही थूके,
जो कोई जो कह सके, कहे, क्यों चूके?
छीने न मातृपद किन्तु भरत का मुझसे?
रे राम, दुहाई करूँ और क्या तुझसे?
कहते आते थे यही अभी नरदेही,
'माता न कुमाता, पुत्र कुपुत्र भले ही।'
अब कहें सभी यह हाय! विरुद्ध विधाता,—
'हैं पुत्र पुत्र ही, रहे कुमाता माता।'
बस मैंने इसका बाह्य-मात्र ही देखा,
दृढ़ हृदय न देखा, मृदुल गात्र ही देखा,

परमार्थ न देखा, पूर्ण स्वार्थ ही साधा,
इस कारण ही तो हाय आज यह बाधा!
युग युग तक चलती रहे कठोर कहानी—
'रघुकुल में भी थी एक अभागिन रानी।'
निज जन्म जन्म में सुने जीव यह मेरा—
'धिक्कार! उसे था महा स्वार्थ ने घेरा।'—''
''सौ बार धन्य वह एक लाल की माई,
जिस जननी ने है जना भरत-सा भाई।''
पागल-सी प्रभु के साथ सभा चिल्लाई—
''सौ बार धन्य वह एक लाल की माई।''

''हा! लाल? उसे भी आज गमाया मैंने,
विकराल कुयश ही यहाँ कमाया मैंने।
निज स्वर्ग उसी पर वार दिया था मैंने,
हर तुम तक से अधिकार लिया था मैंने।
पर वही आज यह दीन हुआ रोता है,
शंकित सबसे धृत हरिण-तुलय होता है।
श्रीखण्ड आज अंगार-चण्ड है मेरा,
तो इससे बढ़ कर कौन दण्ड है मेरा?

पटके मैंने पद-पाणि मोह के नद में,
जब क्या क्या करते नहीं स्वप्न में, मद में?
हा! दण्ड कौन, क्या उसे डरूँगी अब भी?
मेरा विचार कुछ दयापूर्ण हो तब भी?
हा दया! हन्त वह घृणा! अहह वह करुणा!
वैतरणी-सी हैं आज जाह्नवी-वरुणा!
सह सकती हूँ चिरनरक, सुनें सुविचारी,
पर मुझे स्वर्ग की दया दण्ड से भारी।
लेकर अपना यह कुलिश कठोर कलेजा,
मैंने इसके ही लिए तुम्हें वन भेजा।
घर चलो इसी के लिए, न रूठो अब यों,
कुछ और कहूँ तो उसे सुनेंगे सब क्यों?
मुझको यह प्यारा और इसे तुम प्यारे,

मेरे दुगुने प्रिय रहो न मुझसे न्यारे,
मैं इसे न जानूँ, किन्तु जानते हो तुम,
अपने से पहले इसे मानते हो तुम।
तुम भ्राताओं का प्रेम परस्पर जैसा,
यदि वह सब पर यों प्रकट हुआ है वैसा,
तो पाप-दोष भी पुण्य-तोष है मेरा,
मैं रहूँ पंकिला, पद्म-कोष है मेरा।
आगत ज्ञानीजन उच्च भाल ले लेकर,
समझावें तुमको अतुल युक्तियाँ देकर।
मेरे तो एक अधीर हृदय है बेटा,
उसने फिर तुमको आज भुजा भर भेंटा।
देवों की ही चिरकाल नहीं चलती है।
दैत्यों की भी दुर्वृत्ति यहाँ फलती है।''
हँस पड़े देव केकयी-कथन यह सुनकर,
रो दिये क्षुब्ध दुर्दैव दैत्य सिर धुनकर!
''छल किया भाग्य ने मुझे अयश देने का,
बल दिया उसी ने भूल मान लेने का।
अब कटे सभी वे पाश नाश के प्रेरे,
मैं वही केकयी, वही राम तुम मेरे।
होने पर बहुधा अर्ध रात्रि अँधेरी,
जीजी आकर करती पुकार थीं मेरी—
'लो कुहुकिनि, अपना कुहुक, राम यह जागा,
निज मँझली माँ का स्वप्न देख उठ भागा!'
भ्रम हुआ भरत पर मुझे व्यर्थ संशय का,
प्रतिहिंसा ने ले लिया स्थान तब भव का।
तुम पर ऐसी भ्रान्ति भरत से पाती,
तो उसे मनाने भी न यहाँ मैं आती।—
जीजी ही आतीं, किन्तु कौन मानेगा?
जो अन्तर्यामी, वही इसे जानेगा।''
''हे अम्ब, तुम्हारा राम जानता है सब,
इस कारण वह कुछ खेद मानता है कब?''
''क्या स्वाभिमान रखती न केकयी रानी?
बतला दे कोई मुझे उच्चकुल-मानी।
सहती कोई अपमान तुम्हारी अम्बा?
पर हाय, आज वह हुई निपट नालम्बा?

मैं सहज मानिनी रही, सरल क्षत्राणी,
इस कारण सीखी नहीं दैन्य यह वाणी।
पर महा दीन हो गया आज मन मेरा,
भावज्ञ, सहेजो तुम्हीं भाव-धन मेरा।
समुचित ही मुझको विश्व-घृणा ने घेरा,
समझाता कौन सशान्ति मुझे भ्रम मेरा?
यों ही तुम वन को गये, देव सुरपुर को,
मैं बैठी ही रह गयी लिये इस उर को!
बुझ गई पिता की चिता भरत-भुजधारी,
पितृभूमि आज भी तप्त तथापि तुम्हारी।
भय और शोक सब दूर उड़ाओ उसका,
चलकर सुचरित, फिर हृदय जुड़ाओ उसका।
हो तुम्हीं भरत के राज्य, स्वराज्य सम्हालो,
मैं पाल सकी न स्वधर्म, उसे तुम पालो।
स्वामी को जीते जी न दे सकी सुख मैं,
मरकर तो उनको दिखा सकूँ यह मुख मैं।
मर मिटना भी है एक हमारी क्रीड़ा,
पर भरत-वाक्य है-सहूँ विश्व की व्रीड़ा।
जीवन-नाटक का अन्त कठिन है मेरा,
प्रस्ताव मात्र में जहाँ अधैर्य अँधेरा।
अनुशासन ही था मुझे अभी तक आता,
करती है तुमसे विनय आज यह माता—।''
''हा मातः, मुझको करो न यों अपराधी,
मैं सुन न सकूँगा बात और अब आधी।
कहती हो तुम क्या अन्य तुल्य यह वाणी,
क्या राम तुम्हारा पुत्र नहीं वह मानी?
इस भाँति मानकर हाय, मुझे न रुठाओ,
जो उठूँ न मैं, क्यों तुम्हीं न आप उठाओ।
वे शैशव के दिन आज हमारे बीते,
माँ के शिशु क्यों शिशु ही न रहे मनचीते।
तुम रीझ-खीझ कर प्यार जनाती मुझको।
हँस आप रुठातीं, आप मनातीं मुझको।
वे दिन बीते, तुम जीर्ण दुःख की मारी,
मैं बड़ा हुआ अब और साथ ही भारी।
अब उठा सकोगी, तुम न तीन में कोई।''

"तुम हलके कब थे?"—हँसी केकयी, रोई!
"माँ, अब भी तुमसे राम विनय चाहेगा?
अपने ऊपर क्या आप अद्रि ढाहेगा?
अब तो आज्ञा की अम्ब, तुम्हारी बारी,
प्रस्तुत हूँ मैं भी धर्म धनुर्धृतिधारी।
जननी ने मुझको जना, तुम्हीं ने पाला,
अपने साँचे में आप यत्न से ढाला।
सबके ऊपर आदेश तुम्हारा मैया,
मैं अनुचर पूत, सपूत, प्यार का भैया।
वनवास लिया है मान तुम्हारा शासन,
लूँगा न प्रजा का भार, राज-सिंहासन?
पर यह पहला आदेश प्रथम हो पूरा,
वह तात-सत्य भी रहे न अम्ब, अधूरा—
जिस पर हैं अपने प्राण उन्होंने त्यागे,
मैं भी अपना व्रत-नियम निबाहूँ आगे।
निष्फल न गया माँ, यहाँ भरत का आना,
सिरमाथे मैंने वचन तुम्हारा माना।
सन्तुष्ट मुझे तुम देख रही हो वन में,
सुख धन-धरती में नहीं, किन्तु निज मन में।
यदि पूरा प्रत्यय न हो तुम्हें इस जन पर,
तो चढ़ सकते हैं राजदूत तो घन पर!"
"राघव, तेरे ही योग्य कथन है तेरा,
दृढ़ बाल-हठी तू वही राम है मेरा।
देखें हम तेरा अवधि मार्ग सब सहकर,"
कौशल्या चुप हो गई आप यह कहकर।
ले एक सांस रह गई सुमित्रा भोली,
कैकेयी ही फिर रामचन्द्र से बोली—
"पर मुझको तो परितोष नहीं है इससे,
हा! तब तक मैं क्या कहूँ सुनूँगी किससे?"
"जीती है अब भी अम्ब, ऊर्मिला बेटी;
इन चरणों की चिरकाल रहूँ मैं चेटी।"
"रानी, तूने तो रुला दिया पहले ही,
यह कह काँटों पर सुला दिया पहले ही।
आ, मेरी सबसे अधिक दुःखिनी, आ जा,
पिस मुझसे चन्दन-लता मुझी पर छा जा!

हे वत्स, तुम्हें वनवास दिया मैंने ही,
अब उसका प्रत्याहार किया मैंने ही।''
''पर रघुकुल में जो वचन दिया जाता है,
लौटा कर वह कब कहाँ लिया जाता है?
क्यों व्यर्थ तुम्हारे प्राण खिन्न होते हैं,
वे प्रेम और कर्त्तव्य भिन्न होते हैं।
जाने दो, निर्णय करें भरत ही सारा—
मेरा अथवा है, कथन यथार्थ तुम्हारा।
मेरी-इनकी चिर-पंच रहीं तुम माता,
हम दोनों के मध्यस्थ आज ये भ्राता।''

''हा आर्य! भरत के लिए और था इतना?''
''बस भाई, लो माँ, कहें और वे कितना?''
''कहने को तो है बहुत दुःख से सुख से,
पर आर्य! कहूँ तो कहूँ आज किस मुख से?
तब भी है तुमसे विनय, लौट घर जाओ।''
''इस 'जाओ' का क्या अर्थ, मुझे बतलाओ?''
''प्रभु, पूर्ण करूँगा यहाँ तुम्हारा व्रत मैं।''
''पर क्या अयोग्य, असमर्थ और अनिरत मैं?''
''यह सुनना भी है पाप, भिन्न हूँ क्या मैं?''
''इस शंका से भी नहीं खिन्न हूँ क्या मैं?''
''हम एकात्मा हैं, तदपि भिन्न है काया।''
''तो इस काया पर नहीं मुझे कुछ माया।
सड़ जाय पड़ी यह उसी उटज के आगे,
मिल जायँ तुम्हीं में प्राण आर्त्त अनुरागे!''
''पर मुझे प्रयोजन अभी अनुज उस तन का।''
''तो भार उतारो तात, तनिक इस जन का।
तुम निज विनोद में व्यथा छिपा सकते हो,
करके इतना आभास नहीं थकते हो।
पर मैं कैसे, किसलिये, सहूँ यह इतना?''
''मुझ जैसे मेरे लिए तुम्हें यह कितना?
शिष्टागम निष्फल नहीं कहीं होता है,
वन में भी नागर-भाव-बीज होता है।
कुछ देख रही है दूर दृष्टि-मति मेरी,

क्या तुम्हें इष्ट है वीर, विफल-गति मेरी?
तुमने मेरा आदेश सदा से माना,
हे तात, कहो क्यों आज व्यर्थ हठ ठाना।
करने में निज कर्त्तव्य कुयश भी यश है।''
''हे आर्य, तुम्हारा भरत अतीव अवश है।
क्या कहूँ और क्या करूँ कि मैं पथ पाऊँ?
क्षण भर ठहरो, मैं ठगा न सहसा जाऊँ।''

सन्नाटा-सा छा गया सभा में क्षण भर,
हिल सका न मानो स्वयं काल भी कण भर।
जावालि जरठ को हुआ मौन दुःसह-सा,
बोले वे स्वजटिल शीर्ष डुला कर सहसा—
''ओहो! मुझको कुछ नहीं समझ पड़ता है,
देने को उलटा राज्य द्वन्द्व लड़ता है।
पितृ-वध तक उसके लिए लोग करते हैं।''
''हे मुने, राज्य पर वही मर्त्य मरते हैं।''
''हे राम, त्याग की वस्तु नहीं वह ऐसी।''
''पर मुने, भोग की भी न समझिए वैसी।''
''हे तरुण, तुम्हें संकोच और भय किसका?''
''हे जरठ, नहीं इस समय आपको जिसका!''
''पशु-पक्षी तक हे वीर, स्वार्थ-लक्ष्मी हैं।''
''हे धीर, किन्तु मैं पशु न आप पक्षी हैं!''
''मत की स्वतन्त्रता विशेषता आर्यों की,
निज मत के ही अनुसार क्रिया कार्यों की,
हे वत्स, विफल-परलोक-दृष्टि निज रोको।''
''पर यही लोक हे तात, आप अवलोको।''
''यह भी विनश्य है, इसीलिए हूँ कहता।''
''क्या?—हम रहते, या राज्य हमारा रहता?''
''मैं कहता हूँ—सब भस्मशेष जब, लोगो।
तब दुखः छोड़कर क्यों न सौख्य ही भोगो?''
पर सौख्य कहाँ है, मुने, आप बतलावें?''
''जनसाधारण ही जहाँ मानते आवें।''
''पर साधारण जन आप न हमको जानें,
जनसाधारण के लिए भले ही मानें।''

"वह भावुकता है!" "हमें इसी में सुख है,
फिर पर-सुख में क्यों चारुवाक्य, यह दुख है?"
तब वामदेव ने कहा—"धन्य भावुकता,
कर सकता उसका मूल्य कौन है चुकता?
भावुक जन से ही महत्कार्य होते हैं,
ज्ञानी संसार असार मान होते हैं।"
"किनसे विवाद हे आर्य, आप करते हैं?"
बोले लक्ष्मण—"ये सौख्य खोज मरते हैं!
सुख मिले जहाँ पर जिन्हें, स्वाद वे चक्खें,
पर औरों का भी ध्यान कृपा कर रक्खें।
शासन सब पर है, इसे न कोई भूले—
शासक पर भी, वह भी न फूलकर ऊले।"

हँस कर जावालि, वसिष्ठ और तब हेरे,
मुसकराकर गुरु ने कहा—"शिष्य हैं मेरे!
मन चाहे जैसे और परीक्षा लीजे,
आवश्यक हो तो स्वयं दीक्षा दीजे।"
प्रभु बोले—"शिक्षा वस्तु सदैव अधूरी,
हे भरतभद्र, हो बात तुम्हारी पूरी।"

"हे देव, विफल हो बार बार भी, मन की,—
आशा अटकी है अभी यहाँ इस जन की।
जब तक पितुराज्ञा आर्य यहाँ पर पालें,
तब तक आर्या ही चलें,—स्वराज्य सँभालें।"
"भाई, अच्छा प्रस्ताव और क्या इससे?
हमको-तुमको सन्तोष सभी को जिससे।"
"पर मुझको भी हो तब न?" मैथिली बोलीं—
कुछ हुईं कुटिल-सी सरल दृष्टियाँ भोलीं।
"कह चुके अभी मुनि—'सभी स्वार्थ ही देखें।'
अपने मन में वे यहाँ मुझी को लेखें।"
"भाभी, तुम पर है मुझे भरोसा दूना,
तुम पूर्ण करो निज भरत-मातृ-पद ऊना।
जो कोसलेश्वरी हाय! वेश ये उनके?

मण्डन हैं अथवा चिह्न शेष ये उनके?''
''देवर, न रुलाओ आह, मुझे रोकर यों?
कातर होते हो तात, पुरुष होकर यों?
स्वयमेव राज्य का मूल्य जानते हो तुम,
क्यों उसी धूल में मुझे सानते हो तुम?
मेरा मण्डन सिन्दूर-विन्दु यह देखो,
सौ सौ रत्नों से इसे अधिक तुम लेखो।
शत चन्द्र-हार उस एक अरुण के आगे,
कब स्वयं प्रकृति ने नहीं स्वयं ही त्यागे?
इस निज सुहाग की सुप्रभात वेला में,
जाग्रत जीवन की खण्डमयी खेला में,
मैं अम्बा-सम आशीष तुम्हें दूँ, आओ,
निज अग्रज से भी शुभ सुयश तुम पाओ!''
''मैं अनुगृहीत हूँ अधिक कहूँ क्या देवी,
निज जन्म जन्म में रहूँ सदा पद-सेवी,
हे यशस्विनी, तुम मुझे मान्य हो यश से,
पर लगें न मेरे वचन तुम्हें कर्कश-से।
तुमने मुझको यश दिया स्वयं श्रीमुख से,
सुख-दान करें अब आर्य बचाकर दुख से।
हे राघवेन्द्र, यह दास सदा अनुयायी,
है बड़ी दण्ड से दया अन्त में न्यायी!''
''क्या कुछ दिन तक भी राज्य भार है भाई?
सब जाग रहे हैं, अर्द्धरात्रि हो आई।''
''हे देव भार के लिए नहीं रोता हूँ,
इन चरणों पर ही मैं अधीर होता हूँ।
प्रिय रहा तुम्हें यह दयाधृष्टलक्षण तो,
कर लेंगी प्रभु-पादुका राज्य-रक्षण तो।
तो जैसी-आज्ञा, आर्य सुखी हों वन में,
जूझेगा दुख से दास उदास भवन में।
बस, मिले पादुका मुझे, उन्हें ले जाऊँ,
बच उनके बल पर, अवधि-पार मैं पाऊँ,
हो जाय अवधि-मय अवध अयोध्या अब से,
मुख खोल नाथ कुछ बोल सकूँ मैं सब से,
''रे भाई, तूने रुला दिया मुझको भी,
शंका थी तुमसे यही अपूर्व अलोभी!

था यही अभीप्सित तुझे अरे अनुरागी,
तेरी आर्या के वचन सिद्ध ने त्यागी!''
''अभिषेक अम्बु हो कहाँ अधिष्ठित, कहिए,
उसकी इच्छा है—यहीं तीर्थ बन रहिए।
हम सब भी कर लें तनिक तपोवन यात्रा।''
''जैसी इच्छा, पर रहे नियत ही मात्रा।''
तब सबने जय जयकार किया मनमाना,
वंचित होना भी श्लाघ्य भरत का जाना।
पाया अपूर्व विश्राम साँस-सी लेकर,
गिरि ने सेवा की शुद्ध अनिल जल देकर।
मूँदे अनन्त ने नयन धार वह झाँकी,
शशि खिसक गया निश्चिन्त हँसी हँस बाँकी।
द्विज चहक उठे, हो गया नया उजियाला,
हाटक-पट पहने दीख पड़ी गिरिमाला।
सिन्दूर-चढ़ा आदर्श-दिनेश उदित था,
जन जन अपने को आप निहार मुदित था।
सुख लूट रहे थे अतिथि विचरकर गाकर—
'हम धन्य हुए इस पुण्यभूमि पर आकर।'
इस भाँति जनों के मनोमुकुल खिलते थे,
नव नव मुनि-दर्शन, प्रकृति-दृश्य मिलते थे।

गुरु-जन-समीप थे एक समय जब राघव,
लक्ष्मण से बोलीं जनकसुता साऽलाघव—
''हे तात, तालसम्पुटक तनिक ले लेना,
बहनों को वन-उपहार मुझे है देना।''
''जो आज्ञा,''—लक्ष्मण गये तुरन्त कुटी में,
ज्यों घुसे सूर्य-कर-निकर सरोज-पुटी में।
जाकर परन्तु जो वहाँ उन्होंने देखा,
तो दीख पड़ी कोणस्थ ऊर्मिला-रेखा।
यह काया है या शेष उसीकी छाया,
क्षण भर उनकी कुछ नहीं समझ में आया!
''मेरे उपवन के हरिण, आज वनचारी,
मैं बाँध न लूँगी तुम्हें, तजो भय भारी।''
गिर पड़े दौड़ सौमित्रि प्रिया-पद-तल में,
वह भींग उठी प्रिय-चरण धरे दृग-जल में।

"वन में तनिक तपस्या करके
    बनने दो मुझको निज योग्य,
भाभी की भगिनी, तुम मेरे
    अर्थ नहीं केवल उपभोग्य।"
"हा स्वामी! कहना था क्या क्या
    कह न सकी कर्मों का दोष!
पर जिसमें सन्तोष तुम्हें हो
    मुझे उसी में है सन्तोष।"

एक घड़ी भी बीत न पाई,
बाहर से कुछ वाणी आई।
सीता कहती थीं कि—"अरे रे,
आ पहुँचे पितृपद भी मेरे!"

नवम सर्ग

[१]

दो वंशों में प्रकट करके पावनी लोक-लीला,
सौ पुत्रों से अधिक जिनकी पुत्रियाँ पूतशीला,
त्यागी भी हैं शरण जिनके, जो अनासक्त गेही,
राजा-योगी जय जनक, वे पुण्यदेही, विदेही।
विफल जीवन व्यर्थ बहा, बहा,
सरस दो पद भी न हुए हहा!
कठिन है कविते, तब भूमि ही,
पर यहाँ श्रम भी सुख-सा रहा।
करुणे, क्यों रोती है? 'उत्तर' में और अधिक तू रोई—
'मेरी विभूति है जो, उसको 'भव-भूति' क्यों कहे कोई?'
अवध को अपनाकर त्याग से,
वन तपोवन-सा प्रभु ने किया।
भरत ने उनके अनुराग से,
भवन में वन का व्रत ले लिया!

स्वामी सहित सीता ने
नन्दन माना सघन-गहन कानन भी,
वन ऊर्मिला वधू ने
किया उन्हीं के हितार्थ निज उपवन भी,
अपने अतुलित कुल में
प्रकट हुआ था कलंक जो काला,
वह उस कुल-बाला ने
अश्रु सलिल से समस्त धो डाला।
भूल अवधि-सुध प्रिय से
कहती जगती हुई कभी—'आओ!'

किन्तु कभी सोती तो
उठती वह चौंक बोलकर—'जाओ!'

मानस-मन्दिर में सती, पति की प्रतिमा थाप,
जलती-सी उस विरह में, बनी आरती आप!

आँखों में प्रिय-मूर्ति थी, भूले थे सब भोग,
हुआ योग से भी अधिक उसका विषम-वियोग!

आठ पहर चौंसठ घड़ी स्वामी का ही ध्यान,
छूट गया पीछे स्वयं उससे आत्मज्ञान!

उस रुदन्ती विरहिणी के रुदन-रस के लेप से,
और पाकर ताप उसके प्रिय-विरह-विक्षेप से,
वर्ण-वर्ण सदैव जिनके हों विभूषण कर्ण के,
क्यों न बनते कविजनों के ताम्रपत्र सुवर्ण के?

पहले आँखों में थे, मानस में कूद मग्न प्रिय अब थे,
छींटे वही उड़े थे, बड़े बड़े अश्रु वे कब थे?

उसे बहुत थी विरह के एक दण्ड की चोट,
धन्य सखी देती रही निज यत्नों की ओट।

मिलाप था दूर अभी धनी का,
विलाप ही था बस का बनी का।

अपूर्व आलाप वही हमारा,
यथा विपंची—दिर दार दारा।

'सींचे ही बस मालिनें, कलश लें, कोई न ले कर्त्तरी,
शाखी फूलें फलें यथेच्छ बढ़के, फैले लताएँ हरी।
क्रीड़ा-कानन-शैल यन्त्र-जल से संसिक्त होता रहे,
मेरे जीवन का, चलो सखि, वहीं सोता भिगोता बहे।

क्या क्या होगा साथ, मैं क्या बताऊँ?
है ही क्या, हा! आज जो मैं जताऊँ?

तो भी तूली पुस्तिका और वीणा,
चौथी मैं हूँ, पाँचवीं तू प्रवीणा!

हुआ एक दुःस्वप्न-सा सखि, कैसा उत्पात,
जगने पर भी वह बना वैसा ही दिन रात!
खान-पान तो ठीक है पर तदनन्तर हाय!
आवश्यक विश्राम जो उसका कौन उपाय?

अरी, व्यर्थ है व्यंजनों की बड़ाई,
हटा थाल तू क्यों इसे आप लाई?
वही पाक है, जो बिना भूख भावे,
बता किन्तु तू ही, उसे कौन खावे?

बनाती रसोई, सभी को खिलाती,
इसी काम में आज मैं तृप्ति पाती।
रहा किन्तु मेरे लिए एक रोना,
खिलाऊँ किसे मैं अलौना-सलौना?

वन की भेंट मिली है,
एक नई वह जड़ी मुझे जीजी से,
खाने पर सखि, जिसके
गुड़ गोबर-सा लगे स्वयं ही जी से!
रस हैं बहुत, परन्तु सखी, विष है विषम प्रयोग।
बिना प्रयोक्ता के हुए, यहाँ भोग भी रोग!

लाई है क्षीर क्यों तू? हठ मत कर यों,
मैं पियूँगी न आली,
मैं हूँ क्या हाय! कोई शिशु सफलहठी,
रंक भी राज्यशाली!
माना तूने मुझे है तरुण, विरहिणी,
वीर के साथ ब्याहा,
आँखों का नीर ही क्या कम फिर मुझको?
चाहिए और क्या हा!

चाहे फटा-फटा हो, मेरा अम्बर अशून्य है आली,
आकर किसी अनिल ने भला यहाँ धूलि तो डाली!

धूलि-धूसर हैं तो क्या, यों तो मृण्यमात्र गात्र भी,
वस्त्र ये वल्कलों से तो हैं सुरम्य, सुपात्र भी!
फटते हैं, मैले होते हैं, सभी वस्त्र व्यवहार से;
किन्तु पहनते हैं क्या उनको हम सब इसी विचार से;

पिऊँ ला खाऊँ ला, सखि, पहन लूँ ला, सब करूँ;
जिऊँ मैं जैसे हो, यह अवधि का अर्णव तरूँ।
कहे जो, मानूँ सो, किस विध बता, धीरज धरूँ;
अरी, कैसे भी तो पकड़ प्रिय के वे पद मरूँ।

रोता हैं और दूनी निरख कर मुझे
दीन-सी तीन साँसें,
होते हैं देवरश्री नत, हत बहनें
छोड़ती हैं उसाँसें।
आली, तू ही बता दे, इस विजन विना
मैं कहाँ आज जाऊँ?
दीना, हीना, अधीना ठहर कर जहाँ
शान्ति दूँ और पाऊँ?

आई थी सखि, मैं यहाँ लेकर हर्षोल्लास,
जाऊँगी कैसे भला देकर यह निःश्वास?
कहाँ जायेंगे प्राण ये लेकर इतना ताप?
प्रिय के फिरने पर इन्हें फिरना होगा आप।

साल रही सखि, माँ की
झाँकी वह चित्रकूट की मुझको,
बोलीं जब वे मुझसे—
'मिला न वन ही न भवन ही तुझको!

जात तथा जामाता समान ही मान तात थे आये,
पर निज राज्य न मँझली माता को वे प्रदान कर पाये!

मिली मैं स्वामी से, पर कह सकी क्या सँभल के?
बहें आँसू होके सखि, सब उपालम्भ गल के।
उन्हें हो आई जो निरख मुझको नीरव दया,
उसी की पीड़ा का अनुभव मुझे हा! रह गया!

न कुछ कह सकी अपनी,
न उन्हीं की पूछ मैं सकी भय से,
अपने को भूले वे,
मेरी ही कह उठे सखेद हृदय से।

मिथिला मेरा मूल है और अयोध्या फूल,
चित्रकूट को क्या कहूँ, रह जाती हूँ भूल।

सिद्ध शिलाओं के आधार,
ओ गौरव-गिरि, उच्च उदार?

तुझ पर उँचे ऊँचे झाड़,
तने पत्रमय छत्र पहाड़!
क्या अपूर्व है तेरी आड़,
करते हैं बहु जीव विहार,
ओ गौरव-गिरि, उच्च उदार!

घिर कर तेरे चारों ओर,
करते हैं घन क्या ही घोर!
नाच नाच गाते हैं मोर,
उठती है गहरी गुंजार,
ओ गौरव-गिरि, उच्च-उदार!

नहलाती है नभ की वृष्टि,
अंग पोंछती आतप-सृष्टि,
करता है शशि शीतल दृष्टि,
देता है ऋतुपति शृंगार,
ओ गौरव-गिरि, उच्च-उदार!

तू निर्झर का डाल दुकूल,
लेकर कन्द-मूल-फल-फूल,
स्वागतार्थ सबके अनुकूल,
खड़ा खोल दरियों के द्वार,
ओ गौरव-गिरि, उच्च-उदार!

सुदृढ़ धातुमय उपलशरीर,
अन्तःस्थल में निर्मल नीर,
अटल - अचल तू धीर-गंभीर,
समशीतोष्ण शान्तिसुखसार,
ओ गौरव-गिरि, उच्च-उदार!

विविध राग-रंजित, अभिराम,
तू विराग-साधन, वन धाम,
कामद होकर आप अकाम,
नमस्कार तुझको शतवार,
ओ गौरव-गिरि, उच्च-उदार!

प्रोषितपतिकाएँ हों
जितनी भी सखि, उन्हें निमन्त्रण दे आ,
समदुःखिनी मिलें तो
दुःख बँटे, जा, प्रणयपुरस्सर ले आ।

सुख दे सकते हैं तो दुःखी जन ही मुझे, उन्हें यदि भेटूँ,
कोई नहीं यहाँ क्या जिसका कोई अभाव मैं भी मेटूँ?

इतनी बड़ी पुरी में, क्या ऐसी दुःखिनी नहीं कोई?
जिसकी सखी बनूँ मैं, जो मुझ-सी हो हँसी-रोई?

मैं निज ललितकलाएँ भूल न जाऊँ वियोग-वेदन में,
सखि, पुरबाला-शाला खुलवा दे क्यों न उपवन में!

कौन-सा दिखाऊँ दृश्य वन का बता मैं आज?
हो रही है आलि, मुझे चित्र-रचना की चाह,—
नाला पड़ा पथ में, किनारे जेठ-जीजी खड़े,
अम्बु अवगाह आर्य पुत्र ले रहे हैं थाह?
किंवा वे खड़ी हों घूम प्रभु के सहारे आह,
तलवे से कण्टक निकालते हों ये कराह?
अथवा झुकाये खड़े हों ये लता और जीजी,
फूल ले रही हों, प्रभु दे रहे हों, वाह वाह?

प्रिय ने सहज गुणों से, दीक्षा दी थी मुझे प्रणय, जो तेरी,
आज प्रतीक्षा-द्वारा, लेते हैं वे यहाँ परीक्षा मेरी?

जीवन के पहले प्रभात में आँख खुली जब मेरी,
हरी भूमि के पात पात में मैंने हृद्‌गति हेरी।
खींच रही थी दृष्टि-सृष्टि यह स्वर्णरश्मियाँ लेकर,
पाल रही ब्रह्माण्ड प्रकृति थी, सदय हृदय में लेकर।
तृण तृण को नभ सींच रहा था बूँद बूँद रस देकर,
बढ़ा रहा था सुख की नौका समय समीरण खेकर।
बजा रहे थे द्विज दल-बल से शुभ भावों की भेरी,
जीवन के पहले प्रभात में आँख खुली जब मेरी।
वह जीवन-मध्याह्न सखी, अब श्रान्ति-क्लान्ति जो लाया,
खेद और प्रस्वेद पूर्ण यह तीव्र ताप है छाया।
पाया था सो खोया हमने, क्या खोकर क्या पाया?
रहे न हममें राम हमारे, मिली न हमको माया।
यह विषाद! वह हर्ष कहाँ अब देता था जो फेरी,
जीवन के पहले प्रभात में आँख खुली जब मेरी।
वह कोइल, जो कूक रही थी, आज हूक भरती है,
पूर्व और पश्चिम की लाली रोष-वृष्टि करती है।
लेता है निःश्वास समीरण, सुरभि धूलि चरती है,
उबल सूखती है जलधारा, यह धरती मरती है।
पत्र-पुष्प सब बिखर रहे हैं, कुशल न मेरी-तेरी,
जीवन के पहले प्रभात में आँख खुली जब मेरी।
आगे जीवन की सन्ध्या है, देखें क्या हो आली,
तू कहती है—'चन्द्रोदय ही, काली में उजियाली'?

सिर-आँख पर क्यों न कुमुदिनी लेगी वह पद-लाली?
किन्तु करेंगे कोक-शोक की तारे जो रखवाली?
'फिर प्रभात होगा' क्या सचमुच? तो कृतार्थ यह चेरी,
जीवन के पहले प्रभात में आँख खुली जब मेरी।

सखि, विहग उड़ा दे, हों सभी मुक्तिमानी,
सुन शठ शुक-वाणी—'हाय! रूठो न रानी।
खग, जनकपुरी की ब्याह दूँ सारिका मैं!
तदपि यह वहीं की त्यक्त हूँ दारिका मैं?

कह विहग, कहाँ हैं आज आचार्य तेरे?
विकच वदन वाले वे कृती कान्त मेरे?
सचमुच 'मृगया में?' तो अहेरी नये वे,
यह हत हरिणी क्यों छोड़ यों ही गये वे?

निहार सखि, सारिका कुछ कहे बिना शान्त सी,
दिये श्रवण हैं यहीं, इधर मैं हुई भ्रान्त-सी।
इसे पिशुन जान तू, सुन सुभाषिणी है बनी—
'धरो!' खगि, किसे धरूँ? धृति लिए गये हैं धनी।

तुझ पर—मुझ पर हाथ फेरते साथ यहाँ,
शशक, विदित है तुझे आज वे नाथ कहाँ?
तेरी ही प्रिय जन्मभूमि में, दूर नहीं,
जा तू भी कहना कि ऊर्मिला क्रूर नहीं!

लेते गये क्यों न तुम्हें कपोत वे,
गाते सदा जो गुण थे तुम्हारे?
लाते तुम्हीं हा! प्रिय-पत्र-पोत वे,
दुःखाब्धि में जो बनते सहारे।

औरों की क्या कहिए,
निज रुचि ही एकता नहीं रखती,
चन्द्रामृत पीकर तू
चकोरि, अंगार है चखती!

विहग उड़ना भी ये हो बद्ध भूल गये, अये,
यदि अब इन्हें छोड़ू तो और निर्दयता दये;
परिजन इन्हें भूले ये भी उन्हें, सब हैं बहे,
बस अब हमीं साथी-संगी, सभी इनके रहे।

मेरे उर-अंगार के बने बाल-गोपाल,
अपनी मुनियों से मिले पले रहो तुम लाल!

वेदने तू भी भली बनी।
पाई मैंने आज तुझी में अपनी चाह घनी।
नई किरण छोड़ी है तूने, तू वह हीर-कनी,
सजग रहूँ मैं, साल हृदय में, ओ प्रिय विशिख-अनी!
ठण्डी होगी देह न मेरी, रहे दृगम्बु, सनी,
तू ही उसे उष्ण रक्खेगी मेरी तपन-मनी!
आ, अभाव की एक आत्मजे, और अदृष्टि-जनी!
तेरी ही छाती है सचमुच उपमोचितस्तनी!
अरी वियोग-समाधि, अनोखी, तू क्या ठीक ठनी,
अपने को, प्रिय को, जगती को देखूँ खिंची-तनी।
मन-सा मानिक मुझे मिला है तुझमें उपल-खनी,
तुझे तभी छोड़ूँ जब सजनी, पाऊँ प्राण-धनी।

विरह संग अभिसार भी,
भार जहाँ आभार भी।
मैं पिंजड़े में पड़ी हूँ किन्तु खुला है द्वार भी,
काल कठिन क्यों न हो किन्तु है मेरे लिए उदार भी!
जहाँ विरह ने गार दिया है किया वहाँ उपकार भी,
सुध बुध हर ली, किन्तु दिया है काल-ज्ञान विचार भी।
जना दिया है उसने मुझको जन जीवन है भार भी,
और मरण? वह बन जाता है कभी हिये का हार भी।
जाना मैंने इस उर में थी ज्वाला भी जलधार भी,
प्रिय ही नहीं यहाँ मैं भी थी, और एक संसार भी!

लिख कर लोहित लेख डूब गया है दिन अहा!
ब्योम-सिन्धु सखि देख तारक-बुद्बुद दे रहा!

दीपक-संग शलभ भी जला न सखि, जीत सत्व से तम को
क्या देखना-दिखाना क्या करना! है प्रकाश का हमको
दोनों ओर प्रेम पलता है।
सखि, पतंग भी जलता है हा! दीपक भी जलता है!

सीस हिला कर दीपक कहता—
'बन्धु वृथा ही तू क्यों दहता?'
पर पतंग पड़ कर ही रहता!
कितनी विह्वलता है।
दोनों ओर प्रेम पलता है।

बचकर हाय पतंग मरे क्या?
प्रणय छोड़ कर प्राण धरे क्या?
जले नहीं तो मरा करे क्या?
क्या यह असफलता है?
दोनों ओर प्रेम पलता है।

कहता है पतंग मन मारे—
'तुम महान मैं लघु, पर प्यारे,
क्या न मरण भी हाथ हमारे?
शरण किसे छलता है?'
दोनों ओर प्रेम पलता है।

दीपक के जलने में आली,
फिर भी है जीवन की लाली,
किन्तु पतंग-भाग्य-लिपि काली,
किसका वश चलता है?
दोनों ओर प्रेम पलता है।

जगती वणिग्वृत्ति है रखती,
उसे चाहती जिससे चखती;

काम नहीं, परिणाम निरखती,
मुझे यही खलता है।
दोनों ओर प्रेम पलता है।

बता अरी, अब क्या करूँ, रुपी रात से रार,
भय खाऊँ, आँसू पियूँ, मन मारूँ झखमार!

क्या क्षण क्षण में चौंक रही मैं?
सुनती तुझसे आज यही मैं।
तो सखि, क्या जीवन न जनाऊँ?
इस क्षणदा को विफल बनाऊँ?

अरी, सुरभि जा, लौट जा, अपने अंग सहेज,
तू है फूलों में पली, यह काँटों की सेज!

यथार्थ था सो सपना हुआ है,
अलीक था जो अपना हुआ है।
रही यहाँ केवल है कहानी,
सुना वही एक नई-पुरानी।

आओ हो, आओ, तुम्हीं प्रिय के स्वप्न विराट,
अर्घ्य लिए आँखें खड़ी हेर रही हैं बाट।

आ जा, मेरी निदिया गूँगी!
आ, मैं सिर आँखों पर लेकर चन्दखिलौना दूँगी!

प्रिय के आने पर आवेगी,
अर्द्धचन्द्र ही तो पावेगी।
पर यदि आज उन्हें लावेगी
तो तुझसे ही लूँगी।
आ जा, मेरी निदिया गूँगी!

पलक-पाँवड़ों पर पद रख तू,
तनिक सलोना रस भी चख तू,
आ, दुखिया की ओर निरख तू,
मैं न्योछावर हूँगी।
आ जा, मेरी निदिया गूँगी!

हाय! हृदय को थाम,
पड़ भी मैं सकती कहाँ,
दुःस्वप्नों का नाम,
लेती है सखि, तू वहाँ।

स्नेह जलाता है यह बत्ती!
फिर भी वह प्रतिभा है इसमें, दीखे जिसमें राई-रत्ती।

रखती है इस अन्धकार में सखि, तू अपनी साख,
मिल जाती है रवि-चरणों में कर अपने को राख।
मिल जाती है पत्ती पत्ती,
स्नेह जलाता है यह बत्ती?

होने दे निज शिखा न चंचल, ले अंचल की ओट,
ईंट ईंट लेकर चुनते हैं हम कोसों का कोट।
ठंडी न पड़, बनी रह तत्ती,
स्नेह जलाता है यह बत्ती!

हाय! न आया स्वप्न भी, और गई यह रात,
सखि उडुगण भी चले, अब क्या गिनूँ प्रभात?

चंचल भी किरणों का
चरित्र क्या ही पवित्र है भोला,
देकर साख उन्होंने
उठा लिया लाल लाल वह गोला।

सखि, नीलनभस्सर में उतरा
यह हंस अहा! तरता तरता,

अब तारक-मौक्तिक शेष नहीं,
निकला जिनको चरता चरता।
अपने हिम-विन्दु बचे तब भी,
चलता उनको धरता धरता,
गड़ जायें न कण्टक भूतल के,
कर डाल रहा डरता डरता!

भींगी या रज में सनी अलिनी की यह पाँख!
आलि, खुली किंवा लगी नलिनी की वह आँख?
बो बो कर कुछ काटते, सो सो कर कुछ काल,
रो रो कर ही हम मरे, खो खो कर स्वर ताल!

ओहो! मरा वह वराक वसन्त कैसा?
ऊँचा गला रुँध गया अब अन्त जैसा।
देखो, बढ़ा ज्वर, जरा-जड़ता जगी है,
लो, ऊर्ध्व साँस उसकी चलने लगी है!

तपोयोगि, आओ तुम्हीं, सब खेतों के सार,
कूड़ा कर्कट हो जहाँ करो जला कर छार।

आया अपने द्वार तप, तू दे रही किंवाड़,
सखि, क्या मैं बैठूँ विमुख ले उशीर की आड़?

ठेल मुझे न अकेली अन्ध-अवनि-गर्भ गेह में आली।
आज कहाँ है उसमें हिमांशु मुख की अपूर्व उजियाली?

आकाश-जाल सब ओर तना,
रवि तन्तुवाय है आज बना;
करता है पद-प्रहार वही,
मक्खी-सी भिन्ना रही मही!
लपट से झट रूख जले, जले,
नद-नदी घट सूख चले, चले।
विकल वे मृग-मीन मरे, मरे,
विफल ये दृग दीन भरे, भरे!

या तो पेड़ उखाड़ेगा, या पत्ता न हिलायगा,
बिना धूल उड़ाये हा! ऊष्मानिल न जायगा।

गृहवापी कहती है—'
भरी रही, रिक्त क्यों न अब हूँगी?
पंकज तुम्हें दिये हैं,
और किसे पंक आज मैं दूँगी?'

दिन जो मुझको देंगे, आलि, उसे मैं अवश्य ही लूँगी,
सुख भोगे हैं मैंने, दुःख भला क्यों न भोगूँगी?

आलि, इसी वापी में हंस बने बार बार हम विहरे,
सुध कर उन छींटों की मेरे ये अंग आज भी सिहरे।

चन्द्रकान्त मणियाँ हटा, पत्थर मुझे न मार,
चन्द्रकान्त आवें प्रथम जो सबके शृंगार।

हृदयस्थित स्वामी की
स्वजनि, उचित क्यों नहीं अर्चा,
मन सब उन्हें चढ़ावे,
चन्दन की एक क्या चर्चा?

बँध कर घुलना अथवा,
जल पल भर दीप-दान कर खुलना,
तुझको सभी सहज है,
मुझको कर्पूरवर्त्ति बस घुलना!

करो किसी की दृष्टि को शीतल सदय कपूर,
इन आँखों में आप ही नीर भरा भरपूर।

मन को यों मत जीतो,
बैठी है यह यहाँ मानिनी, सुध लो इसकी भी तो!

इतना तप न तपो तुम प्यारे,
जले आग-सी जिसके मारे।

देखो, ग्रीष्म भीष्म तनु धारे,
जन को भी मनचीतो,
मन को यों मत जीतो!

प्यासे हैं प्रियतम, सब प्राणी,
उन पर दया करो हे दानी,
इन प्यासी आँखों में पानी,
मानस, कभी न रीतो,
मन को यों मत जीतो!

धर कर धरा धूप ने धाँधी,
धूल उड़ाती है यह आँधी,
प्रलय, आज किस पर कटि बाँधी?
जड़ न बनो, दिन बीतो,
मन को यों मत जीतो!

मेरी चिन्ता छोड़ो,
मग्न रहो नाथ, आत्मचिन्तन में;
बैठी हूँ मैं फिर भी,
अपने इस नृप - निकेतन में।

नयन-नीर पर ही सखी, तू करती थी खेद,
टपक उठा है देख अब, रोम रोम से स्वेद।

ठहर अरी, इस हृदय में लगी विरह की आग,
तालवृन्त से और भी धधक उठेगी जाग!

प्रियतम के गौरव ने
लघुता दी है मुझे, रहें दिन भारी।
सखि, इस कटुता में भी
मधुस्मृति की मिठास, मैं बलिहारी!

तप, तुझसे परिपक्वता पाकर भले प्रकार,
बनें हमारे फल सकल, प्रिय के ही उपहार।

पड़ी है लम्बी-सी अवधि पथ में, व्यग्र मन है,
गला रूखा मेरा, निकट तुझसे आज घन है।
मुझे भी दे दे तू स्वर तनिक सारंग, अपना,
करूँ तो मैं भी हा! स्वरित प्रिय का नाम जपना।

कहती मैं, चातकि, फिर बोल,
ये खारी आँसू की बूँदें दे सकती यदि मोल!
कर सकते हैं क्या मोती भी उन बोलों की तोल?
फिर भी फिर भी इस झाड़ी के झुरमुट में रस घोल।
श्रुति-पुट लेकर पूर्वस्मृतियाँ खड़ी यहाँ पट खोल,
देख, आप ही अरुण हुए हैं उनके पाण्डु कपोल!
जाग उठे हैं मेरे सौ सौ स्वप्न स्वयं हिल-डोल,
और सन्न हो रहे, सो रहे, ये भूगोल-खगोल।
न कर वेदना-सुख से वंचित, बढ़ा हृदय-हिन्दोल,
जो तेरे सुर में सो मेरे उर में कल-कल्लोल!
चातकि, मुझको आज ही हुआ भाव का भान।
हा! वह तेरा रुदन था, मैं समझी थी गान!

घूम उठे हैं शून्य में उमड़-घुमड़ घन घोर,
ये किसके उच्छ्वास से छाये हैं सब ओर?

मेरी ही पृथिवी का पानी,
ले लेकर यह अन्तरिक्ष सखि, आज बना है दानी!
मेरी ही धरती का धूम,
बना आज आली, घन घूम।
गरज रहा गज-सा झुक झूम,
ढाल रहा मद मानी,
मेरी ही पृथिवी का पानी।
अब विश्राम करें, रवि-चन्द्र;
उठें नये अंकुर निस्तन्द्र;
वीर सुनाओ निज मृदुमन्द्र,
कोई नई कहानी,
मेरी ही पृथिवी का पानी।
बरस घटा, बरसूँ मैं संग;
सरसें अवनी के सब अंग;
मिले मुझे भी कभी उमंग,

सब के साथ सयानी।
मेरी ही पृथिवी का पानी,

दरसो परसो घन बरसो,
सरसो जीर्ण शीर्ण जगती के तुम नव यौवन, बरसो।
घुमड़ उठो आषाढ़ उमड़ कर पावन सावन, बरसो।
भाद्र-भद्र, आश्विन से चित्रित हस्ति, स्वातिघन, बरसो।
सृष्टि दृष्टि के अंजन रंजन, ताप विभंजन, बरसो।
व्यग्र उदग्र जगज्जननी के, अयि अग्रस्तन, बरसो।
गत सुकाल के प्रत्यावर्तन हे शिखिनर्तन, बरसो।
जड़ चेतन में बिजली भर दो ओ उद्‌बोधन, बरसो।
चिन्मय बनें हमारे मृण्मय पुलकांकुर बन, बरसो।
मन्त्र पढ़ो, छींटे दो, जागे सोये जीवन, बरसो।
घट पूरो त्रिभुवन मानस रस, कन कन छन छन, बरसो।
आज भीगते ही घर पहुँचे, जन जन के जन, बरसो।

घटना हो, चाहे घटा, उठ नीचे से नित्य,
आती है ऊपर सखी, छाकर चन्द्रादित्य!

तरसूँ मुझ-सी मैं ही, सरसे-हरसे-हँसे प्रकृति प्यारी,
सबको सुख होगा तो मेरी भी आयेगी बारी।

बंदियों को भी आज इरा तनु-स्पर्श का ताप,
उठती हैं वे भाप-सी गिर कर अपने आप!

न जा उधर हे सखी, वह शिखी सुखी हो, नचे,
न संकुचित हो कहीं, मुदित लास्य-लीला रचे।
बनूँ न पर विघ्न मैं, बस मुझे अबाधा यही,
विराग-अनुराग में अहह! इष्ट एकान्त ही।

इन्द्र वधू आने लगी क्यों निज स्वर्ग विहाय?
नन्हीं दूबा का हृदय निकल पड़ा यह हाय!

बता मुझे नखरंजिनी, तू किस भाँति अरी,
होकर भी भीतर अरुण बाहर हरी हरी?

अवसर न खो निठल्ली,
बढ़ जा, बढ़ जा, विटपि-निकट बल्ली,
अब छोड़ना न लल्ली,
कदम्ब - अवलम्ब तू मल्ली!

त्रिविध पवन ही था, आ रहा जो उन्हीं-सा,
यह घन - रव ही था, छा रहा जो उन्हीं-सा,
प्रिय सदृश हँसा जो, नीप ही था, कहाँ वे?
प्रकृत सुकृत फैले, भा रहा जो उन्हीं-सा!

सफल है, उन्हीं घनों का घोष,
वंश वंश को देते हैं जो वृद्धि, विभव, सन्तोष,

नभ में आप विचरते हैं जो,
हरा धरा को करते हैं जो,
जल में मोती भरते हैं जो,
अक्षय उनका कोष,
सफल है, उन्हीं घनों का घोष।

'नंगी पीठ बैठकर घोड़े को उड़ाऊँ कहो,
किन्तु डरता हूँ मैं तुम्हारे इस झूले से,
रोक सकता हूँ उरुओं के बल से ही उसे,
टूटे भी लगाम यदि मेरी कभी भूले से।

किन्तु क्या करूँगा यहाँ? उत्तर में मैंने हँस,
और भी बढ़ाये पैर दोनों ओर ऊले-से।
'हैं-हैं' कह लिपट गये थे यही प्राणेश्वर,
बाहर से संकुचित, भीतर से फूले-से!

सखि, आशांकुर मेरे इस मिट्टी में पनप नहीं पाये,
फल-कामना नहीं थी, चढ़ा सकी फूल भी न मन भाये!

कुलिश किसी पर कड़क रहे हैं,
आली, तोयद तड़क रहे हैं,
कुछ कहने के लिए लता के,
अरुण अधर वे फड़क रहे हैं।
मैं कहती हूँ—रहें किसी के,
हृदय वही जो धड़क रहे हैं।
अटक अटक कर, भटक भटक कर,
भाव वही जो भड़क रहे हैं!

मैं निज अलिन्द में खड़ी थी सखि, एक रात,
रिमझिम बूँदें पड़ती थीं घटा छाई थी,
गमक रहा था केतकी का गन्ध चारों ओर,
झिल्ली - झनकार यही मेरे मन भाई थी।

करने लगी मैं अनुकरण स्वनूपुरों से,
चंचला थी चमकी, घनाली घहराई थी,
चौंक देखा मैंने, चुप कोने में खड़े थे प्रिय,
माई! मुख-लज्जा उसी छाती में छिपाई थी?

तम में तू भी कम नहीं, जी, जुगनू बड़भाग,
भवन भवन में दीप हैं, जा, वन वन में आग।

हा! वह सहृदयता भी क्रीड़ा में है कठोरता जड़िता,
तड़प-तड़प उठती है स्वजनि, घनालिंगिता तड़िता!

गाढ़ तिमिर की बाढ़ में डूब रही सब सृष्टि,
मानों चक्कर में पड़ी चकराती है दृष्टि।

लाईं सखि, मालिनें थीं डाली उस वार जब,
जम्बूफल जीजी ने लिये थे, तुझे याद है?
मैंने थे रसाल लिए, देवर खड़े थे वहीं,
हँस कर बोल उठे—'निज निज स्वाद है!'

मैंने कहा—'रसिक, तुम्हारी रुचि काहे पर?'
बोले—'देवि' दोनों ओर मेरा रस-वाद है,
दोनों का प्रसाद-भागी हूँ मैं हाय आली! आज
विधि के प्रसाद से विनोद भी विषाद है!

निचोड़ पृथ्वी पर वृष्टि-पानी,
सुखा विचित्राम्बर सृष्टिरानी!
तथापि क्या मानस रिक्त तेरा?
बना अभी अंचल सिक्त मेरा।

सखि, छिन धूप और छिन छाया,
यह सब चौमासे की माया!

गया श्वास फिर भी यदि आया,
तो सजीव है कृश भी काया।
हमने उसको रोक न पाया,
तो निज - दर्शन - योग गमाया।

ले लो दैव जहाँ जो लाया।
यह सब चौमासे की माया!

पथ तक जकड़े हैं झाड़ियाँ डाल घेरा,
उपवन वन-सा हा! हो गया आज मेरा।
प्रियतम वनचारी गेह में भी रहेंगे,
कह सखि, मुझसे वे लौटके क्या कहेंगे?

करें परिष्कृत मालिनें आली, यह उद्यान;
करते होंगे गहन में प्रियतम इसका ध्यान।
ठीक कहा तूने सखी अर्पित है यह देह,
तू सँभाल कर रख इसे रखती है ज्यों गेह।

रह चिरदिन तू हरी-भरी,
बढ़ सुख से बढ़ सृष्टि-सुन्दरी,

सुध प्रियतम की मिले मुझे,
फल जन जीवन-दान का तुझे।

हँसो, हँसो हे शशि, फूल, फूलो,
हँसो, हिंड़ोरे पर बैठ झूलो।
यथेष्ट मैं रोदन के लिये हूँ,
झड़ी लगा दूँ, इतना पिये हूँ।

प्रकृति, तू प्रिय की स्मृति-मूर्ति है,
जड़ित चेतन की त्रुटि-पूर्ति है।
रख सजीव मुझे मन की व्यथा,
कह सखी, कह, तू उनकी कथा।

निरख सखी, ये खंजन आये,
फेरे उन मेरे रंजन ने नयन इधर मन भाये!
फैला उनके तन का आतप, मन ने सर सरसाये,
घूमें वे इस ओर वहाँ, ये हंस यहाँ उड़ छाये!
करके ध्यान आज इस जन का निश्चय वे मुसकाये,
फूल उठे हैं कमल, अधर-से ये बन्धूक सुहाये!
स्वागत, स्वागत, शरद्, भाग्य से मैंने दर्शन पाये,
नव ने मोती वारे, लो, ये अश्रु अर्घ्य भर लाये!

अपने प्रेम-हिमाश्रु ही दिये दूब ने भेंट,
उन्हें बनाकर रत्नकण रवि ने लिया समेट।
प्रिय को था मैंने दिया पद्म-हार उपहार,
बोले—'आभारी हुआ पाकर यह पद-भार!'

अम्बु, अवनि, अम्बर में स्वच्छ शरद की पुनीत क्रीड़ा-सी,
पर सखि, अपने पीछे पड़ी अवधि पित्त-पीड़ा-सी!

हुआ विदीर्ण जहाँ तहाँ श्वेत आवरण जीर्ण,
व्योग शीर्ण कंचुक धरे विषधर-सा विस्तीर्ण!

शफरी, अरी, बता तू
तड़प रही क्यों निमग्न भी इस सर में?

जो रस निज गागर में,
सो रस-गोरस नहीं स्वयं सागर में।

भ्रमरी, इस मोहन मानस के,
सुन, मादक हैं रस-भाव सभी,
मधु पीकर और मदान्ध न हो,
उड़ जा, बस है अब क्षेम तभी।
पड़ जाय न पंकज-बन्धन में,
निशि यद्यपि है कुछ दूर अभी,
दिन देख नहीं सकते सविशेष,
किसी जन का सुखभोग कभी!

इस उत्पल-से काय में हाय! उपल-से प्राण?
रहने दे बक, ध्यान यह, पावें ये दृग त्राण!

हंस, छोड़ आये कहाँ मुक्ताओं का देश?
यहाँ वन्दिनी के लिए लाये क्या सन्देश?

हंस, हहा! तेरा भी बिगड़ गया क्या विवेक बन बनके?
मोती नहीं, अरे, ये आँसू हैं ऊर्मिला जन के!

चली क्रौंचमाला कहाँ, लेकर वन्दनवार?
किस सुकृती का द्वार वह, जहाँ मंगलाचार!

सखि, गोमुखी गंगा रहे, कुररीमुखी करुणा यहाँ,
गंगा जहाँ से आ रही है, जा रही करुणा वहाँ!

कोक, शोक मत कर हे तात,
कोकि, कष्ट में हूँ मैं भी तो, सुन तू मेरी बात।
धीरज धर, अवसर आने दे, सह ले यह उत्पात,
मेरा सुप्रभात वह तेरी सुख-सुहाग की रात!

हा मेरे! कुंजों का कूजन रोकर, निराश होकर सोया,
यह चन्द्रोदय उसको उड़ा रहा है धवल बसन-सा धोया।

सखि, मेरी धरती के करुणांकुर ही वियोग सेता है,
यह ओषधीश उनको स्वकरों से अस्थिसार देता है!

जन प्राची जननी ने शशिशिशु को जो दिया डिठौना है,
उसको कलंक कहना, यह भी मानो कठोर टौना है!

सजनी, मेरा मत यहीं, मंजुल मुकुर मयंक,
हमें दीखता है वहाँ अपना राज्य-कलंक!

किसने मेरी स्मृति को
बना दिया है निशीथ में मतवाला!
नीलम के प्याले में
बुद्बुद् दे कर उफन रही वह हाला!

सखि, निरख नदी की धारा,
ढलमल ढलमल चंचल अंचल, झलमल झलमल तारा।
निर्मल जल अन्तःस्तल भरके,
उछल उछल कर छल छल करके,
थल थल तरके, कल कल धरके,
बिखराता है पारा!
सखि निरख नदी की धारा।

लोल लहरियाँ डोल रही हैं,
भ्रू-विलास-रस घोल रही हैं,
इगित ही में बोल रही है,
मुखरित कूल किनारा!
सखि निरख नदी की धारा।

पाया,—अब पाया—वह सागर,
चली जा रही आप उजागर।
कब तक आवेंगे निज नागर,

अवधि-दूतिका-द्वारा?
सखि, निरख नदी की धारा।

मेरी छाती दलक रही है,
मानस-शफरी ललक रही है,
लोचन सीमा झलक रही है,
आगे नहीं सहारा!
सखि, निरख नदी की धारा।

सखी, सत्य क्या मैं घुली जा रही?
मिलूँ चाँदनी में, बुरा क्या यही?
नहीं चाहते किन्तु वे चाँदनी,
तपोमग्न हैं आज मेरे धनी।

नैश गगन के गात्र में पड़े फफोले हाय!
तो क्या अरी न आह भी करूँ आज निरुपाय?

तारक-चिह्न दुकूलिनी पी पी कर मधु मात्र,
उलट गई श्यामा यहाँ रिक्त सुधाधर-पात्र।

[२]

आलि, काल है काल अन्त में,
उष्ण रहे चाहे वह शीत,
आया यह हेमन्त दया कर,
देख हमें सन्तप्त-सभीत।
आगत का स्वागत समुचित है पर क्या आँसू लेकर?
प्रिय होते तो लेती उसको मैं घी-गुड़ दे देकर।
पाक और पकवान रहें पर,
गया स्वाद का अवसर बीत,
आया यह हेमन्त दया कर,
देख हमें सन्तप्त-सभीत।

हे ऋतुवर्य, क्षमा कर मुझको देख दैन्य यह मेरा,
करता रह प्रतिवर्ष यहाँ तू फिर फिर अपना फेरा।
ब्याज-सहित ऋण भर दूँगी मैं,
आने दे उनको हे मीत,
आया यह हेमन्त दया कर,
देख हमें सन्तप्त-सभीत।
सी सी करती हुई पार्श्व में पाकर जब-तब मुझको,
अपना उपकारी कहते थे मेरे प्रियतम तुझको।
कंबल ही संबल है अब तो,
ले आसन ही आज पुनीत,
आया यह हेमन्त दया कर,
देख हमें सन्तप्त-सभीत।
कालागुरु की सुरभि उड़ा कर मानो मंगल तारे,
हँसे हसंती में खिल खिल कर अनल-कुसुम अंगारे।
आज धुकधुकी में मेरी भी
ऐसा ही उद्दीप्त अतीत!
आया यह हेमन्त दया कर,
देख हमें सन्तप्त-सभीत।
अब आतप-सेवन में कौन तपस्या, मुझे न यों छल तू,
तप पानी में पैठा, सखि, चाहे तो वहीं चल तू!

नाइन, रहने दे तू, तेल नहीं चाहिए मुझे तेरा,
तनु चाहे रूखा हो, मन तो सुस्नेह-पूर्ण है मेरा।

मेरी दुर्बलता क्या
दिखा रही तू अरी मुझे दर्पण में?
देख, निरख मुख मेरा
वह तो धुँधला हुआ स्वयं ही क्षण में!

एक अनोखी मैं ही
क्या दुबली हो गई सखी, घर में?
देख, पद्मिनी भी तो
आज हुई नालशेष निज सर में।

पूछी थी सुकाल-दशा मैंने आज देवर से—
कैसी हुई उपज कपास, ईख, धान की?
बोले—"इस बार देवि, देखने में भूमि पर,
दुगुनी दया-सी हुई इन्द्र भगवान की।"

पूछा यही मैंने एक ग्राम से तो कृषकों ने,
अन्न, गुड़, गोरस की वृद्धि ही बखान की,
किन्तु 'स्वाद कैसा है, न जाने, इस वर्ष हाय!'
यह कह रोई एक अबला किसान की!

हम राज्य लिए मरते हैं!
सच्चा राज्य परन्तु हमारे कृषक ही करते हैं!
जिनके खेतों में है अन्न,
कौन अधिक उनसे सम्पन्न?
पत्नी-सहित विचरते हैं वे, भव-वैभव भरते हैं,
हम राज्य लिए मरते हैं!

वे गो-धन के धनी उदार,
उनको सुलभ सुधा की धार,
सहनशीलता के आगर वे श्रम-सागर तरते हैं।
हम राज्य लिए मरते हैं!

यदि वे करें, उचित है गर्व,
बात बात में उत्सव-पर्व,
हम-से प्रहरी रक्षक जिनके, वे किससे डरते हैं?
हम राज्य लिए मरते हैं!

करके मीन-मेख सब ओर,
किया करें बुध वाद कठोर,
शाखामयी बुद्धि तजकर वे. मूल-धर्म धरते हैं।
हम राज्य लिए मरते हैं!

होते कहीं वहीं हम लोग,
कौन भोगता फिर ये भोग?

उन्हीं अन्नदाताओं के सुख आज दुःख हरते हैं!
हम राज्य लिए मरते हैं!

प्रभु को निष्कासन मिला, मुझको कारागार,
मृत्यु-दण्ड उन तात को, राज्य, तुझे धिक्कार!

चौदह चक्कर खायगी जब यह भूमि अभंग,
घूमेंगे इस ओर तब प्रियतम प्रभु के संग।

प्रियतम प्रभु के संग आयेंगे तब हे सजनी,
अब दिन पर दिन गिनो और रजनी पर रजनी!
पर पल पल ले रहा यहाँ प्राणों से टक्कर,
कलह-मूल यह भूमि लगावै चौदह चक्कर!

सिकुड़ा सिकुड़ा दिन था, सभीत सा शीत के कसाले से,
सजनी, यह रजनी तो जम बैठी विषम पाले से!

आये सखि, द्वार-पटी हाथ से हटा के प्रिय
वंचक भी वंचित-से कम्पित विनोद में,
ओढ़ देखो तनिक तुम्हीं तो परिधान यह
बोले डाल रोमपट मेरी इस गोद में।
क्या हुआ, उठी मैं झट प्रावरण छोड़ कर
परिणत हो रहा था पवन प्रतोद में,
हर्षित थे तो भी रोम-रोम हम दम्पति के
कर्षित ये दोनों बहु-बन्दना के मोद में।

करती है तू शिशिर का बार बार उल्लेख,
पर सखि, मैं जल-सी रही, धुआँधार यह देख!

सचमुच यह निहार तो अब तू तनिक निहार,
अन्धकार भी शीत से श्वेत हुआ इस बार!

कभी गमकता था यहाँ कस्तूरी का गन्ध,
चौंक चमकता है वहाँ आज मनोमृग अन्ध!

शिशिर न फिर गिरि-वन में,
ज़ितना माँगे, पतझड़ दूँगी मैं इस निज नन्दन में।
कितना कम्पन तुझे चाहिये, ले मेरे इस तन में।
सखि कह रही, पाण्डुरता का क्या अभाव आनन में?
वीर जमा दे नयन-नीर यदि तू मानस-भाजन में,
तो मोती-पा मैं अकिंचना रक्खूँ उसको मन में।
हँसी गई, रो भी न सकूँ मैं,—अपने इस जीवन में,
तो उत्कण्ठा है देखूँ फिर क्या हो भाव-भुवन में!

सखि, न हटा मकड़ी को, आई है यह सहानुभूति-वशा,
जा लगता मैं भी तो, हम दोनों की यहाँ समान-दशा।

भूल पड़ी तू किरण, कहाँ?
झाँक झरोखे से न, लौट जा, गूँजें तुझ-से तार जहाँ।
मेरी वीणा गीली गीली,
आज हो रही ढीली ढीली,
लाल हरी तू पीली नीली,

कोई राग न रंग यहाँ,
भूल पड़ी तू किरण, कहाँ?

शीत काल है और सवेरा,
उछल रहा है मानस मेरा,
भरे न छींटों से तनु तेरा,
रुदन जहाँ क्या गान वहाँ?
भूल पड़ी तू किरण, कहाँ?

मेरी दशा हुई कुछ ऐसी,
तारों पर अँगुली की जैसी,
कसक परन्तु भीड़ में कैसी?
कह सकती हूँ नहीं न हाँ!
भूल पड़ी तू किरण, कहाँ?

न तो अगति ही है न गति, आज किसी भी ओर,
इस जीवन के झाड़ में रही एक झकझोर!

पाऊँ मैं तुम्हें आज, तुम मुझको पाओ,
ले लूँ अंचल पसार, पीतपत्र, आओ।

फूल और फल-निमित्त,
बलि देकर स्वरस-वित्त,
लेकर निश्चिन्त चित्त,
उड़ न हाय! जाओ,
लूँ मैं अंचल पसार, पीतपत्र, आओ।

तुम हो नीरस शरीर,
मुझमें है नयन-नीर,
इसका उपयोग वीर,
मुझको बतलाओ,
लूँ मैं अंचल पसार, पीतपत्र, आओ।

जो प्राप्ति हो फूल तथा फलों की,
मधूक, चिन्ता न करो दलों की।
हो लाभ पर हानि थोड़ी,
हुआ करे तो वह भी निगोड़ी।

श्लाघनीय हैं एक-से, दोनों ही द्युतिमन्त,
जो वसन्त का आदि है, वही शिशिर का अन्त।

ज्वलित जीवन धूम कि धूप है,
भुवन तो मन के अनुरूप है।
हसित कुन्द रहे कवि का कहा,
सखि, मुझे वह दाँत दिखा रहा!

हाय! अर्थ की उष्णता देगी किसे न ताप?
घनद-दिशा में तप उठे आतप-पति भी आप!

अपना सुमन लता ने
निकालकर रख दिया, बिना बोले,
आलि, कहाँ वनमाली,
झड़ने के पूर्व झाँक ही जो ले?

काली काली कोइल बोली,—
होली—होली—होली!
हँस कर लाल लाल होठों पर हरियाली हिल डोली,
फूटा यौवन, फाड़ प्रकृति की पीली पीली चोली।
होली—होली—होली!
अलस कमलिनी ने कलरव सुन उन्मद अँखियाँ खोली,
मल दी ऊषा ने अम्बर में दिन के मुख पर रोली।
होली—होली—होली!
रागी फूलों ने पराग से भर ली अपनी झोली,
और ओस ने केसर उनके स्फुट-सम्पुट में घोली।
होली—होली—होली!
ऋतु ने रवि-शशि के पलड़ों पर तुल्य प्रकृति निज तोली,
सिहर उठी सहसा क्यों मेरी भुवन-भावना भोली?
होली—होली—होली!
गूँज उठी खिलती कलियों पर उड़ अलियों की टोली,
प्रिय की श्वास-सुरभि दक्षिण से आती है अनमोली।
होली—होली—होली!

जा, मलयानिल, लौट जा, यहाँ अवधि का शाप,
लगे न लू होकर कहीं तू अपने को आप!

भ्रमर, इधर मत भटकना, ये खट्टे अंगूर,
लेना चम्पक-गन्ध तुम, किन्तु दूर ही दूर,

सहज मातृगुण गन्ध था कर्णिकार का भाग;
विगुण रूप-दृष्टान्त के अर्थ न हो यह त्याग।

मुझे फूल मत मारो।
मैं अबला बाला वियोगिनी, कुछ तो दया विचारो।
होकर मधु के मीत मदन, पटु, तुम कटु गरल न गारो,
मुझे विकलता, तुम्हें विफलता, ठहरो, श्रम परिहारो।
नहीं भोगिनी यह मैं कोई, जो तुम जाल पसारो,
बल हो तो सिन्दूर-विन्दु यह—यह हरनेत्र निहारो!
रूप-दर्प कन्दर्प, तुम्हें तो मेरे पति पर वारो,
लो, यह मेरी चरण-धूलि उस रति के सिर पर धारो!

फूल! खिलो आनन्द से तुम पर मेरा तोष;
इस मनसिज पर ही मुझे दोष देख कर रोष।

आई हूँ सशोक मैं अशोक आज तेरे तले,
आती है तुझे क्या हाय! सुध उस बात की।
प्रिय ने कहा था—'प्रिये, पहले ही फूला यह,
भीति जो थी इसको तुम्हारे पदाघात की!'
देवी उन कान्ता सती शान्ता को सुलक्ष कर,
वक्ष भर मैंने भी हँसी यों अकस्मात की—
'भूलते हो नाथ, फूल फूलते ये कैसे, यदि
ननद न देतीं प्रीति पद-जलजात की!'

सूखा है यह मुख यहाँ, रूखा है मन आज;
किन्तु सुमन-संकुल रहे प्रिय का वकुल-समाज।

करूँ बढ़ाई फूल की या फल की चिरकाल?
फूला-फला यथार्थ में तू ही यहाँ रसाल!

देखूँ मैं तुझको सविलास;
खिल सहस्त्रदल, सरस, सुवास!
अतुल अम्बुकुल-सा अमल भला कौन है अन्य?
अम्बुज, जिसका जन्य तू धन्य, धन्य ध्रुव धन्य।
साधु सरोवर-विभव-विकास।
खिल सहस्त्रदल, सरस, सुवास।
कब फूलों के साथ फल, फूल फलों के साथ?
तू ही ऐसा फूल है फल है जिसके हाथ!
ओ मधु के अनुपम आवास,
खिल सहस्त्रदल, सरस, सुवास।
एक मात्र उपमान तू, है अनेक उपमेय,
रूप-रंग, गुण-गन्ध में तू ही गुरुतम, गेय।
ओ उन अंगों के आभास!
खिल सहस्त्रदल, सरस, सुवास।
तू सुषमा का कर कमल, रति-मुखाब्ज, उद्ग्रीव;
तू लीला-लोचन नलिन, ओ प्रभु-पद राजीव!

रच लहरों की लेकर रास,
खिल सहस्त्रदल, सरस, सुवास।

सहज, सजल सौन्दर्य का जीवनधन तू पद्म,
आर्य जाति के जगत की लक्ष्मी का शुभ सद्म।

क्या यथार्थ है यह विश्वास,
खिल सहस्त्रदल, सरस, सुवास।

रह कर भी जल-जाल में तू अलिप्त अरविन्द,
फिर तुझ पर गूँजें न क्यों कविजन-मनोमिलिन्द!

कौन नहीं दानी का दास?
खिल सहस्त्रदल, सरस, सुवास।

तेरे पट है खोलता आकर दिनकर आप;
हरता रह निष्पाप तू हम सबके सन्ताप।

ओ मेरे मानस के हास!
खिल सहस्त्रदल, सरस, सुवास।

पैठी है तू षट्पदी, निज सरसिज में लीन;
सप्तपदी देकर यहाँ बैठी मैं गति-हीन!

बिखर कली झड़ती है, कब सीखी किन्तु संकुचित होना?
संकोच किया मैंने, भीतर रह गया, यही रोना!

अरी, गूँजती मधुमक्खी,
किसके लिए बता तूने वह रस की मटकी रक्खी?

किसका संचय जैव सहेगा?
काल घात में लगा रहेगा,
व्याध बात भी नहीं कहेगा;
लूटेगा घर लक्खी;
अरी, गूँजती मधुमक्खी।

इसे त्याग का रंग न दीजो,
अपने श्रम का फल है, लीजो,
जयजयकार कुसुम का कीजो,

जहाँ सुधा-सी चक्खी!
अरी, गूँजती मधुमक्खी।

सखि, मैं भव-कानन में निकली,
बनके इसकी वह एक कली,
खिलते खिलते जिससे मिलने
उड़ आ पहुँचा हिल हेम-अली।
मुसकाकर आलि, लिया उसको,
तब लौं यह कौन बयार चली,
'पथ देख जियो' कह गूँज यहाँ
किस ओर गया वह छोड़ छली?

छोड़, छोड़, फूल मत तोड़, आली, देख मेरा
हाथ लगाते ही यह कैसे कुम्हलाये हैं?
कितना विनाश निज क्षणिक विनोद में है,
दु:खिनी लता के लाल आँसुओं से छाये हैं।
किन्तु नहीं, चुन ले सहर्ष खिले फूल सब,
रूप, गुण, गन्ध से जो तेरे मनभाये हैं,
जाये नहीं लाल लतिका ने झड़ने के लिए,
गौरव के संग चढ़ने के लिए जाये हैं।

कैसी हिलती डुलती अभिलाषा है कली, तुझे खिलने की!
जैसी मिलती जुलती उच्चाशा है भली मुझे मिलने की!

मान छोड़ दे, मान अरी,
कली, अली आया, हँस कर ले, यह बेला फिर कहाँ धरी?
सिर न हिला झोंकों में पड़ कर, रख सहृदयता सदा हरी,
छिपा न उसको भी प्रियतम से यदि है भीतर धूलि भरी;

भिन्न भी भाव-भंगी में भाती है रूप-सम्पदा,
फूल धूल उड़ा के भी, आमोदप्रद है सदा।
फूल, रूप-गुण में कहीं मिला न तेरा जोड़,
फिर भी तू फल के लिए अपना आसन छोड़।

सखि बिखर गई हैं कलियाँ;
कहाँ गया प्रिय झुकामुकी में करके वे रँग-रलियाँ?
भुला सकेंगी पुनः पवन को अब क्या इनकी गलियाँ!
यहीं बहुत, ये पचें उन्हीं में जो थी रँगस्थलियाँ!

कह कथा अपनी इस घ्राण से,
उड़ गये मधु-सौरभ प्राण-से।
फल मिलें हमको-तुमको सखी,
तदपि बीज रहें सब प्राण से।

उठती है उर में हाय! हूक,
ओ कोइल, कह, कौन कूक?
क्या ही सकरुण, दारुण, गभीर,
निकली हैं नभ का चित्त चीर,
होते हैं दो दो दृग सनीर,
लगती है लय की एक लूक!
ओ कोइल, कह, यह कौन कूक?
तेरे क्रन्दन तक में सु-गान,
सुनते हैं जग के कुटिल कान,
लेने में ऐसा रस महान।
हम चतुर करें किस भाँति चूक!
ओ कोइल, कह, यह कौन कूक?
री, आवेगा फिर भी वसन्त,
जैसे मेरे प्रिय प्रेमवन्त।
दुःखों का भी है एक अन्त,
हो रहिए दुर्दिन देख मूक।
ओ कोइल, कह, यह कौन कूक?

अरे एक मन, रोक थाम तुझे मैंने लिया,
दो नयनों ने, शोक, भरम खो दिया, रो दिया।

हे मानस के मोती, ढलक चले तुम कहाँ बिना कुछ जाने?
प्रिय हैं दूर गहन में, पथ में है कौन जो तुम्हें पहचाने?

न जा अधीर धूल में,
दृगम्बु, आ, दुकूल में।
रहे एक ही पानी चाहे हम दोनों के मूल में,
मेरे भाव आँसुओं में हैं, और लता के फूल में।
दृगम्बु, आ, दुकूल में।
फूल और आँसू दोनों ही उठे हृदय की हूल में,
मिलन-सूत्र-सूची से कम क्या अभी विरह के शूल में।
दृगम्बु, आ, दुकूल में।
मधु हँसने में, लवण रुदन में, रहे न कोई भूल में,
मौज किन्तु मँझधार बीच है किंवा है वह कूल में?
दृगम्बु, आ, दुकूल में।

नयनों को रोने दे, मन, तू संकीर्ण न बन, प्रिय बैठे हैं,
आँखों से ओझल हो, गये नहीं वे कहीं, यहीं पैठे हैं,
आँख बता दे तू ही, तू हँसती या यथार्थ रोती है?
तेरे अधर-दशन ये, या तू भर अश्रुविन्दु ढोती है?

बने रहो मेरे नयन मानसजल में लीन,
माना है प्रिय ने तुम्हें अपना क्रीड़ा-मीन!

सखे, जाओ तुम हँसकर भूल, रहूँ मैं सुध करके रोती।
तुम्हारे हँसने में हैं फूल, हमारे रोने में मोती!

मानती हूँ तुम मेरे साध्य,
अहर्निशि एक मात्र आराध्य,
साधिका मैं भी किन्तु अवाध्य,
जागती होऊँ या सोती!
तुम्हारे हँसने में हैं फूल, हमारे रोने में मोती!
सफल हो सहज तुम्हारा त्याग,
नहीं निष्फल मेरा अनुराग,
सिद्धि है स्वयं साधना-भाग,
सुधा, क्या, क्षुधा जो न होती!
तुम्हारे हँसने में हैं फूल, हमारे रोने में मोती!

काल की रुके न चाहे चाल,
मिलन से बड़ा विरह का काल;
वहाँ लय, यहाँ प्रलय सुविशाल!
दृष्टि मैं दर्शनार्थ धोती।
तुम्हारे हँसने में हैं फूल, हमारे रोने में मोती!

अर्थ, तुझे भी हो रही पद प्राप्ति की चाह?
क्या इस जलते हृदय में नहीं और निर्वाह?

स्वजनि रोता है मेरा गान,
प्रिय तक नहीं पहुँच पाती है उसकी कोई तान।

झिलता नहीं समीर पर इस जी का जंजाल,
झड़ पड़ते हैं शून्य में बिखर सभी स्वर-ताल।
विफल आलाप-विलाप समान,
स्वजनि, रोता है मेरा गान

उड़ने को है तड़पता मेरा भावानन्द,
व्यर्थ उसे पुचकार कर फुसलाते हैं छन्द,
दिलाकर पद-गौरव का ध्यान,
स्वजनि, रोता है मेरा गान।

अपना पानी भी नहीं रखता अपनी बात,
अपनी ही आँखें उसे ढाल रहीं दिन-रात।
जना देते हैं सभी अजान,
स्वजनि, रोता है मेरा गान।

दुःख भी मुझसे विमुख हो करे न कहीं प्रयाण,
आज उन्हीं में तो तनिक अटके हैं ये प्राण।
विरह में आ जा, तू ही मान!
स्वजनि, रोता है मेरा गान।

यही आता है इस मन में,
छोड़ धाम-धन जाकर मैं भी रहूँ उसी वन में।

प्रिय के व्रत में विघ्न न डालूँ रहूँ निकट भी दूर,
व्यथा रहे, पर साथ साथ ही समाधान भरपूर।
हर्ष डूबा हो रोदन में,
यही आता है इस मन में।

बीच बीच में उन्हें देख लूँ मैं झुरमुट की ओट,
जब वे निकल जायँ तब लेटूँ उसी धूल में लोट।
रहें रत वे निज साधन में,
यही आता है इस मन में।

जाती जाती, गाती गाती, कह जाऊँ यह बात—
धन के पीछे जन, जगती में उचित नहीं उत्पात।
प्रेम की ही जय जीवन में।
यही आता है इस मन में।
अब जो प्रियतम को पाऊँ!

तो इच्छा है, उन चरणों की रज मैं आप रमाऊँ,
आप अवधि बन सकूँ कहीं तो क्या कुछ देर लगाऊँ।
मैं अपने को आप मिटाकर, जाकर उनको लाऊँ।
ऊषा-सी आई थी जग में, सन्ध्या-सी क्या जाऊँ?
श्रान्त पवन-से वे आवें, मैं सुरभि-समान समाऊँ!
मेरा रोदन मचल रहा है, कहता है, कुछ गाऊँ,
उधर गान कहता है, रोना आवे तो मैं आऊँ!
इधर अनल है और उधर जल, हाय! किधर मैं जाऊँ?
प्रबल वाष्प, फट जाय न यह घट, कह तो हाहा खाऊँ?

उठ अवार न पार जाकर भी गई,
ऊर्मि हूँ मैं इस भवार्णव की नई!
अटक जीवन के विशेष विचार में,
भटकती फिरती स्वयं मँझधार में,
सहज कर्षण कूल, कुञ्ज, कछार में,
विषमता है किन्तु वायु-विकार में,
और चारों ओर चक्कर हैं कई,
ऊर्मि हूँ मैं इस भवार्णव की नई!

पर विलीन नहीं, रहूँ गतिहीन मैं,
दैन्य से न दबूँ कभी, वह दीन मैं।
अति अवश हूँ, किन्तु आत्म-अधीन मैं,
सखि, मिलन के पूर्व ही प्रिय-लीन मैं।

कर सका सो कर चुका अपना दई,
ऊर्मि हूँ मैं इस भवार्णव की नई!

आये एक बार प्रिय बोले—'एक बात कहूँ,
विषय परन्तु गोपनीय सुनो कान में!'
मैंने कहा—'कौन यहाँ?' बोले—'प्रिय, चित्र तो हैं,
सुनते हैं वे भी राजनीति के विधान में।'
लाल किये कर्णमूल होंठों से उन्होंने कहा—
'क्या कहूँ सगद्‌गद हूँ, मैं भी छद-दान में,
कहते नहीं हैं, करते हैं, कृती?' सजनी मैं
खींझ के भी रीझ उठी उस मुसकान में!

मेरे चपल यौवन-बाल!
अंचल अंचल में पड़ा सो, मचल कर मत साल।
बीतने दे रात, होगा सुप्रभात विशाल,
खेलना फिर खेल मन के पहन के मणि-माल।
पक रहे हैं भाग्य-फल तेरे सुरम्य-रसाल,
डर न, अवसर आ रहा है, जा रहा है काल।
मन पुजारी और तन इस दुःखिनी का थाल,
भेंट प्रिय के हेतु उसमें एक तू ही लाल।

यही वाटिका थी यही थी मही,
यही चन्द्र था, चाँदनी थी यही।
यही वल्लकी मैं लिये गोद में,
उसे छेड़ती थी महामोद में।
यही कण्ठ था, कौन-सा गान था?—
'न था दुर्ग तू, मानिनी-मान था।
यही टेक मैं तन्मयी छोर से,
लगी छेड़ने कान्त की ओर से।

अकस्मात निःशब्द आये जयी,
मनो वृत्ति थी नाथ की मन्मयी।
सखी, आप ही आपको वे हँसे—
'बड़े वीर थे, आज अच्छे फँसे?'
हँसी मैं, अजी, मानिनी तो गई,
बधाई! मिली जीत यों ही नई!
'प्रिय, हार में ही यहाँ जीत है।
रुका क्यों तुम्हारा नया गीत है?'
जहाँ आ गई चाप टंकार है,
वहाँ व्यर्थ-सी आप झंकार है।
'प्रिय, चाप-टंकार तो सो रही,
स्वयं मग्न झंकार में हो रही।
भला!—प्रश्न है किन्तु संसार में—
भली कौन झंकार-टंकार में?
'शुभे धन्य झंकार है धाम में,
रहे किन्तु टंकार संग्राम में।
इसी हेतु है जन्म टंकार का,
न टूटे कभी तार झंकार का!
यही ठीक, टंकार सोती रहे,
सभी ओर झंकार होती रहे।
सुनो, किन्तु है लोभ संसार में,
इसी हेतु है क्षोभ संसार में।
हमें शान्ति का भार जो है मिला,
इसी चाप की कोटियों से झिला।'

हुआ,—किन्तु कोदण्ड-विद्या-कला,
मुझे व्यर्थ, क्यों और सीखूँ भला?
भले ऊर्मिला के लिए गान ये,
विवादी स्वरों से बचे कान ये।
करूँ शिष्यता क्यों तुम्हारी अहो,
बनूँ तान्त्रिकी शिक्षिका जो कहो।

मृगों को धरो तो सही चाप से!
कहो, खींच लूँ मैं स्वरालाप से,
'अभी खींच ही जो लिया है! रहो,
बनी शिष्य से शिक्षिका, क्यों न हो!
तुम्हारी स्वरालाप-धारा बहे,
पड़ा कूल में चाप मेरा—रहे।'
इसी भाँति आलाप-संलाप में,
(न ऐसे महाशाप में, ताप में)
हमारा यहाँ काल था बीतता,
न सन्तोष का कोष था रीतता।
हरे! हाय! क्या से यहाँ क्या हुआ?
उड़ा ही दिया मन्थरा ने सुआ!
हिया-पींजरा शून्य माँ को मिला,
गया सिद्ध मेरा, रही मैं शिला!

स्वप्न था वह जो देखा, देखूँगी फिर क्या कभी?
इस प्रत्यक्ष से मेरा परित्राण कहाँ अभी?

कूड़े में भी आगे
पहुँचा अपना अदृष्ट गिरते गिरते,
दिन बारह वर्षों में
घूड़े के भी सुने गये हैं फिरते?

रस पिया सखि, नित्य जहाँ नया,
अब अलभ्य वहाँ विष हो गया!
मरण-जीवन की यह संगिनी,
बन सकी वन की न विहंगिनी!
सखि, यहाँ सब ओर निहार तू,
फिर विचार अतीत-विहार तू।
उदित-से सब हास-विलास हैं,
रुदित-से सब किन्तु उदास हैं।
स्वजनि, पागल भी यदि हो सकूँ,

कुशल तो अपनापन खो सकूँ।
शपथ है उपचार न कीजियो,
अवधि की सुध ही तुम लीजियो।
बस इसी प्रिय-कानन-कुंज में,
मिलन-भाषण के स्मृति-पुंज में।
अभय छोड़ मुझे तुम दीजियो,
हसन-रोदन से न पसीजियो।
सखि, न मृत्यु न आधि, न व्याधि ही,
समझियो तुम स्वप्न-समाधि ही।
हहह! पागल हो यदि ऊर्मिला,
विरह-सर्प स्वयं फिर तो किला!
प्रिय यहाँ वन से जब आयेंगे,
सब विकार स्वयं मिट जायेंगे।
न सपने सपने रह पायेंगे,
प्रकटता अपनी दिखलायेंगे।
अब भी समक्ष वह नाथ खड़े,
बढ़ किन्तु रिक्त यह हाथ पड़े।
न वियोग है न यह योग सखी,
कह, कौन भाग्य-मय भोग सखी?

विचारती हूँ सखि, मैं कभी कभी!
अरण्य से हैं प्रिय लौट आते।
छिपे छिपे आकर देखते सभी
कभी स्वयं भी कुछ दीख जाते!

आते यहाँ नाथ निहारने हमें,
उद्धारने या सखि, तारने हमें,
या जानने को, किस भाँति जी रहे?
तो जान लें वे, हम अश्रु पी रहे!

सखि, विचार कभी उठता यही—
अवधि पूर्ण हुई, प्रिय आ गये।

तदपि मैं मिलते सकुचा रही,
वह वही, पर आज नये नये!

निरखती सखी, आज मैं जहाँ,
दयित-दीप्ति ही दीखती वहाँ।
हहह! ऊर्मिला भ्रान्त है, रहे,
यह असत्य तो सत्य भी बहे,
ज्वलित प्राण भी प्राण पा गये,
सुभग गा गये, कान्त, आ गये!
निकल हंस-से केकि-कुञ्ज से,
निरख वे खड़े पुण्य-पुञ्ज-से!
रुधिर चन्द्र की चन्द्रिका खिली,
निज अशोक से माधवी मिली।
अवधि हो गई पूर्ण अन्त में,
सुयश छा रहा है दिगन्त में।
स्वजनि, धन्य है आज की घड़ी,
तदपि खिन्न-सी तू यहाँ खड़ी!
त्वरित आरती ला, उतार लूँ,
पद दृगम्बु से मैं पखार लूँ।
चरण हैं भरे देख, धूल से।
विरह-सिन्धु में प्राप्त कूल-से।
विकट क्या जटाजूट है बना,
भृकुटी युग्म में चाप-सा तना।
वदन है भरा मन्द हास से,
गलित चन्द्र भी श्री-विलास से।
ललित कन्धरा, कण्ठ, कम्बु-सा।
नयन-पद्म-से, ओज अम्बु-सा
तनु तपा हुआ शुद्ध हेम है,
सुलभ योग है और क्षेम है।
उदित ऊर्मिला-भाग्य धन्य है,
अब कृती कहाँ कौन अन्य है।

विजय नाथ की हो सभी कहीं,
तदपि क्यों खड़े हो गये वहीं?
प्रिय, प्रविष्ट हो, द्वार मुक्त हैं!
मिलन-योग तो, द्वार युक्त हैं,
तुम महान हो और हीन मैं,
तदपि, धूल-सी अंघ्रिलीन मैं,
दयति देखते देव भक्ति को,
निरखते नहीं नाथ व्यक्ति को।
तुम बड़े, बने और भी बड़े,
तदपि ऊर्मिला-भाग में पड़े।
अब नहीं, रही दीन मैं कभी,
तुम मुझे मिले तो मिला सभी।
प्रभु कहाँ, कहाँ किन्तु अग्रजा,
कि जिनके लिए था मुझे तजा?
वह नहीं फिरे? क्या तुम्हीं फिरे?
हम गिरे अहो! तो गिरे, गिरे।
दयित, क्या मुझे आर्त्त जान के,
अधिप ने अनुक्रोश मान के,
घर दिया तुम्हें भेज आप ही!
यह हुआ मुझे और ताप ही।
प्रिय, फिरो, फिरो हा! फिरो, फिरो!
न इस मोह की धूम से घिरो।
विकल मैं यहाँ, किन्तु गर्विणी,
न कर दो मुझे नष्टपर्विणी।
घर फिरे तुम्हें मोह से कहीं,
तब हुए तपोभ्रष्ट क्या नहीं?
च्युत हुए अहो नाथ, जो यथा,
धिक! वृथा हुई ऊर्मिला-व्यथा।
समय है अभी, हा! फिरो, फिरो,
तुम न यों यशः-स्वर्ग से गिरो।
प्रभु दयालु हैं, लौट के मिलो,

न उनके कुटी-द्वार से हिलो।
निरखती अभी एक मात्र मैं,
पर अभिन्न हूँ, अर्द्ध गात्र मैं।
यह सखी मुझे मत्त मानती,
कुशल मैं यही आज जानती।
अवश रो रहे प्राण ये धँसे,
तदपि कौन है, जो मुझे हँसे?
अब हँसी न हो, और क्या कहूँ?
तुम व्रती रहो, मैं सती रहूँ।
धिक्! तथापि जो सामने खड़े?
तुम अलज्ज-से क्यों यहाँ अड़े?
जिधर पीठ दे दीठ फेरती,
उधर मैं तुम्हें ढीठ, हेरती!
तुम मिलो मुझे धर्म छोड़ के,
फिर मरूँ न क्यों मुण्ड फोड़ के?
यह शरीर लो, प्राण ये बुझे,
धर न हा! सखी, छोड़ दे मुझे।
स्वजनि, क्या कहा—वे यहाँ कहाँ?'
तदपि दीखते हैं जहाँ तहाँ?
यह यथार्थ उन्माद, भ्रान्ति है?
ठहर तो मिटा क्षोभ, शान्ति है।
धिक! प्रतीत भी की न नाथ की,
पर न थी सखी, बात हाथ की।
प्रतिविधान में क्या करूँ बता,
इस अनर्थ का भी कहीं पता!
अधम ऊर्मिले, हाय निर्दया!
पतित नाथ हैं? तू सदाशया?
नियम पालती एक मात्र तू,
सब अपात्र हैं, और पात्र तू!
मुँह दिखायेगी क्या उन्हें अरी,
मर ससंशया क्यों न तू मरी।

सदय वे, बता किन्तु चंचला,
वह क्षमा सही जायेगी भला?
'बिसरता नहीं न्याय भी दया,
बस रहो प्रिये, जान मैं गया।
तुम अधीर हो तुच्छ ताप में,
रह सकी नही आप, आप में!
न उस धूप में और मेह में,
तुम रहीं यहाँ राजगेह में।
विदित क्या तुम्हें, देवि, क्या हुआ,
रुधिर स्वेद के रूप में चुआ।
विपिन में कभी सो सका न मैं,
अधिक क्या कहूँ, रो सका न मैं।
वचन ये पुरस्कार में मिले,
अहह ऊर्मिले! हाय ऊर्मिले!
गिन सको, गिनो शूल, जो चुभे,
सहज है समालोचना शुभे।
कठिन साधना किन्तु तत्त्व की,
प्रथम चाहिए सिद्धि सत्व की।
कठिन कर्म का क्षेत्र था वहाँ,
पर यहाँ? कहो देवि, क्या यहाँ।
उलहना कभी दैव को दिया,
बहुत जो किया नेक रो लिया!
सतत पुण्य या पाप-संगिनी,
समझता रहा आत्म-अंगिनी।
स्वपति-पुण्य ही इष्ट था तुम्हें,
कटु मुझे, तथा मिष्ट था तुम्हें।
प्रियतम तपोभ्रष्ट मैं? भला!
मत छुओ मुझे, लौट मैं चला।
तुम सुखी रहो हे विरागिनी,
बस विदा मुझे पुण्यभागिनी!
हट सुलक्षणे रोक तू न यों,

पतित मैं, मुझे टोक तू न यों।
विवश लक्—,'नहीं ऊर्मिला हहा!
किधर ऊर्मिला? आलि, क्या कहा?

फिर हुई अहा! मत्त ऊर्मिला,
सखि, प्रियत्व था क्या मुझे मिला?
यह वियोग या रोग, जो कहे,
प्रियमयी सदा ऊर्मिला रहे।

उन्मादिनी कभी थी,
विवेकिनी ऊर्मिला हुई सखि अब है,
अज्ञान भला, जिसमें
सोहं तो क्या, स्वयं अहं भी कब है?

लाना, लाना, सखि, तूली!
आँखों में छवि झूली!

आ, अंकित कर उसे दिखाऊँ,
इस चिन्ता से निष्कृत पाऊँ,
डरती हूँ, फिर भूल न जाऊँ,
मैं हूँ भूली-भूली,
लाना, लाना सखि, तूली!

जब जल चुकी विरहिणी बाला,
बुझने लगी चिता की ज्वाला,
तब पहुँचा विरही मतवाला,
सती-हीन ज्यों शूली,
लाना, लाना, सखि, तूली!

झुलता तरु मरमर करता था,
झड़ निर्झर झरझर करता था,
हत विरही हरहर करता था,
उड़ती थी गोधूली।
लाना, लाना, सखि, तूली!

ज्यों ही अश्रु चिता पर आया,
उग अंकुर पत्तों से छाया,
फूल वही वदनाकृति लाया,

लिपटी लतिका फूली?
लाना, लाना, सखि, तूली!

सिर-माथे तेरा यह दान,
हे मेरे प्रेरक भगवान!
अब क्या माँगूँ भला और मैं फैलाकर ये हाथ?
मुझे भूलकर ही विभु-वन में विचरे मेरे नाथ।
मुझे न भूले उनका ध्यान,
हे मेरे प्रेरक भगवान!

डूबी बची लक्ष्मी पानी में, सती आग में पैठ,
जिये ऊर्मिला, करे प्रतीक्षा, सहे सभी घर बैठ।
विधि से चलता रहे विधान,
हे मेरे प्रेरक भगवान!

दहन दिया तो भला सहन क्या होगा तुझे अदेय?
प्रभु की ही इच्छा पूरी हो, जिसमें सबका श्रेय।
यही रुदन है मेरा गान,
हे मेरे प्रेरक भगवान!''

अवधि-शिला का उर पर था गुरु-भार,
तिलतिल काट रही थी दृग-जल-धार।

दशम सर्ग

चिरकाल रसाल ही रहा,
जिस भावज्ञ कवीन्द्र का कहा,
जय हो उस कालिदास की-
कविता-केलि-कला-विलास की!

रजनी; उस पार कोक है,
हत कोकी इस पार, शोक है!
शत सारव वीचियाँ वहाँ,
मिलते हा-रव बीच में जहाँ!
लहरें उठतीं, लथेड़तीं,
घर नीचे कितना थपेड़तीं,
पर ऊपर एक चाल से,
स्थित नक्षत्र अदृष्ट-जाल-से!
तम में क्षिति-लोक लुप्त यों,
अलि नीलोत्पल में प्रस्तुत ज्यों।
हिम-बिन्दुमयी, गली-ढली,
उसके ऊपर है नभस्थली।
निज स्वप्न-निमग्न भोग है,
रखता शान्ति-सुषुप्ति योग है।
थक तन्द्रित राग-रोग है;
अब जो जाग्रत है, वियोग है!
जल से तट है सटा पड़ा,
तट के ऊपर है अटा खड़ा।
खिड़की पर ऊर्मिला खड़ी,
मुँह छोटा, अँखियाँ बड़ी बड़ी!
कृश देह, विभा भरी भरी,
धृति सूखी, स्मृति ही हरी हरी!
उड़ती अलकें जटार्जनी,
बनने को प्रिय-पाद-मार्जनी!

सजनी चुप पार्श्व से छुई,
अथवा देह स्वयं द्विधा हुई!
तब बोल उठी वियोगिनी,
जिसके सम्मुख तुच्छ योगिनी।
'तम फूट पड़ा नहीं अटा,
यह ब्रह्माण्ड फटा, फटा, फटा!
किस कानन-कोण में हला,
निज आलोक-समाधि निश्चला?
सखि, देख, दिगन्त है खुला,
तम है, किन्तु प्रकाश से धुला।
यह तारक जो खचे-रचे,
निशि में वासर-बीज-से बचे।
निज वासर क्या न आयेंगे?
दृग क्या देख उन्हें न पायेंगे?
जब लौं प्रिय लक्ष लायेंगे,
यह तारे मुँद तो न जायेंगे?
अलि, मैं बलि, ठीक बात है—
'कल होगा दिन, आज रात है।'
उडु-बीज न दृष्टियाँ चुगें,
सविता और शशी उगें उगें,
तब ऊपर दृष्टि क्यों करूँ?
यह नीचे सरयू, इसे धरूँ।
इसका कल कर्ण में भरूँ,
जल क्या है, बस डूब ही मरूँ!
धर यों मत, बात थी अरी;
मरती हूँ कब मैं मरी मरी?
मुझको वह डूबना कहाँ?
बस यों ही यह ऊबना यहाँ!
शिशु ज्यों विधि है खिला रहा,
ध्रुव विश्वास सुधा पिला रहा।
वह लोभ मुझे हिला रहा,
प्रिय का ध्यान यहाँ जिला रहा,
उनके गुण-जाल में पड़ी;
स्मृतिबद्धा जिसकी कड़ी कड़ी,
तड़पे यह प्रीति-पक्षिणी;

सखि, है किन्तु प्रतीत रक्षिणी।
विकराल अराल काल है,
कर में दण्ड लिये विशाल है।
पर दाहक आह है यहाँ,
करती चर्वण चाह है यहाँ!
भय में मत्त आप पैठ जा,
सखि, बैठें हम, नेंक बैठ जा।
यह गन्ध नहीं बिखेरता,
वन-सीता वन-पार्श्व फेरता।
सुनसान सभी सपाट हैं,
अब सूने सब घाट-बाट हैं।
जड़-चेतन एक हो रहे,
हम जागें, सब और सो रहे!
निधि निर्जन में निहारती,
अपने ऊपर रत्न वारती,
कितनी सुविशाल सृष्टि है,
जितनी हा लघु लोक-दृष्टि है!
तम भूतल वस्त्र है बना,
नभ है भूमि-वितान-सा तना!
वह पावक सुप्त राख में,
बस दो हैं जल-वायु साख में।
सरयू कब क्लान्ति पा रही,
अब भी सागर ओर जा रही।
सखि री, अभिसार है यही,
जन का जीवन-सार है यही।

सरयू, रघुराज वंश की,
रवि के उज्ज्वल उच्च वंश की,
सुन, तू चिरकाल संगिनी,
अयि साकेत-निकेत-अंगिनी!
इस सत्कुल की परम्परा,
जिससे धन्य ससागरा धरा,
जिसका सुरलोक भी ऋणी,
उसकी तू ध्रुव सत्य-साक्षिणी।

किसका वह तीर है भला,
जिससे मानव-धर्म है चला?
पहले वह है यहीं पला,
सरयू, तू मनु-कीर्ति मंगला!
रण-वाहन इन्द्र आप था,
कितना तेज तथा प्रताप था!
यश गाकर देव-नारियाँ,
कहती हैं—बलि और वारियाँ!
किसने निज पुत्र भी तजा?
किसने यों कृतकृत्य की प्रजा?
किसने शत यज्ञ हैं किये—
पदवी वासव की बिना लिये?
सुन, हैं कहते कृती कवि—
मिलती सागर को न जाह्नवी,
स्व-भगीरथ-यत्न जो कहीं,
करते वे सरयू-सखा नहीं।
किसने मुख विश्वजित किया?
रख मृत्पात्र सभी, लुटा दिया?—
न-न, बेच दिया स्वगात्र ही,
रख दानव्रत-मान मात्र ही?
जिसका गत यों महान है,
सबके सम्मुख वर्त्तमान है,
कल से यह आज चौगुना,
उसका हो सुभविष्य सौगुना।

वश में जिसका भविष्य है,
श्रुति-द्रष्टा ऋषि-वृन्द शिष्य है,
जनकाव्य उन्हीं विदेह की,
दुहिता मैं, प्रिय सर्व गेह की।
वह मैं इस वंश की वधू—
(यह सम्बन्ध अहा महामधु!)
पद देकर जो मुझे मिला,
सुकृति थे विधि और ऊर्मिला।
पर हा! सुन सृष्टि मौन है,

मुझ-सा दुर्विद आज कौन है!
सरयू, वह दुःख क्या कहूँ,
अपनी ही करनी, न क्यों सहूँ?
कहला कर दिश्य सम्पदा,
हम चारों सुख से पलीं सदा।
मुझको अति प्यार से पिता,
कहते थे निज साम-संहिता।

कुछ चंचल मैं सदा रही,
फिरती थी तुझ-सी बही-बही।
इस कारण ऊर्मिला हुई,
गति में मैं अति दुर्मिला हुई।

नचती, श्रुतिकीर्ति ताण्डवी,
नदि देती करताल माण्डवी।
भरती स्वर ऊर्मिला सजा,
गढ़तीं गीत गभीर अग्रजा।
सरयू, बिसरा विवेक है,
फिर भी तू सुन एक टेक है:—

'मुझसे समभाग छाँट ले,
पुतली, जी उठ,—जीव बाँट ले।

अपना कह आप मोल तू,
स्वपदों से उठ, खेल, डोल तू।
मन की कह, नेंक बोल तू,
यह निर्जीव समाधि खोल तू।

पुचकार मुझे कि डाँट ले,
पुतली, जी उठ,—जीव बाँट ले!

सुन-देख, स्वकर्ण-दृष्टि है,
कितनी कूजित-कान्त सृष्टि है!

मुझमें यह हार्द हृष्टि है,
सुख की आँगन में सुवृष्टि है।

अपना रस आप आँट ले,
पुतली, जी उठ,—जीव बाँट ले।

फिरती सब घूम चौक में,
गिरती थी झुक-झुक चौक में!
मचती वह धूम चौक में,
नचती माँ तक चूम चौक में!
दिखला कर दृश्य हाथ से,
कहतीं वे निज मग्न नाथ से—
'यह लो, अब तो बनी मिली,
घर की ही यह नाट्य मण्डली!'

कर छोड़ शरीर तोल के,
हम लेतीं मिचकी किलोल के।
कहतीं तब त्रस्त धात्रियाँ—
'गुण को छोड़ बनो न पात्रियाँ!'
तटिनी, हम क्या कहें भला,
निज विद्या, कर-कण्ठ की कला?
वह बोध पयोध मूर्ति है;
फिर भी क्या घट-तृप्ति पूर्ति है?

मिथिलापुर धन्य धाम की,
सरिता है कमला सुनाम की।
वह भी बस स्वानुकूल थी,
रखती प्लावित मोद-मूल थी।
तुझमें बहू वारि-चक्र हैं,
कितने कच्छप और नक्र है।
वह तो चिरकाल बालिका,
लघुमीना, लघु वीचिमालिका।
बहु मीन समीप डोलते,
हमको घेर मराल बोलते।

सब प्रत्यय के अधीन हैं,
खग हैं या मृग हैं कि मीन हैं।
वह सैकत शिल्प-युक्तियाँ,
वह मुक्ताधिक शंख-शुक्तियाँ।
सब छूट गईं वही-वही,
सखियाँ भी ससुराल जा रहीं।

कमला-तट वाटिका बड़ी,
जिसमें है सर, कूप, बावड़ी।
मणि-मन्दिर में महासती,
गिरिजा हैमवती विराजती,
विहगावलि नित्य कूजती,
जननी पावन मूर्ति पूजती।
मिलता सबको प्रसाद था!
वह था जो सुख और स्वाद था!
यह यौवन आप भोग है,
सुख का शैशव-संग योग है।
वह शैशव! हा गया-गया,
अब तो यौवन-भोग है नया।
तितली उड़ नित्य नाचती,
सुमनों के सब वर्ण जाँचती।
जड़ पुष्प उसे निहारते,
निज सर्वस्व सदैव वारते।
यदि, तू खिलती हुई कली,
उड़ जाता जब है जहाँ अली।
उड़ जा सकती स्वयं वहीं,
सुख का तो फिर पार था कहीं?

अब भी वह वाटिका वहाँ,
पर बैठी यह ऊर्मिला यहाँ।
करुणाकृति माँ बिसूरती,
गिरिजा भी बन मूर्ति घूरती।

सुनती कितने प्रसंग मैं,
कर देती कुछ रंग भंग मैं।
चुनती नर-वृत्त मोद से,
सुरती देव-कथा विनोद से।
शिवि की न दधीचि की व्यथा,
कहती हो किस शक्र की कथा।
यदि दानव एक भी मिला,
समझो तो सुर-मन्त्र ही किला!
अमरों पर देख टिप्पणी,
कहतीं 'नास्तिक' खीज माँ मणी।
हँस मैं कहती प्रसाद दो,
तज दूँ तो यह नास्ति-वाद दो!
पितृ-पूजन आप ठानतीं,
सुर ही पूज्य तदापि मानतीं।
कहतीं तब माँ दया-भरी,—
—'वह तेरे पितृ-देव हैं अरी।
सुन मैं पति-देव-सेविका,
तब मेरी प्रिय मातृ-देविका।'
कहतीं तब यों ममाग्रजा—
'तुम देवाधिक हो प्रजा-व्रजा!'
सुर हों, नर हों, सुरारि हों,
विधि हो, माधव हों, पुरारि हों,
सरयू, यह राज-नन्दिनी,
सबकी सुन्दर भाव-वंदिनी।

सुनती जब मैं उमा-कथा,
तब होती मुझको बड़ी व्यथा।
'सुध'—माँ कहती कि 'खो उठी,
यह है देव-चरित्र, रो उठी!'
निज शंकर-हेतु शंकरी,
तपती थीं कितनी भयंकरी।
उनकी शिव-साधना वही,
अयि मेरी यह सान्त्वना रही!
बनती विकराल कालिका,

जब स्वर्गच्युत भीरु-पालिका,
जय हो! भय भूल भूल के,
कहती मैं तब ऊल ऊल के!
जब शुम्भ-निशुम्भ-मर्दिनी,
बनती काम्य-कला कपर्दिनी,
करता तब चित्त बाल-सा,
जन - धात्री - स्तन - पान - लालसा!
हम भी सब क्षत्र-बालिका,
बन जावें निज स्वर्ग-पालिका।
पर अस्त्र कहाँ? 'सभी कहीं—'
बढ़ जीजी कहने लगीं—'यहीं।'
दल विस्मय से अवाक था,
उनके हाथ उठा पिनाक था!
उस काल गिरा, उमा, रमा,
उनमें दीख पड़ी सभी समा!

सबने कलनाद-सा किया—
'कलिका ने नभ को उठा लिया!
कन ने मन तोल-माप की,
यह बेटी निज धन्य बाप की!
जब से मन हाथ में लिया,
वह जीजीधन ने दिखा दिया।
वह है भुवनापराजिता,
तटिनी, गद्‌गद हो गये पिता—
'निज मानस-मग्न मीन मैं,
श्रुत हूँ सन्तत आत्म-लीन मैं,
पर प्राप्त मुझे महाद्‌भुता,
वह माया बन मैथिली सुता।'
सुख था भरपूर तात को,
सरयू, सोच परन्तु मात को—
'वरदायिनी माँ, निबाहिए,
बर ऐसे बर चार चाहिए!
उनसे तब तात ने कहा—
'करती हो तुम सोच क्यों अहा!

वर-देव अवश्य हैं, बढ़ें,
अपनी ये कलियाँ जिन्हें चढ़ें।'

सरिते वरदेव भी मिले,
वह तेरे प्रिय पद्म थे खिले।
वह श्यामल-गौर गात्र थे,
उनके-से कह, कौन पात्र थे?
वह पुण्यकृति अपाप थे,
पहले ही अवतीर्ण आप थे।
दुगुने वह धीर-वीर थे,
सुकृती ये कल-नीर-तीर थे।
प्रभु दायक जो उदार थे,
जननी तीन, सुपुत्र चार थे।
कुल - पादप - पुण्य - मूलता,
फल चारों फल क्यों न फूलता?
वह बाल्य कथा विनोदिनी,
कहना तू कल-मूर्ति मोदिनी।
सुनना भर शक्य था मुझे,
जिसके दर्शन हो चुके तुझे।
समझी अब मैं प्रवाहिणी,
यह तू क्यों बहु ग्राह-ग्राहिणी।
निज वीर-विनोद-पक्ष के,
वह हैं साधन लोल-लक्ष के।
तुझको शर थे न सालते?
शर, जो पत्थर फोड़ डालते।
सहिए शत साल शूल-से,
फूलते हैं तब लाल फूल-से।
कितने खुल खेल हैं हुए,
कितने विग्रह-मेल हैं हुए,
कितनी ध्वनि-धूम है मची—
इन फूलों पर, कल्पना बची!
सरयू, कह दूँ तवस्मृति?—
उछला कन्दुक मोदकाकृति,
वह अंचल में लिया लिया—
जब तूने, शर ने उड़ा दिया।

जननी इस सौध-धाम में,
उनके ही शुभ-सौख्य-काम में।
करतीं कितने प्रयोग थीं,
रचतीं व्यंजन-बाल-भोग थीं।
तनुजों पर प्राण वारतीं,
तनु की भी सुध थीं बिसारतीं।
करती व्रत वे नये नये,
कृश होतीं, पर मग्न थीं अये!
वह अचल धूल पोछते,
कर कंघी धर बाल ओंछते।
हँस बालक दूर भागते;
कुल के दीप अखण्ड जागते।

तटिनी, उन तात की कथा,
तनयों-सा प्रिय प्राण भी न था।
बस एक नभोमयंक था,
रखता चार उदार अंक था।
गुह और गणेश ईश के।
बस प्रद्युम्न प्रसिद्ध श्रीश के,
पर कोसलराज के चुने,
दुगुने थे यह और चौगुने!
वर मौक्तिक-माल्य तोड़ते,
उसको वे फिर छींट छोड़ते।
कहते—'हम चौक पूरते।'
'लड़की हो?'—हँस तात घूरते।
करती जब नाट्य ठाठ का,
घर में भी करवाल काठ का।
तब माँ अति मोद मानतीं,
मुझको वे 'लड़का' बखानतीं।
उनके प्रिय पुत्र थे यहाँ,
इनकी थीं हम पुत्रियाँ वहाँ।
मिलनावधि ही प्रतीक्ष्य थी,
अब-सी हन्त न किन्तु वीक्ष्य थी!

वह जो शुभ भाग्य था छिपा,
प्रकटा कौशिक-रूप में दिपा।
दिव में वह दस्यु हों सुखी,
मुनि आये जिनसे दुखी दुखी!
जिस आत्मज युग्म के बिना,
अपना जीवन त्याज्य ही गिना।
वह भी मुनि को दिया दिया,
कितना दुष्कर तात ने किया।
जननी कुल-धर्म पालतीं,
तब भी थीं सब अश्रु डालतीं।
सरयू, रह भाव-गद्गदा,
रघुवंशी बलि धर्म के सदा।
कसती कटि थीं कनिष्ठ माँ,
असि देती मँझली घनिष्ठ माँ।
कह-'क्यों न हमें दिया प्रजा?'
पहनातीं वह ज्येष्ठ माँ स्त्रजा।
प्रभु ने चलते हुए कहा—
'अब शान्ते भय-सोच क्या रहा,
भगिनी, जय-मूर्ति-सी झुकी,
यह राखी जब बाँध तू चुकी?'

कृति में दृढ़, कोमलाकृति,
मुनि के संग गये महाधृति।
भय की परिकल्पना बड़ी,
पथ में आकर ताड़का अड़ी।
प्रभु ने, वह लोक-भक्षिणी,
अबला ही समझी अलक्षिणी।
पर थी वह आततायिनी,
हत होती फिर क्यों न डाइनी।
सुख-शान्ति रहे स्वदेश की,
यह सच्ची छवि क्षात्र वेश की।
कृषि-गो-द्विज-धर्म-वृद्धि हो,
रिपु से रक्षित राज्य-ऋद्धि हो।
प्रभु ने भय मूर्ति विद्ध की,

मुनि ने भी मख-पूर्ति सिद्ध की।
बहु राक्षस विघ्न-से बने,
पर दो ने सब सामने हने।
विकराल बली सुबाहु था,
विधु थे ये न, सुबाहु राहु था।
उसके भुज केतु-से पड़े,
रवि से भी प्रभु किन्तु थे बड़े।
दल खेत रहा सभी वहाँ,
खल मारीच उड़ा, गया कहाँ?

मुनि हर्षित आज थे बड़े,
पर क्या दें, इस सोच में पड़े।
प्रभु का उपहार धर्म था,
ध्रुव निष्काम स्वकीय कर्म था।
मुनि का जय-पूर्ण घोष था,
पर यों ही उनको न तोष था।
सरयू, वर-देव थे यही,
वरदर्शी पितृ-वाक्य था सही—
'वर-देव अवश्य हैं-बढ़ें,
अपनी ये कलियाँ जिन्हें चढ़ें।'
सच को किस ओर आँच है।
पर आवश्यक एक जाँच है।
सुपरीक्षक सिद्ध आप था,
वर का, जो वह शम्भु चाप था।
स्थिर था यह तात ने किया—
'जिसने खींच इसे चढ़ा दिया।'
पण-रूप, वही रणाग्रणि,
वर लेगा यह मैथिली-मणि!'
अब भूपति-वृन्द आ चला,
बिजली-सी मिथिला महाचला।
जन - सिन्धु - तरंग - वेष्टिता,
नगरी थी अब द्वीप-चेष्टिता।
'भव की यह भेंट भुक्ति लो,
वह सीता, वह मुक्ति-युक्ति दो!'

फिरता मन था उड़ा उड़ा,
मिथिला में भव-संघ था जुड़ा।
कहता भव-चाप-'आइए,
मुझ-सा निश्चल चित्त लाइए।
तन का बल ही न तोलिए,
मन की भी वह गाँठ खोलिए!'
वह रौद्र कटाक्ष-रूप था,
सहता जो, वह कौन भूप था?
भट रावण-बाण-से कटे,—
जिनसे वे सुर-शक भी हटे!

हँसतीं हम, खेल खेलतीं,
चढ़ अट्टों पर दृश्य देखतीं।
पर हा! वह मातृ-चित्त था,
चल जो सन्तति के निमित्त था।
सबको सब माँ सहेजतीं,
हमको पूजन-हेतु भेजतीं!
हमने कृतकृत्य हो लिये,—
वरदा ने वर भी बुला दिये!
ऋषि के मख-विघ्न टाल के,
निज वीर-व्रत पूर्ण पाल के,
मुनि की गृहिणी उबार के,
वर आये नर-रूप धार के!
सरयू, वह फुल्ल वाटिका,
बन बैठी वर-वीथि-नाटिका!
युग श्यामल-गौर मूर्त्तियाँ,
हम दो की शत पुण्य-पूर्त्तियाँ।
सजते जब भूप न्यून थे,
चुनते वे मुनि-हेतु सून थे।
निज भूषण आप भानु है,
रखता दूषण क्या कृशानु है?
दृग दर्शन-हेतु क्या बढ़े,
उन पैरों पर फूल-से चढ़े!
उनकी मुसकान देख ली,

अपनी स्वीकृति आप लेख ली।
'नभ नील अनन्त है अहा!'
धर जीजीधन ने मुझे कहा—
'अपनी जगती अधीन-सी,
चरणों में चुपचाप लीन-सी!'
निकली उनकी उसाँस-सी,
उसने दी यह एक आँख-सी—
'उनकी पद-धूलि जो धरूँ,
न अहल्या-अपकीर्ति से डरूँ!'
मुझको कुछ आत्म-गर्व था,
क्षण में ही अब सर्व खर्व था।
नत थी वह देह सर्वथा,
सरयू, सिन्धु-समीप तू यथा।
झषकेतन-केतु नम्र थे,
(तब ये लोचन मीनकम्र थे।)

विजयी वर थे, विनीत क्या,
हम हारीं, पर तुच्छ जीत क्या?
वर आकर धीर-वीर-से,
सहसा लौट गये गभीर-से।
सुमनस्फुट हाथ में गये,
मन पैरों पड़ साथ में गये।
कुछ मर्मर-पूर्ण मर्म था,
श्रम क्या था, पर हाय! धर्म था!
यह कण्टक-पूर्ण चर्म था,
गद्-सा गद्‌गद प्रेम धर्म था!
वह अल्हड़ बाल्य क्या हुआ?
नयनों में कुछ नीर-सा चुआ।
इस यौवन ने मुझे धरा,
नव संकोच भरा, भरा, भरा!
दिखला कर दृश्य ही नया,
यह संसार समक्ष आ गया।
करता रव दूर द्रोण था,
मुझको इच्छित एक कोण था।

तिरछी यह दृष्टि हो उठी,
तकती-सी सब सृष्टि हो उठी।
मन मोहित-सा विमूढ़ था,
प्रकटा कौन रहस्य गूढ़ था?

घर था भरपूर पूर्व-सा,
पर विश्राम सुदूर पूर्व-सा।
मन में कुछ क्या अभाव था?
तन में भी अब कौन हाव था?
यह देह-लता छुई-मुई,
निशि आई, पर नींद क्या हुई?
जिसका यह भूरि भोग था,
वह था जो पहला वियोग था!
चुपचाप गवाक्ष खोल के,
अपने आप नवाक्ष खोल के,
निशि का शशि देखने लगी,
सब सोये, पर मैं जगी-जगी!
जब थे सब जागने लगे,
तब रात्रिचर भागने लगे,
निशि हार उतारने लगी,
तब मैं स्वप्न निहारने लगी।
फट पौ उर थी दिखा रही,
कलि, यों फूट, यही सिखा रही!
बढ़ दीपक की शिखा रही,
अलि-लेखा नलिनी लिखा रही।
कलिकावलि फूटने लगी,
अलि-आली उड़ टूटने लगी।
नभ की मसि छूटने लगी,
हरियाली हिम लूटने लगी।
विहगावलि बोलने लगी,
यह प्राची पट खोलने लगी,
अटवी हिल डोलने लगी,
सरसी सौरभ घोलने लगी।
मिलती यह थी स्वकोक से,

हत कोकी बच दुःख शोक से।
वह सूर्यमुखी प्रसन्न थी,
फिर भी चेतन सृष्टि सन्न थी।
अविलोड़िक था जमा दही,
तिमिराम्बोधि-समुद्धृता मही।
मृदु वायु विहारने लगी,
तब मैं स्वप्न निहारने लगी।

वह स्वप्न कि सत्य, क्या कहूँ,
सरयू, तू बह और मैं बहूँ।
प्रकटी प्रिय-मूर्ति मोदिता,
कब सोई यह दृष्टि रोदिता!
यह मानस लास्य-पूर्ण था,
वह पद्मानन हास्य-पूर्ण था,
झड़ता उड़ अंशु-चूर्ण था,
सरिते, सम्मुख स्वर्ग-घूर्ण था।
अब भी यह देह की लता,
कितनी कण्टकिता-नता-हता!
कँपते बस अंधि-वेत्र थे,
नत भी हो सकते न नेत्र थे।
अयि चेतन-वृत्ति निष्क्रिये,
हँस बोले प्रिय प्रेम-से 'प्रिये!'
प्रति रोम स्वतन्त्र तन्त्र था,
बजता जो सुन सिद्धि-मन्त्र था।
तटिनी, यह तुच्छ किंकरी,
सुख से क्यों न बता, वहीं मरी?
वह जीवन का निमेष था,
पर आगे वह काल शेष था!

कितनी उस इन्दु में सुधा,
सरयू, मैं कहती नहीं मुधा।
वह रूप-पयोधि पी सकी,
तब तो मैं यह आज जी सकी।

मुझको प्रिय स्वप्न में मिले;
पर बोले वह—'हाय ऊर्मिले!
वर हूँ, पर वीर हूँ, वरो,
धर लो धीरज तो मुझे धरो।'
मुखरा मति मौन हो रही,
पर थी सम्पत्ति-सी हुई वही।
'अबला तुम!'—हाय रे छली!
बरती हूँ तब तो महाबली!
'वह मानस क्या गभीर है?
रखता मज्जन-योग्य नीर है?
लघु है यह, आप थाह लो;
पर जो है, अब तो निबाह लो!
'तब क्या उपहार दूँ, कहो?
धन क्या, मैं मन वार दूँ, अहो!
कर में शर है कि शूल है।'
निरखूँ तो वह एक फूल है!
प्रिय ने कर जो बढ़ा दिया,
धर मैंने सिर से चढ़ा लिया।
पलकें ढल हाय! जो खुलीं,
हँसती थीं किरणें मिली जुलीं!
सहसा यह क्या हुआ अरे,
उघरे क्यों फिर नेत्र ये मरे?
बस था वह स्वप्न ही सही,
सब मिथ्या, ध्रुव सत्य था वही!

जिसने मम यातना सही,
यह पार्श्वस्थ सुलक्षणा वही।
यह भी उस काल थी खली,
मुझको जो धर संग ले चली।
सब और विशेष धूम थी,
इस जी में बस एक घूम थी।
जिसके वह आस-पास थी,
करती हा! वह मूर्ति हास थी!
निज सौध-समक्ष ही भली,

स्थित थी दीर्घ स्वयंवर स्थली;—
जिसमें वर ही वधू वरे,
यदि निर्धारित धीरता धरे।
दृग-दीपक थे बुझे बुझे,
पहला सोच हुआ यही मुझे—
प्रभु चाप न जो चढ़ा सके?
उड़ता था मन, अंग थे थके।
तब मैं अति आर्त हो उठी,
धर जीजी-मणि को भिगो उठी।
हँस वे कहने लगीं—'अरी,
यह तू क्यों इतना डरी डरी?
चढ़ता उनसे न चाप जो,
वह होते न समर्थ आप जो,
उठती यह भौंह भी भला,
उनके ऊपर तो अचंचला?
दृढ़ प्रत्यय के बिना कहीं,
यह आत्मार्पण दीखता नहीं।
मधु को निज पत्र क्यों, बता,
करती अर्पित पूर्व ही लता?
बनती जब आप अर्पिता,
वह वर्ती वह स्नेह तर्पिता,—
उसको भर अंक भेंटता,
तब पीछे तम दीप मेटता।
निज निश्चय-हानि क्यों हुई?
तुझको भी यह ग्लानि क्यों हुई?
पगली, कह, बात क्या हुई?
धृति भी अर्पित रात क्या हुई?'
उस प्रत्यय प्रेम में पगीं,
मुझको वे फिर भेंटने लगीं।
तब विस्मित-मूढ़-सी निरी,
चरणों में चुपचाप मैं गिरी।
अनुजा यह मैं उपासिका,
उनकी क्या कम किन्तु दासिका?

लघु चित्त हुआ, न ताप था,
गुरु तो भी वह शम्भु चाप था।

तब प्रस्तुत रंगभूमि में,
नृप-भावाम्बु-तरंग-भूमि में,
निज मानस-हंस-सद्मिनी,
पहुँचीं वे प्रभु-प्रेम-पद्मिनी।
वरमाल्य-पराग छोड़ के,
उनके ऊपर सैन्य जोड़ के।
नृप-नेत्र-मिलिन्द जो जुड़े,
सजनी चामर से परे उड़े!
बल-यौवन-रूप-वेश का,
अपने शिष्ट-विशिष्ट देश का,
दिखला कर लोभ लुब्ध था,
फिर भी राज-समाज क्षुब्ध था।
नृप-सम्मुख नम्र नाक था,
पर मध्यस्थ महापिनाक था।
सिर मार मरे नहीं हटा,
न रही नाक, पिनाक था डटा।
सबका बल व्यर्थ ही बहा,
तब दुःखी-सम तात ने कहा—
'बस बाहुजता विलीन है,
वसुधा वीर-विहीन दीन है!

'कहता यह बात कौन है?
सुनता सत्कुलजात कौन है?'
गरजे प्रिय जो 'नहीं नहीं।'
सरयू, ये हत नेत्र थे वहीं।
शिखरस्थित सिंह-गर्जना—
वह मञ्चोपरि कान्त-तर्जना।
अरुणोदय देख आग-सा,
न उठा कौन मनुष्य जाग-सा?
'अब भी रवि का विकास है,
अब भी सागर रत्न-वास है।
अब भी रघु-वंश शेष है,
वसुधा है बृहदंश शेष है।

अब भी जल-पूर्ण जह्नुजा,
अब भी राघव की महाभुजा।
शत कार्मुक इक्षु-खण्ड हैं,
मम शुण्डोपम बाहु दण्ड हैं।
यह बात महापमान की,
मम आर्या वह किन्तु जानकी,
उठ आर्य, स्वकार्य कीजिये,
घन को रोहित-दीप्ति दीजिये।'

सुनते सब लोग सन्न थे,
नत भी तात बड़े प्रसन्न थे।
यह भी सुध थी किसे नदि,
प्रभु धन्वा न चढ़ा सके यदि?
रखता नृप कौन दर्प था?
मणि जीजी, शिव-चाप सर्प था।
कुछ गारुड़-मन्त्र-सा किया,
प्रभु ने जा उसको उठा लिया।
रस का परिपाक हो गया,
चढ़ता चाप चड़ाक हो गया!
प्रभु-साम्य समुद्र-संग था,—
धनुरोल्लोल उठा कि भंग था?

सब हर्ष-निमग्न हो गये,
क्षितिपों के मन भग्न हो गये।
कुछ बोल उठे यही वहाँ—
'बल ही था यह, वीरता कहाँ?'
किसका यह लोभ रो उठा?
मुझको भी सुन क्षोभ हो उठा।
भृकुटी जब लों चढ़े यहाँ,
प्रिय ने चाप चढ़ा लिया वहाँ।
निकला रव रोर चीरता—
'किसमें है वह वीर्य—वीरता?
जिसको उसका प्रमाद है,
उसके ऊपर वाम पाद है।'

ध्वनि मण्डप-मध्य छा गई,
तबलों भार्गव-मूर्ति आ गई।

प्रभु से भव-चाप भंग था,
प्रिय से भार्गव का प्रसंग था।
मुनि की निज गर्व-गर्जना,
प्रिय की तत्क्षण योग्य तर्जना।
प्रभु की वह सौम्य वर्जना,
सबकी थी बस एक अर्चना!
'डरते हम धर्म-शाप से,
न डराओ मुनि, आप चाप से।
द्विजता तक आततायिनी,
वध में हैं कब दोष-दायिनी?'

सुन-देख हुई विभोर मैं,
बटती थी परिधान-छोर मैं।
अब भी वह ऐंठ सूझती,
तब तो हूँ यह आज जूझती!
प्रभु को निज चाप दे गये,
मुनिता ही मुनि आप ले गये।
सुरलोक जहाँ नगण्य है,
वह व्रज्या-व्रत धन्य धन्य है।

सरयू, जय-दुन्दुभी बजी,
वह बारात बड़ी यहाँ सजी।
भगिनी युग और थीं वहाँ,
वर भ्राता द्वय और थे यहाँ।
कर-पीड़न प्रेम-याग था,
कह, स्वीकार कहूँ कि त्याग था?
वह मोद-विनोद-वाद था,—
जिसमें मग्न स्वयं विषाद था।
वह बन्धन-मुक्ति-मेल-सा,
विधि का सत्य, परन्तु खेल-सा!
नर का अमरत्व तत्व था,
वह नारी कुल का महत्व था।
बहु जाग्रत स्वप्न थे नये,

दिन आये कब और वे गये?
कब हा! उस स्वप्न से जगीं,
जब माँ से हम छूटने लगीं।
बिछुड़ा-बिछुड़ा विषाद है;
तुझको तो स्ववियोग याद है।
जब तू इस आर्द्र देह से,
पति के गेह चली स्वगेह से।
शतधा स्त्रविता हुए बिना,
सरिते, क्या द्रविता हुए बिना।
घर से चल तू सकी बता?
कितनी हाय-पछाड़ क्या पता!

'मत रो'—कह आप रो उठी,
तुम क्यों माँ, यह धैर्य खो उठीं?
'यह मैं जननी प्रपीड़िता,
पर तू है शिशु आप क्रीड़िता!'
फिर क्यों शिशु को हटा रहीं?
तुम माँ की ममता घटा रहीं।
'हटती यह आप मैं यहाँ,
तुम हो और सुखी सदा वहाँ।
सुन, मैं यह एक दीन माँ,
तुमको हैं अब प्राप्त तीन माँ,
पति का सुख मुख्य मानियो।'
'सुख को भी सहनीय जानियो।'
पिछला उपदेश तात का,
बिसरा-सा वह वेश तात का,
अब भी यह याद आ रहा,
बिसरा-सा सब भान जा रहा।
उनको कब लोभ-मोह था,
पर माँ माँ करता बिछोह था।
हम तो उस गोद में रहीं,
उनकी ब्रह्म-दया कहाँ नहीं?
हम पैर पलोटने लगीं—
पड़ पैरों पर लोटने लगीं।

'फिर आकर अंक भेटियो,
थल भूलीं तुम आज बेटियो।'

उस आँगन में खड़ी खड़ी,
भर आँखें अपनी बड़ी बड़ी,
अब भी सुध माँ विसारतीं,
सहसा चौंक हमें पुकारतीं।
अब आँगन भाँय भाँय है,
करता मारुत साँय साँय है।
झड़ते सब फूल फूट के,
पड़ते हैं बस अश्रु टूट के।

प्रिय आप न जो उबार लें,
हमको मातृवियोग मार लें।
तटिनी, यह ज्ञात है तुझे,
प्रिय ने दुःख भुला दिया मुझे।
सरयू, वह सौख्य क्या कहूँ?
अब तो मैं यह दुःख ही सहूँ।
उतना रस भोग जो जिये,
वह दुर्दैव दृगम्बु भी पिये!
वह हूँ यह मैं अभागिनी,
अपना-सा धन आप त्यागिनी।
विष-सा यह जो वियोग है,
अपना ही सब कर्म-भोग है।
विनती यह हाथ जोड़ के—
कह, मैंने प्रिय-संग छोड़ के।
कुल के प्रतिकूल तो कहीं,
अपना धर्म घटा दिया नहीं?
सु-बधू इस गण्य गेह की,
दुहिता होकर मैं विदेह की,
प्रिय को, घर देह-भोग से,
करती वंचित क्या सुयोग से?
रहते घर नाथ, तो निरा,

कहती स्त्रैण उन्हें यही गिरा।
जिसमें पुरुषार्थ-गर्व था,
मुझको तो यह एक पर्व था।
करती कल नीर-नाद तू,
सुख पाती अथवा विषाद तू?
अनुमोदन या विरोध है?
मुझको क्या यह आज बोध है?
मन के प्रतिकूल तो कहीं,
करते लोग कुभावना नहीं।
तुझको कल-क्रान्त-नादिनी,
गिनती हूँ अनुकूल-वादिनी।
जितना यह दुःख है कड़ा,
उससे प्रत्यय और भी बड़ा।
यदि लीक धरे, न मैं रही,
मुझको लीक धरे, यही सही!
सुख शान्ति नहीं, न हो यहाँ,
तुम सन्तोष बने रहो यहाँ।
सुख-सा यह दुःख भी झिले,
मुझको शान्ति अशान्ति में मिले!

तब जा सुख-नाट्य-नर्त्तिनी,
बन तू सागर-पार्श्व-वर्त्तिनी।
पथ देख रही तरंगिणी,
त्रिपथा-सी वह संग रंगिणी।
यह ओघ अमोघ जायगा,
पथ तो पान्थ स्वयं बनायेगा।
चल चित्त तुझे चला रहा,
जलता स्नेह मुझे जला रहा।
गति जीवन में मिली तुझे,
सरिते, बन्धन की व्यथा मुझे।
तन से न सही, अभंगिनी,
मन से हैं हम किन्तु संगिनी।
कह, क्या उपहार दूँ तुझे?
अलकें ही यह दीखतीं मुझे।

लट ले यह एक प्रेम से,
रख राखी, यह नित्य क्षेम से।
सजनी, यह व्यर्थ कोंचती,
मिष से मैं कब बाल नोंचती?
यह बन्धन एक प्रीति का,
इसमें क्या कुछ काम भीति का?
आये, शुक्तिमयी, सँभाल तू,
रख थाती, यह अश्रु पाल तू!
यदि मैं न रहूँ, नहीं सही,
प्रिय की भेंट बनें यहां यही!
अथवा यह क्षार नीर है,
प्रिय क्षाराब्धि तुझे गभीर है।
तब ले दृग-विन्दु क्षुद्र ये,
बढ़ हो जायँ स्वयं समुद्र ये,
घन पान करें कभी इन्हें,
रुचता है परमार्थ ही जिन्हें।
यह भी इस भाँति धन्य हों,
जगती के उपकार-जन्य हों।
प्रिय के पद धूल से भरे,
सपरागाम्बुजता जहाँ धरे,
यह भी उस धूल में गिरें,
इनके भी दिन यों फिरें फिरें।
वह धूल स्वयं समेट लूँ,
तुझको तो निज 'फल' भेट दूँ!
यश गा निज वीर-वृन्द का,
ध्रुव-से धीर-गंभीर-वृन्द का।'

टप टप गिरते थे अश्रु नीचे निशा में,
झड़ झड़ पड़ते थे तुच्छ तारे दिशा में।
कर पटक रही थी निम्नगा पीट छाती,
सन सन करके भी शून्य की साँस जाती!

सखी ने अंक में खींचा, दुःखिनी पड़ सो रही,
स्वप्न में हँसती थी हा! सखी थी देख रो रही।

एकादश सर्ग

जयति कपिध्वज के कृपालु कपि,
वेद - पुराण - विधाता व्यास,
जिनके अमर गिराश्रित हैं सब
धर्म नीति, दर्शन, इतिहास!

बरसें बीत गईं, पर अब भी
है साकेत पुरी में रात,
तदपि रात चाहे जितनी हो,
उसके पीछे एक प्रभात।
ग्रास हुआ आकाश, भूमि क्या,
बचा कौन अँधियारे से?
फूट उसी के तनु से निकले
तारे कच्चे पारे से!
विकच व्योम -विटपी को मानो
मृदुल बयार हिलाती है,
अंचल भर भर कर मुक्ता-फल
खाती और खिलाती है!
सोध-पार्श्व में पर्णकुटी है,
उसमें मन्दिर सोने का,
जिसमें मणिमय पादपीठ है,
जैसा हुआ न होने का।
केवल पादपीठ, उस पर है
पूजित युगल पादुकाएँ,
स्वयं प्रकाशित रत्न-द्वीप हैं
दोनों के दायें-बायें।

उटज-अजिर में पूज्य पुजारी
उदासीन - सा बैठा है,
आप देव-विग्रह मन्दिर से
निकल लीन-सा बैठा है।

मिले भरत में राम हमें तो,
मिलें भरत को राम कभी,
वही रूप है, वही रंग है,
वही जटाएँ, वही सभी!

बायीं ओर धनुष की शोभा,
दायीं ओर निषंग - छटा,
वाम पाणि में प्रत्यंचा है,
पर दक्षिण में एक जटा!
'आठ मास चातक जीता है
अपने घन का ध्यान किये,
आशा कर निज घनश्याम की
हमने बरसों बिता दिये!''

सहसा शब्द हुआ कुछ बाहर,
किन्तु न टूटा उनका ध्यान,
कब आ पहुँची वहाँ माण्डवी,
हुआ न उनको इसका ज्ञान।

चार चूड़ियाँ थीं हाथों में,
माथे पर सिन्दूरी बिन्दु,
पीताम्बर पहने थी सुमुखी,
कहाँ असित नभ का वह इन्दु?

फिर भी एक विषाद वदन के
तपस्तेज में पैठा था,
मानो लौह-तन्तु मोती को
बेध उसी में बैठा था।

वह सोने का थाल लिये थी,
उस पर पत्तल छाई थी,
अपने प्रभु के लिये पुजारिन
फलाहार सज लाई थी।

तनिक ठिठक, कुछ मुड़ कर दायें,
देख अजिर में उनकी ओर,

शीश झुकाकर चली गई वह
मन्दिर में निज हृदय हिलोर।
हाथ बढ़ाकर रक्खा उसने
पादपीठ के सम्मुख थाल,
टेका फिर घुटनों के बल हो
द्वार-देहली पर निज भाल।

टपक पड़ीं उसकी आँखों से
बड़ी बड़ी बूँदें दो-चार,
दूनी दमक उठी रत्नों की
किरणें उनमें डुबकी मार!

यही नित्य का क्रम था उसका,
राजभवन से आती थी,
स्वश्रू-शुश्रुषिणी अन्त में
पति-दर्शन कर जाती थी।

उठ धीरे, प्रिय-निकट पहुँचकर
उसने उन्हें प्रणाम किया,
चौंक उन्होंने, सँभल 'स्वस्ति' कह,
उसे उचित सम्मान दिया।

'जटा और प्रत्यञ्चा की उस,
तुलना का फल क्या निकला?''
हँसने की चेष्टा करके भी
हा! रो पड़ी वधू विकला।

''यह विषाद भी प्रिये अन्त में
स्मृति-विनोद बन जावेगा,
दूर नहीं अब अपना दिन भी,
आने को है, आवेगा।''

"स्वामी, तदपि आज हम सबके
मन क्यों रो रो उठते हैं,
किसी एक अव्यक्त आर्त्ति से
आतुर हो हो उठते हैं।"

'प्रिये, ठीक कहती हो तुम यह,
सदा शंकिनी आशा है,
होकर भी बहु-चित्र अंकिनी,
आप रंकिनी आशा है।

विस्मय है, इतनी लम्बी भी
अवधि बीतने पर आई,
खड़ा न हो फिर नया विघ्न कुछ,
स्वयं सभय चिन्ता छाई।

सुनो, नित्य जन-मनस्कल्पना
नया निकेत बनाती है,
किन्तु चंचला उसमें सुख से
पल भर बैठ न पाती है।

सत्य सदा शिव होने पर भी,
विरूपाक्ष भी होता है,
और कल्पना का मन केवल
सुन्दरार्थ ही रोता है।

तो भी अपने प्रभु के ऊपर
है मुझको पूरा विश्वास,
आर्य कहीं हों, किन्तु आर्य के
दिये वचन हैं मेरे पास।

रोक सकेगा कौन भरत को
अपने प्रभु को पाने से?
टोक सकेगा रामचन्द्र को
कौन अयोध्या आने से?"

"नाथ, यहाँ कहकर माँओं को
किसी भाँति कुछ खिला सकी,
पर ऊर्मिले बहन को यह मैं
आज न जल भी पिला सकी।

'कहाँ और कैसे होगें वे?'—
कह कह माँएँ रोती हैं,
'काँटे उन्हें कसकते होंगे'—
रह रह धीरज खोती हैं!

किन्तु बहन के बहने वाले
आँसू भी सूखे हैं आज,
वरुनी के वरुणालय भी वे
अलकों-से रुखे हैं आज!

उनके मुँह की ओर देखकर,
आग्रह आप ठिठकता है,
कहना क्या, कुछ सुनने में भी
हाय! आज वह थकता है।'

दीन-भाव से कहा उन्होंने—
'बहन, एक दिन बहुत नहीं,
बरसों निराहार रह कर ये
आँखें क्या मर गईं कहीं?'

विवश लौट आई रोकर मैं,
लाई हूँ नैवेद्य यहाँ!
'आता हूँ मैं'—कह कर देवर
गये उन्हीं के पास वहाँ।'

सनिःश्वास तब कहा भरत है—
"तो फिर आज रहे उपवास।"
"पर प्रसाद प्रभु का?" यह कहकर
हुई माण्डवी अधिक उदास।

'सबके साथ उसे लूँगा मैं,
बीते—बीत रही है रात,
''हाय! एक मेरे पीछे ही
हुआ यहाँ इतना उत्पात!

एक न मैं होता तो भव की
क्या असंख्यता घट जाती?
छाती नहीं फटी यदि मेरी,
तो धरती ही फट जाती!''

हाय!' नाथ, धरती फट जाती,
हम तुम कहीं समा जाते,
तो हम दोनों किसी मूल में
रहकर कितना रस पाते।

न तो देखता कोई हमको,
न वह कभी ईर्ष्या करता,
न हम देखते आर्त्त किसी को,
न यह शोक आँसू भरता।

स्वयं परस्पर भी न देख कर
करते हम बस अंगस्पर्श,
तो भी निज दाम्पत्य-भाव का
उसे मानती मैं आदर्श।

कौन जानता किस आकर में
पड़े हृदय रूपी दो रत्न?
फिर भी लोग किया करते हैं
उसकी आशा पर ही यत्न।

ऐसे ही अगणित यत्नों से
तुम्हें जगत ने पाया है,
उस पर तुम्हें न हो, पर उसको
तुम पर ममता-माया है।

नाथ, न तुम होते तो यह व्रत
कौन निभाता, तुम्हीं कहो?
उसे राज्य से भी महार्ह धन
देता आकर कौन अहो!

मनुष्यत्व का सत्व-तत्व यों
किसने समझा - बूझा है?
सुख को लात मार कर तुम-सा
कौन दुःख से जूझा है?

खेतों के निकेत बनते हैं
और निकेतों के फिर खेत,
वे प्रासाद रहें न रहें, पर,
अमर तुम्हारा यह साकेत।

मेरे नाथ, जहाँ तुम होते
दासी वहीं सुखी होती,
किन्तु विश्व की भ्रातृ-भावना
यहाँ निराश्रित ही रोती।

रह जाता नरलोक अबुध ही
ऐसे उन्नत भावों से,
घर घर स्वर्ग उतर सकता है
प्रिय, जिनके प्रस्तावों से।

जीवन में सुख-दुःख निरन्तर
आते जाते रहते हैं,
सुख तो सभी भोग लेते हैं,
दुःख धीर ही सहते हैं।

मनुज दुग्ध से, दनुज रुधिर से,
अमर सुधा से जीते हैं,
किन्तु हलाहल भव-सागर का,
शिव-शंकर ही पीते हैं।

धन्य हुए हम सब स्वधर्म की
जिस इस नई प्रतिष्ठा से,
समुत्तीर्ण होंगे कितने कुल
इसी अतुल की निष्ठा से!

हमें ऐतिहासिक घटनाएँ
जो शिक्षा दे जाती हैं,
स्वयं परीक्षा लेने उसकी
लौट लौटकर आती हैं।

अब कै दिन के लिए खेद यह,
जब यह दुख भी चला चला?
सच कहती हूँ,यह प्रसंग भी
तुझको जाते हुए खला!''

''प्रिये सभी सह सकता हूँ मैं,
पर असह्य तुम सबका ताप।''
''किन्तु नाथ, हम सबने इसका
लिया नहीं क्या अपने आप?

भूरि-भाग्य ने एक भूल की,
सबने उसे सँभाला है,
हमें जलाती, पर प्रकाश भी
फैलाती यह ज्वाला है।

कितने कृती हुए, पर किसने
इतना गौरव पाया है?
मैं तो कहती हूँ, सुदैव ही
यहाँ दुःख यह लाया है!

व्यथा-भरी बातों में ही तो
रहता है कुछ सार भरा,
तप में तप कर ही वर्षा में
होती है उर्वरा धरा।

लो, देवर आ गये, उन्हीं के
घोड़े की ये टापें हैं,
सुदृढ़ मार्ग पर भी द्रुतलय में
यथा मुरज की थापें हैं।

राजनीति बाधक न बने तो
तनिक और ठहरूँ इस ठौर?''
''सो कुछ नहीं, किन्तु भृत्यों को
प्रिये, कष्ट ही होगा और।''

''उन्हें हमारे सुख से बढ़ कर
नाथ, नहीं कोई सन्तोष,
सदा हमारे दुःखों पर जो
देते हैं स्वदैव को दोष।''

आकर—''लघु कुमार आते हैं''—
बोली नत हो प्रतिहारी,
''आवें'' कहा भरत ने तत्क्षण
आये वे धन्वाधारी।

कृश होकर भी अंग वीर के
सुगठित शाण-चढ़े-से थे,
सरल वदन के विनय-तेज युग
मिलकर अधिक बढ़े-से थे।

दोनों ओर दुकूल फहराता,
निकले थे मानो दो पक्ष,
उड़ कर भी सुस्फूर्ति-मूर्ति वे
ला सकते थे अपना लक्ष।

आकर किया प्रणाम उन्होंने,
दोनों ने आशीष दिया,
मुख का भाव देख कर उनका
सुख पाया, सन्तोष किया।

''कोई तापस, कोई त्यागी,
कोई आज विरामी है।
घर सँभालने वाले मेरे
देवर ही बड़भागी हैं!''

मुसकाकर तीनों ने क्षण भर
पाया वर विनोद विश्राम,
अनुभव करता था अपने में
चित्रकूट का नन्दिग्राम।

बोले तब शत्रुघ्न भरत से—
''आर्य, कुशलता है पुर में,
प्रभु की स्वागत-सज्जा की ही
उत्सुकता सबके उर में।

अपने अतुलित जनपद की जो
आकृति मात्र रही थी शेष,
नव्य-भव्य वर्णों का उसमें
होता है अब पुनरुन्मेष।

वह अनुभूति-विभाग आपका
बढ़ता है विभूति पाकर,
लिखते है लोगों के अनुभव
लेखक जहाँ तहाँ जाकर।

करते हैं ज्ञानी-विज्ञानी
नित्य नये सत्यों का शोध,
और सर्वसाधारण उनसे,
बढ़ा रहे हैं निज निज बोध।

नूतन वृत्तों में कवि-कोविद
नये गीत रच लाते हैं,
नव रागों में, नव तालों में,
गायक उन्हें जमाते हैं।

नये-नये साजों बाजों की
शिल्पकार करते हैं सृष्टि,
गूढ़ रहस्यों पर ही प्रतिभा
डाल रही है अपनी दृष्टि।

नई नई नाटक-सज्जाएँ
सूत्रधार करते हैं नित्य,
और ऐन्द्रजालिक भी अपना
भरते हैं अद्‌भुत साहित्य।

चित्रकार नव नव दृश्यों को
ऐसा अंकित करते हैं,
आनन्दित करने के पहले
जो कुछ शंकित करते हैं।''

कहा माण्डवी ने—''उलूक भी
लगता है चित्रस्थ भला,
सुन्दर को सजीव करती है,
भीषण को निर्जीव कला।''

''वैद्य नवीन वनस्पतियों से
प्रस्तुत करते हैं नव योग,
जिनके गन्धस्पर्श मात्र से
मिटें गात्र के बहु विध रोग।

सौगन्धिक नव नव सुगन्धियाँ
प्रभु के लिए निकाल रहे,
माली नये नये पौधों को
उद्यानों में पाल रहे।

एक शाल में बहु विभिन्न दल
और विविध वर्धित फल-फूल,
यथा विचित्र विश्व-विटपी में
अगणित विटप, एक ही मूल!

तन्तुवाय बुन बना रहे हैं
नये नये बहु पट-परिधान,—
रखने में फूलों के दल-से,
फैलाने में गन्ध-समान!

स्वर्णकार कितने प्रकार से
करते हैं मणि-कांचन-योग,
चमत्कार के ही प्रसार में
लगे चाव से हैं सब लोग।

गल गल कर ढल रहीं धातुएँ
पिघल महानल में जल ज्यों,
हुए टाँकियों के कौशल से
उपल सुकोमल उत्पल ज्यों!

फूल-पत्तियों से भूषित हैं
फिर सजीव-से नीरस दारु,
कारु-कुशलताएँ हैं अथवा
उनकी पूर्वस्मृतियाँ चारु!

वसुधा-विज्ञों ने कितनी ही
खोजी नई नई खानें,
पड़े धूलि में होंगे फिर भी
कितने रत्न बिना जानें।

श्रमी कृषक निज बीज-वृद्धि का
रखते हैं जीवित इतिहास,
राज-घोष में देखा मैंने
आज नया गोवंश-विकास।

विभु की बाट जोहते हैं सब
ले ले कर अपने उपहार,
दे देकर निज रचनाओं को
नव नव अलंकार-शृंगार।

करा रहे ऊर्जस्वल बल से
नित्य नवल कौशल का मेल,
साध रहे हैं सुभट विकट बहु
भय - विस्मय - साहस के खेल।

करके नये नये शस्त्रों से
नये नये लक्षों को विद्ध,
विविध युद्ध-कौशल उपजा कर
करते हैं सैनिकजन सिद्ध!''

कहा माण्डवी ने—''क्या यों ही
सच्चे कलह कहीं कम हैं?
हा! तब भी सन्तुष्ट न होकर
लगे कल्पना में हम हैं!

''प्रिये, तुम्हारी सेवा का सुख
पाने को ही यह श्रम सर्व,
वीरों के व्रण को बधुओं की
स्नेह-दृष्टि का ही चिर गर्व।''

''हाय! हमारे रोने का भी
रखते हैं नर इतना मूल्य!''
''हाँ भद्रे, वे नहीं जानते,
हँसने का है कितना मूल्य!''

''किन्तु नाथ, मुझको लगती है,
कलह-मूर्ति ही अपनी जाति,
आत्मीयों को भी आपस में
हमीं बनातीं यहाँ अराति।''

''आर्ये, तब क्या कहती हो तुम
यहाँ न होतीं माताएँ?
होता कुछ भी वहाँ कहाँ से
जहाँ न होतीं माताएँ?

नहीं कहीं गृह-कलह प्रजा में,
हैं सन्तुष्ट तथा सब शान्त,
उनके आगे सदा उपस्थित
दिव्य राज-कुल का दृष्टान्त।

अन्न-वृद्धि से तृप्त तथा बहु
कला-सिद्धि से सहज प्रसन्न,
अपना ग्राम ग्राम है मानो
एक स्वतन्त्र वेश सम्पन्न।

बाध्य हुआ था जो नृप-मण्डल
देख हमारी अविचल शक्ति,
साध्य मानता है अब हमको,
रखता है मैत्री क्या भक्ति।

अवधि यवनिका उठे आर्य, तो
देखेंगे पुर के सब वृद्ध—
प्रभु को आप राज्य सौंपेंगे
पहले से भी अधिक समृद्ध।''

''सेंत-मेंत के यश के भागी
प्रिये, तुम्हारा है भर्त्ता,
करके स्वयं तुम्हारे देवर
कहते हैं मुझको कर्त्ता!''

''नाथ, देखती हूँ इस घर में
मैं तो इसमें ही सन्तोष,
गुण अर्पण करके औरों को,
लेना अपने सिर सब दोष।''

''आर्य, तराई से आया है,
एक श्वेत-शोभन गज आज,
प्रभु के स्वागतार्थ उसके मिष
समुपस्थित मानो गिरिराज!

सहज सुगति वह किन्तु निषादी
उसे और शिक्षा देंगे,
प्रभु के आने तक वे उसको
उत्सव - योग्य बना लेंगे।''

''अनुज, सुनाते रहो सदा तुम,
मुझको ऐसे ही संवाद,
सुनो, मिला है हमें और भी,
हिमगिरि का कुछ नया प्रसाद।

मानसरोवर से आये थे
सन्ध्या समय एक योगी,
मृत्युञ्जय की ही यह निश्चय
मुझ पर कृपा हुई होगी।

वे दे गये मुझे वह औषधि,
संजीवनी नाम जिसका,
क्षत-विक्षत जन को भी जीवन
देना सहज काम जिसका।

किया उसे संस्थापित मैंने
चरण-पादुकाओं के पास,
फैल रही यह सुरभि उसी की,
करती है वह विभा-विकास।''

''आर्य सभी शुभ लक्षण हैं, पर
मन में खटक रहा है कुछ,
निकल निकल कर भी काँटे-सा
उसमें अटक रहा है कुछ,

लाकर दूर दूर से अपने
प्रभु के लिए भेंट सस्नेह,
जल-थल से पुर के व्यवसायी
लौट रहे हैं निज निज गेह।

आज एक ऐसे ही जन ने
मुझको यह संवाद दिया,
सबके लिए अगम दक्षिण का
पथ प्रभु ने है सुगम किया।

शान्त, सदय मुनियों को उद्धत
राक्षस वहाँ सताते थे,
धर्म-कर्म के घातक होकर
उनको खा तक जाते थे।

आर्ये, सिहर उठीं तुम सुनकर
हुआ किन्तु अब उनका त्राण!
रहते हैं लेकर ही अथवा
देकर ही प्राणों को प्राण!

प्रभु के शरण हुए कुछ ऋषि-मुनि
कहकर कष्ट-कथा सारी,
सफल समझ अपना वन आना
द्रवित हुए वे भयहारी।

अत्रि और अनसूया ने तब
उनको आशीर्वाद दिया,
दिव्य वसन भूषण आर्या को
दे बेटी-सा विदा किया।

दण्डक वन में जाकर प्रभु ने
लिया धर्म-रक्षा का भार,—
दिया अश्रु-जल हत मुनियों को
उनका अस्थि-समूह निहार।

बाधक हुआ विराध मार्ग में,
झपटा आर्या पर पाषण्ड;
जीता हुआ गाड़ देना ही
समुचित था उस खल का दण्ड।''

''हाय अभागे!'' सचमुच भाभी,
अच्छा हो अरि का भी अन्त,
किन्तु स्वयं माँगा था उसने
मुक्ति-हेतु यह दण्ड दुरन्त।

मिल शरभंग, सुतीक्ष्ण आदि से
आर्य अगस्त्याश्रम आये,
कौशिक-सम दिव्यास्त्र उन्होंने
उन मुनिवर से भी पाये।

गोदावरी-तीर पर प्रभु ने
दण्डक वन में वास किया,
अपनी उच्च आर्य-संस्कृति ने,
वहाँ अबाध विकास किया।

राक्षसता उनको विलोक कर
थी लज्जा से लोहित-सी,
शूर्पणखा रावण की भगिनी
पहुँची वहाँ विमोहित-सी।''

हँसी माण्डवी—''प्रथम ताड़का,
फिर यह शूर्पणखा नारी,
किसी बिड़ालाक्षी की भी अब
आने वाली है बारी!''

''उनमें भी सुलोचनाएँ हैं
और प्रिय, हममें भी अन्ध।''
''नाथ, क्यों नहीं,—तभी न अब यह
जुड़ता है उनसे सम्बन्ध!—

हाँ देवर, फिर?'' ''भाभी, आगे
हुआ सभी रस-भाव विवर्ण,
आर्या को खाने आई वह—
गई कटा कर नासा-कर्ण!

इसके पीछे उस कुटीर पर
घिरी युद्ध की घोर घटा,
निशाचरों का गर्जन-तर्जन,
शस्त्रों की वह तड़िच्छटा।

अभय आर्य ने इन्द्रचाप-सा
चाप चढ़ा कर छोड़े बाण,
रहा राक्षसों के शोणित की
वर्षा का फिर क्या परिमाण?

निज संस्कृति-समान आर्या की
अग्रज रक्षा करते थे,
और प्रहरणों से प्रभुवर के
रण में रिपुगण मरते थे।

बहुसंख्यक भी वैरी जनों में
उन गतियों से खेले वे,
दीख पड़े सबको असंख्य-से
होकर आप अकेले वे!

दूषण को सह सकते कैसे
स्वयं सगुण धन्वाधारी,
खर था खर, पर उनके शर थे
प्रखर पराक्रम - विस्तारी।

व्रण-भूषण पाकर विजयश्री
उन विनीत में व्यक्त हुई,
निकल गये सारे कंटक-से
व्यथा आप ही त्यक्त हुई।

जय जयकार किया मुनियों ने,
दस्युराज यों ध्वस्त हुआ,
आर्य-सभ्यता हुई प्रतिष्ठित,
आर्य-धर्म आश्वस्त हुआ।

होते हैं निर्विघ्न यज्ञ अब
जप - समाधि - तप - पूजा - पाठ,
यश गाती हैं मुनि-कन्याएँ,
कर व्रत-पर्वोत्सव के ठाठ!"

"धन्य" भरत बोले गद्गद हो—
"दूर विकृति वैगुण्य हुआ,
उस तपस्विनी मेरी माँ का
आज पाप भी पुण्य हुआ।

तदपि राक्षसों के विरोध की
हुई मुझे नूतन शंका,
विश्रुति बली-छली है रावण,
सोने की जिसकी लंका।"

"नाथ, बली हो कोई कितना,
यदि उसके भीतर है पाप,
तो गजभुक्तकपित्थ-तुल्य वह
निष्फल होगा अपने आप।"

"प्रिये, ठीक है किन्तु हमे भी
करना है कर्त्तव्य - विचार,
जलते जलते भी अधमेन्धन
छिटकाता है निज अंगार।

हत बैरी का भी क्या हमको
करना पड़ता नहीं प्रबन्ध,
जिसमें सड़कर उसका शव भी
फैलावे न कहीं दुर्गन्ध।

पुण्य लाभ करने से भी है
पाप काटना कठिन कठोर,
कुसुम-चयन-सा सहज नहीं है
काँटों से बचना उस ओर।

पूर्व पुण्य के क्षय होने तक
पापी भी तो दुर्जय है,
सरला-अबला आर्या ही के
लिए आज मुझको भय है।

मायावी राक्षस—वह देखो!''
चौंक वीरवर ने थोड़ा,
दीख न पड़ा चढ़ा कर धन्वा
कब शर जोड़ा, कब छोड़ा।

''हा लक्ष्मण! हा सीते!'' दारुण
आर्त्तनाद गूँजा ऊपर,
और एक तारक-सा तत्क्षण
टूट गिरा सम्मुख भू पर।

चौंक उठे सब 'हरे! हरे!' कह—
''हा! मैंने किसको मारा!''
आहत जन के शोणित पर ही
गिरि भरत - रोदन - धारा।

दौड़ पड़ीं बहु दास-दासियाँ,
मूर्च्छित-सा था वह जन मौन,
भरत कह रहे थे सहला कर—
''बोले भाई तुम हो कौन?''

कहा माण्डवी ने तब बढ़ कर—
''अब आतुरता ठीक नहीं,
संजीवनी महौषधि की हो
नाथ, परीक्षा क्यों न यहीं?''

''साधु-साधु कह स्वयं भरत ही
जाकर उसको ले आये,
चमत्कार था, नये प्राण-से
उस आहत जन ने पाये।

आँखें खोल देखती थी वह
विकट मूर्ति हट्टी-कट्टी,
अपना अंचल फाड़ माण्डवी
उसे बाँधती थी पट्टी!

"अहा! कहाँ मैं, क्या सचमुच ही
तुम मेरी सीता माता?
ये प्रभु हैं, ये मुझे गोद में
लेटाये लक्ष्मण भ्राता?"

"तात! भरत, शत्रुघ्न, माण्डवी
हम सब उनके अनुचारी,
तुम हो कौन, कहाँ कैसे हैं
वे खर - दूषण - संहारी?"

चौंक वीर उठ खड़ा हो गया,
पूछा उसने—"कितनी रात?"
"अर्द्धप्राय" कुशल है तब भी,
अब भी है वह दूर प्रभात।

धन्य भाग्य, इस किंकर ने भी
उनके शुभ दर्शन पाये!
जिनकी चर्चा कर सदैव ही
प्रभु के भी आँसू आये।

मेरे लिए न आतुर हो तुम,
कहाँ पार्श्व का अब वह घाव?
अम्बा के इस अंचल-पट में,
पुलकित मेरा चिर-शिशु-भाव!

आंजनेय को अधिक कृती उन
कार्त्तिकेय से भी लेखो,
माताएँ ही माताएँ हैं
जिसके लिए जहाँ देखो।

पर विलम्ब से हानि, सुनो मैं
हनूमान, मारुति प्रभुदास,
संजीवनी - हेतु जाता हूँ
योग सिद्धि से उड़ कैलास।''

''प्रस्तुत है वह यहीं, उसी से
प्रियवर, हुआ तुम्हारा त्राण।''
अहा! मेरे साथ बचाये
तुमने लक्ष्मण के भी प्राण।

थोड़े में वृत्तान्त सुनो अब
खर - दूषण - संहारी का,
तुम्हें विदित ही है यह विक्रम,
उन दण्डक वन - चारी का।

हरी हरी वनधरा रुधिर से
लाल हुई हल्की होकर,
शूर्पणखा लंका में पहुँची,
रावण से बोली रोकर—

'देखो, दो तापस मनुजों ने,
कैसी गति की है मेरी,
उनके साथ एक रमणी है,
रति भी हो जिसकी चेरी।

भरतखण्ड के दण्डक वन में
वे दो धन्वी रहते हैं,
स्वयं पुनीत-नहीं, पावन वन,
हमें पतित जन कहते हैं।'

शूर्पणखा की बातें सुन कर
क्षुब्ध हुआ रावण मानी,
वैर-शुद्धि के मिष उस खल ने
सीता हरने की ठानी।

तब मारीच निशाचर से वह
पहले कपट मंत्र करके,
उसे साथ ले दण्डक वन में
आया साधु - वेश धरके।

हेम-हरिण बन गया वहाँ पर
आकर मायावी मारीच,
श्रीसीता के सम्मुख जाकर
लगा लुभाने उनको नीच।

मर्म समझ हँस कर प्रभु बोले—
'सब सुचर्म पर मरते हैं!
इसे मार हम प्रिये तुम्हारी
इच्छा पूरी करते हैं।

'भाई सावधान!' यह कहकर
और धनुष पर रखकर बाण,
उस कुरंग के पीछे प्रभु ने,
क्रीड़ा - पूर्वक किया प्रयाण।

अरुण-रूप उस तरुण हरिण की
देख किरण - गति, ग्रीवाभंग,
सकरुण नरहरि राम रंग से
गये दूर तक उसके संग।

समझ अन्त में उसका छल जो
छोड़ा इधर उन्होंने बाण,
'हा लक्ष्मण! हा सीते!' कह कर
छोड़े उधर छली ने प्राण।

सुन कर उसकी कातरोक्ति वह
चंचल हुई चौंक सीता,
क्या जानें प्रभु पर क्या बीती,
वे हो उठीं महा भीता।

लक्ष्मण से बोलीं—'शुभ लक्षण!
यह पुकार कैसी है हाय!
जाओ, झटपट जाकर देखो,
आर्यपुत्र जैसी है हाय!'

लक्ष्मण ने समझाया उनको—
'भाभी, भय न करो मन में,
कर सकता है कौन आर्य का
अहित तनिक भी त्रिभुवन में।

तुम कहती हो-पर यह मेरा
दक्षिण नेत्र फड़कता है,
आशंका - आतंक - भाव से
आतुर हृदय धड़कता है।

तदपि मुझे उनके प्रभाव का
है इतना विस्तृत विश्वास,
हिलता नहीं केश तक मेरा,
क्या प्रकम्प हैं, क्या निःश्वास।'

'किन्तु तुम्हारे ऐसे निर्मम
प्राण कहाँ से मैं लाऊँ?
और कहाँ तुम-सा जड़-निर्दय
यह पाषाण हृदय पाऊँ?'

कहा क्रुद्ध होकर देवी ने—
'घर बैठो तुम, मैं जाऊँ,
जो यों मुझे पुकार रहा है,
किसी काम उसके आऊँ।

क्या क्षत्रिया नहीं मैं बोलो,
पर तुम कैसे क्षत्रिय हो?
इतने निष्क्रिय होकर भी जो
बनते यों स्वजनप्रिय हो।'

'हा! आर्ये, प्रिय की अप्रियता
करने को कहती हो तुम,
यदि न करूँ मैं तो गृहिणी की
भाँति नहीं रहती हो तुम।

मैं कैसा क्षत्रिय हूँ, इसको
तुम क्या समझोगी देवी,
रहा दास ही और रहूँगा
सदा तुम्हारा पद - सेवी।

उठा पिता के भी विरुद्ध मैं,
किन्तु आर्य - भार्या हो तुम,
इससे तुम्हें क्षमा करता हूँ,
अबला हो, आर्या हो तुम!

नहीं अन्ध ही किन्तु बधिर भी,
अबला बधुओं का अनुराग,
जो हो, जाता हूँ मैं, पर तुम,
करना नहीं कुटी का त्याग।

रहना इस रेखा के भीतर,
क्या जानें अब क्या होगा,
मेरा कुछ वश नहीं, कर्म-फल
कहाँ न कब किसने भोगा?'

कसे निषंग पीठ पर प्रस्तुत
और हाथ में धनुष लिये,
गये शीघ्र रामानुज वन में
आर्त्त-नाद को लक्ष्य किये।

शून्याश्रम से इधर दशानन,
मानो श्येन कपोती को,
हर ले चला विदेहसुता को!—
भय से अबला रोती को!''

कह सशोक 'हा!' दोनों भाई
लगे सकोप पटकने हाथ,
रोने लगी माण्डवी—'जीजी,
तुमसे तो ऊर्मिला सनाथ!''

आगे सुनने को आतुर हो
सबने यह आघात सहा,
हनुमान ने धीरज देकर
शीघ्र शेष वृतान्त कहा—

''चिल्ला तक न सकीं घबरा कर
वे अचेत हो जाने से,
भाँय भाँय कर उठा किन्तु वन,
निज लक्ष्मी खो जाने से।

वृद्ध जटायु वीर ने खल के
सिर पर उड़ आघात किया,
उसका पक्ष किन्तु पापी ने
काट केतु-सा गिरा दिया।

गया जटायु इधर सुरपुर को
उधर दशानन लंका को,
क्या विलम्ब लगता है आते
आपद को, आशंका को?

आकर खुला शून्य पिंजर-सा
दोनों ने आश्रम देखा,
देवी के बदले बस उनका
विभ्रम देखा, भ्रम देखा।

प्रिये, प्रिये, उत्तर दो मैं ही
करता नहीं पुकार अभंग,
शून्य कुंज-गिरि-गुहा-गर्त्त भी
तुम्हें पुकार रहे हैं संग!'

लक्ष्मण ने, मैंने भी देखा,
सोती थी जब सारी सृष्टि,
एक मेघ उठा—'सीते! सीते'
गरज गरज करता था वृष्टि!

उनके कुसुमाभरण मार्ग में
थे जिस ओर पड़े उच्छिन्न,
उन्हें बीनते हुए बिलपते
चले खोज करते थे खिन्न।

'जिनके अलंकार पाये हैं,
आर्य उन्हें भी पावेंगे,
सोचो, साधु भरत के भी क्या
साधन निष्फल जावेंगे?

पच सकती है रश्मिराशि क्या
महाग्रास के तम से भी?
आर्य, उगलवा लूँगा अपनी
आर्या को मैं यम से भी!

मेट सकेगा कौन विश्व के
पातिव्रत की लीक, कहो!
यह अंबर उस अग्नि-शिखा को
ढँक न सकेगा, दुखी न हो।'

'काल-फणी की मणि पर जिसने
फैलाया है अपना हाथ,
उसी अभागे का दुख मुझको'—
बोले लक्ष्मण से रघुनाथ।

कर जटायु-संस्कार बीच में
दोनों ने निज पथ पकड़ा,
आगे किसी कबन्धासुर ने
अजगर ज्यों उनको जकड़ा।

मारा बाहु काट बैरी को
बन्धु-सदृश फिर दाह किया,
सदा भाव के भूखे प्रभु ने
शबरी का आतिथ्य लिया।

यों ही चल कर पम्पासर का
पत्र - पुष्प - अर्पण देखा,
निज कृश-करुण-मूर्त्ति का मानो
प्रभु ने वह दर्पण देखा।

आगे ऋष्यमूक पर्वत पर,
वानर ही कहिये, हम थे,
विषम प्रकृति वाले होकर भी
आकृति में नर के सम थे।

था सुग्रीव हमारा स्वामी,
मन के दुःखों का मारा,
कामी अग्रज बली बालि ने
हर ली जिसकी धन-दारा।

इस किंकर ने उतर अद्रि से
दया - दृष्टि प्रभु की पाई,
सहज सहानुभूति-वश उस पर
प्रीति उन्होंने दिखलाई।

लिये जा रहा था रावण-वक
जब शफरी - सी सीता को,
देखा हमने स्वयं तड़पते
उन पद्मिनी पुनीता को।

हिम-सम अश्रु और मोती का
हार उन्होंने, हमें निहार,
उझल दिया मानों झोंके से,—
देकर निज परिचय दो बार।

अश्रु-बिन्दु तो पिरो ले गईं
किरणें स्वर्गाभरण विचार,
उनका स्मारक छिन्न हार ही
हुआ वहाँ प्रभु का उपहार।

कह सुकण्ठ को बन्धु उन्होंने
किया कृतार्थ अंक भर भेंट,
बर्बर पशु कह एक बाण से
किया बालि का फिर आखेट।

इसके पहले ही विभु-बल का
था हमको मिल चुका प्रमाण,
फोड़ गया था सात ताल-तरु
वहाँ एक ही उनका बाण।

वर्षा-काल बिताया प्रभु ने
उसी शैल पर शंकर-रूप,
हुआ सती सीता के मुख-सा
शरच्चन्द्र का उदय अनूप।

भूला पाकर किष्किन्धा का
राज्य और दारा सुग्रीव,
स्वयं ब्रह्म ही मायामय है,
कितना-सा है जन का जीव?

भूल मित्र का दुःख शत्रु-सा
सुख भोगे, वह कैसा मित्र?
पहुँचे पुर में प्रकुपित होकर
धन्वी लक्ष्मण चारु-चरित्र,

तारा को आगे करके तब
नत वानरपति शरण गया,
देख दीन अबला को सम्मुख
आवेगी किसको न दया?

गये सहस्त्र कीश तब
करने को देवी की खोज,
दी मुद्रिका मुझे प्रभुवर ने
फेरा मुझ पर स्वकर-सरोज।

दुस्कर क्या है उसे विश्व में
प्राप्त जिसे प्रभु का प्रणिधान?
पार किया मकरालय मैंने
उसे एक गोष्पद-सा मान।

देख एक दो विघ्न बीच में
हुआ मुझे उलटा विश्वास—
बाधाओं के भीतर ही तो
कार्य - सिद्धि करती है वास।

निरख शत्रु की स्वर्णपुरी वह
मुझे दिशा - सी भूली थी,
नील जलधि में लंका थी या
नभ में सन्ध्या फूली थी!

भौतिक विभूतियों की निधि-सी,
छवि की छत्रच्छाया-सी,
यन्त्रों - मन्त्रों - तन्त्रों की थी
वह त्रिकूटिनी माया-सी!

उस भव-वैभव की विरक्ति-सी
वैदेही व्याकुल मन में,
भिन्न देश की खिन्न लता-सी
पहचानी अशोक - वन में।

क्षण क्षण में भय खाती थीं वे,
कण कण आँसू पीती थीं,
आशा की मारी देवी उस
दस्यु-देश में जीती थीं!

थी उस समय रात, मैं छिप कर
अश्रु पोंछ था देख रहा,
आकर काल-रूप रावण ने
उन मुमूर्ष के निकट कहा—

'कहा मान अब भी हे मानिनि,
बन इस लंका की रानी,
कहाँ तुच्छ वह राम? कहाँ मैं
विश्वजयी रावण मानी?'

'जीत न सका एक अबला का
मन तू विश्वजयी कैसा?
जिन्हें तुच्छ कहता है, उनसे
भागा क्यों, तस्कर ऐसा?

मैं वह सीता हूँ, सुन रावण,
जिसका खुला स्वयंवर था,
वर लाया क्यों मुझे न पामर,
यदि यथार्थ ही तू नर था?

वर न सका कापुरुष, जिसे तू,
उसे व्यर्थ ही हर लाया,
अरे अभागे इस ज्वाला को
क्यों तू अपने घर लाया?

भाषण करने में भी तुझसे
लग न जाय हा! मुझको पाप,
शुद्ध करूँगी मैं इस तनु को
अग्नि - ताप में अपने आप।'

विमुख हुईं मौनव्रत लेकर
उस खल के प्रति पतिव्रता,
एक मास की अवधि और दे
गया पतित, वे रहीं हता।

जाकर तब देवी के सम्मुख
मैंने उन्हें प्रणाम किया,
प्रभु की नाम-मुद्रिका देकर
परिचय, प्रत्यय, धैर्य दिया।

'करें न मेरे पीछे स्वामी
विषम कष्ट-साहस के काम,
यही दुःखिनी सीता का सुख-
सुखी रहें उसके प्रिय राम।

मेरे धन वे घनश्याम ही,
जानेगा यह अरि भी अन्ध,
इसी जन्म के लिए नहीं है
राम - जानकी का सम्बन्ध।

देवर से कहना—मैंने जो
मानी नहीं तुम्हारी बात,
उसी दोष का दण्ड मिला यह,
क्षमा करो मुझको अब तात!'

मैंने कहा—'अम्ब, कहिए तो
अभी आपको ले जाऊँ?'
बोलीं वे—'क्या चोरी चोरी
मैं अपने प्रभु को पाऊँ?'

माँग अनुज्ञा मैंने उनसे
उस उपवन के फल खाये,
और उजाड़ा उसे प्रकृति-वश,
मारे जो रक्षक आये।

आया तब कुछ सैनिक लेकर
एक पुत्र रावण का अक्ष,
विटपों से भट मार, शत्रु का
तोड़ दिया घूँसों से वक्ष।

नागपाश में, विदित इन्द्रजित
बाँध ले गया मुझे अहा!
'जीता हुआ जला दो इसको'—
रावण ने सक्रोध कहा।

लंका में भी साधु विभीषण
था रावण का ही भाई,
लेता रहा पक्ष प्रभु का, पर,
सुनता है कब अन्यायी।

तब लपेट तैलाक्त पटच्चर
आग लगाई रिपुओं ने,
पर निज पुरी उसी पावक में
जलती पाई रिपुओं ने।

जली पाप की लंका जिससे,
वह थी एक सती की हूक,
मैंने तो झटपट समुद्र में,
कूद बुझा ली अपनी लूक।

देवी ने चूणामणि दी थी,
मैंने प्रभु को दी लाकर,
तुष्ट हुए वे सुध पाकर यों
मानो उनको ही पाकर।

तब लंका पर हुई चढ़ाई,
सजी ऋक्ष - वानर - सेना,
मिल मानो दो सलिल-राशियाँ
उमड़ी फैला कर फेना।

भंग-भित्तियाँ उठा उठा कर
सिन्धु रोकने चला प्रवाह,
बाँधा गया किन्तु उलटा वह,
सेतु रूप ही है उत्साह।

नीलनभोमण्डल-सा जलनिधि,
पुल था छायापथ-सा ठीक,
खींच दी गई एक अमिट-सी
पानी पर भी प्रभु की लीक!

उधर विभीषण ने रावण को
पुनः प्रेम - वश समझाया,
पर उस साधु पुरुष ने उलटा
देशद्रोही पद पाया!

'तात, देश की रक्षा का ही
करता हूँ मैं उचित उपाय,
पर वह मेरा देश नहीं जो
करे दूसरों पर अन्याय।

किसी एक सीमा में बँध कर
रह सकते हैं क्या ये प्राण?
एक देश क्या, अखिल विश्व का
तात, चाहता हूँ मैं त्राण?

वार धर्म पर राज्य जिन्होंने
वन का दारुण दुख भोगा,
वे यदि मेरे वैरी होंगे,
तो फिर बन्धु कौन होगा?

शत्रु नहीं शासक वे सबके,
आप न इस मद में भूलें,
गुरुतम गज भी सह सकता है
क्या लघु अंकुश की हूलें?

परनारी, फिर सती और वह
त्याग - मूर्ति सीता-सी सृष्टि,
जिसे मानता हूँ मैं माता,
आप उसी पर करें कुदृष्टि!

उड़ जावेगा दग्ध देश का
सत्ती-श्वास से ही बल वित्त,
राम और लक्ष्मण तो होंगे
कहने भर के लिए निमित्त।'

उपचारक पर रुक्ष रुग्ण-सा
रावण उलटा क्षुब्ध हुआ—
'निकल यहाँ से, शत्रु-शरण जा,
जिसके गुण पर लुब्ध हुआ।'

'जैसी आज्ञा,' उठा विभीषण,
यह कह उसने किया प्रयाण—
'जँचा इसी में तात, मुझे भी
निज पुलस्त्य-कुल का कल्याण।'

वैरी का भाई था, फिर भी,
प्रभु ने बन्धु - समान लिया,
उसको शरणागत विलोक कर
हित से समुचित मान दिया।

कहा मन्त्रियों ने कुछ, तब वे
बोले—दुर्बल हैं, हम क्या?
छले धर्म ही हमें हमारा,
तो है भला यही कम क्या?

प्रभु ने दूत भेज रावण को
दिया और भी अवसर एक,
हित में अहित, अहित ही में हित
किन्तु मानता है अविवेक।

सर्वनाशिनी बर्बरता भी
पाती है विग्रह में नाम,
पड़ा योग्य ही रक्षों को हम,
ऋक्ष-वानरों से अब काम।

आयुध तो अतिरिक्त समझिए,
अस्त्र आप हैं अपने अंग,
दन्त, मुष्टियाँ नख, कर, पद सब
चलने लगे संग ही संग।

मार मार हुंकार साथ ही
निज निज प्रभु का जय जयकार,
बहते विटप, डूबते प्रस्तर,
बुझते शोणित में अंगार।

निज आहार जिन्हें कहते थे,
राक्षस अपने मद में भूल,
हुए अजीर्ण वही हम उनके
मारक गुल्म, विदारक शूल!

रण तो राम और रावण का,
पण परन्तु है लक्ष्मण का,
शौर्य-वीर्य दानों के ऊपर
साहस उन्हीं सुलक्षण का।

लड़ना छोड़ छोड़ कर बहुधा
देखा मैंने उनका युद्ध,
निकले-घुसे घनों में रवि ज्यों,
रह न सके क्षण भर भी रुद्ध।

शेल-शूल असि-परशु, गदा-घन,
तोमर - भिन्दिपाल, शर - चक्र,
शोणित बहा रही हैं रण में
विविध सार - धाराएँ वक्र।

'आरे, आ, जा रे जा!' कह कह
भिड़ते हैं जन जन के साथ,
घनघन, झनझन, सनसन निस्वन
होता है हनहन के साथ!

नीचे स्यार पुकार रहे हैं,
ऊपर मँड़राते हैं गिद्ध,
सोने की लंका मिट्टी में
मिलती है लोहे से विद्ध।

भेद नहीं पाते हैं रविकर
दिया शून्य को रज से पाट,
पर अमोघ प्रभु के शर खर तर
जाते हैं अरिकुल को काट।

अपने जिन अगणित वीरों पर
गर्वित था वह राक्षसराज,
एक एक करके भी मर कर
हुए नगण्य अहो वे आज।

दाँत पीसकर, ओंठ काट कर,
करता है वह क्रुद्ध प्रहार,
पर हँस हँस कर ही प्रभु सबका
करते हैं पल में प्रतिकार।

देखा अहा! आज ही मैंने
उन्हें क्रोध करते कुछ काल,
काँप उठे भय से हम सब भी
कहूँ शत्रुओं का क्या हाल?

कुपित इन्द्रजित ने, क्रम क्रम से
सबको देख काल की भेंट,
छोड़ी लक्ष्मण पर लंका की
मानो सारी शक्ति समेट।

विधि ने उसे अमोघ किया था,
पर न हटे रामानुज धीर,
इसी दास ने दौड़ उठाया
हा! उनका निश्चेष्ट शरीर।

धैर्य न छोड़ें आप, शान्त हों,
भक्षक से रक्षक बलवान,
उन्हें देख 'हा लक्ष्मण!' कहकर
सजल हुए प्रभु जलद - समान।

जगी उसी क्षण विद्युज्ज्वाला,
गरज उठे होकर वे क्रुद्ध,—
'आज काल के भी विरुद्ध है,
युद्ध - युद्ध बस मेरा युद्ध!

रोऊँगा पीछे, होऊँगा
उऋण प्रथम रिपु के ऋण से।'
प्रलयानल-से बढ़े महाप्रभु,
जलने लगे शत्रु तृण-से।

एक असह्य प्रकाश-पिण्ड था,
छिपी तेज में आकृति आप,
बना चाप ही रवि मण्डप-सा,
उगल उगल शर-किरण-कलाप।

कोप-कटाक्ष छोड़ता हो ज्यों
भृकुटी चढ़ा कर काल कराल,
क्षण भर में ही छिन्न-भिन्न सा
हुआ शत्रु-सेना का जाल।

क्षुब्ध नक्र जैसे पानी में,
पर्वत में जैसे विस्फोट,
अरि-समूह में विभु वैसे ही
करते थे चोटों पर चोट।

कर-पद रुण्ड-मुण्ड ही रण में
उड़ते, गिरते, पड़ते थे।
कल कल नहीं, किन्तु भल भल कर
रक्तस्रोत उमड़ते थे।

रिपुओं की पुकार भी मानो
निष्फल जाती बारंबार,
गूँज उसे भी दबा रही थी
उनके धन्वा की टंकार।

निज निर्घोषों से भी आगे,
आते थे उनके आघात,
मानो उस राक्षस - युगान्त में
प्रलय - पयोदों के पवि-पात!

सर्वनाश-सा देख सामने
रावण को भी कोप हुआ,
पर पल भर में प्रभु के आगे
सारा छल-बल लोप हुआ।

'बच रावण निज वत्स-मरण तक,
बन न राम-बाणों का लक्ष,
मेरे वत्स-शोक का साक्षी
बने यहाँ तेरा ही वक्ष।

कहाँ इन्द्रजित? किन्तु न होऊँ
मैं लक्ष्मण का अपराधी,
जिसने आज यहाँ पर उसकी
वध साधन - समाधि साधी।

राक्षस, तेरे तुच्छ बाण क्या?
मेरे इस उर में है शेल,
उसे झेलने के पहले तू
मेरा एक विशिख ही झेल।'

अश्व, सारथी और शत्रुभुज
एक बाण ने बेध दिया,
मूर्च्छित छोड़ उन्होंने उसको
अगणित अरि-पशु-मेध किया।

आँधी में उड़ते पत्तों से,
दलित हुए सब सेनानी,
पर उस मेघनाद के बदले
आया कुम्भकर्ण मानी।

'भाई का बदला भाई ही!'
गरज उठे वे घन-गम्भीर,
गज पर पंचानन-सम उस पर
टूट पड़े उसका दल चीर।

'अनुमोदन तो नहीं किन्तु निज
अग्रज का अनुगत हूँ मैं,
निद्रा और कलह दो में ही
राघव, सन्तत रत हूँ मैं।

वज्रदन्त, धूम्राक्ष नहीं मैं,
नहीं अकम्पन और प्रहस्त,
राम, सूर्य-सम होकर भी तुम
समझो मुझको अपना अस्त!'

'निद्रा और कलह कब, कौणप,
तू बखान कर रहा सगर्व,
जाग, सुलाऊँ तुझे सदा को,
मेंटूँ कलह - कामना सर्व।

उस उत्पाती घन ने अपने
उपल - वज्र बहु बरसाये,
किन्तु प्रभंजन-बल से प्रभु के
उड़ी धज्जियाँ, शर छाये।

गिरा हमारे दल पर गिरि-सा
मरते मरते भी वह घोर,
छोड़ धनुःशर बोले प्रभु भी
कर युग कर रावण की ओर—

'आ भाई, वह वैर भूल कर
हम दोनों समदुःखी मित्र,
आ जा, क्षण भर भेंट परस्पर,
करलें अपने नेत्र पवित्र?

हाय! किन्तु इसके पहले ही
मूर्च्छित हुआ निशाचर-राज,
प्रभु भी यह कह गिरे—'राम से
रावण ही सहृदय है आज!'

सन्ध्या की उस धूसरता में
उमड़ा करुणा का उद्रेक,
छलक छलक कर झलके
ऊपर नभ के भी आँसू दो एक।

हम सब हाथों पर सँभाल कर
उन्हें शिविर में ले आये,
देख अनुज की दशा दयामय,
दुगुने आँसू भर लाये।

'सर्व कामना मुझे भेंट कर
वत्स, कीर्ति-कामी न बनो,
रहे सदा तुम तो अनुगामी,
आज अग्रगामी न बनो!'

समझाया वैद्यों ने उनको—
'आर्य, अधीर न हों इस भाँति,
अब भी आशा, वही करें बस
सफल हो सकें वह जिस भाँति।'

'तुच्छ रक्त क्या, इस शरीर में
डालो कोई मेरे प्राण,
गत सुन कर भी मुझे जानकी
पावेगी दुःखों से त्राण।'

बोल उठे सब—'प्रस्तुत हैं ये
प्राण, इन्हें लक्ष्मण पावें,
डूब जायँ हम सौ सौ तारे,
चन्द्र हमारे बच जावें।'

संजीवनी मात्र ही स्वामी,
आ जावे यदि रातों-रात,
तो भी बच सकते हैं लक्ष्मण,
बन सकती है बिगड़ी बात।

पंजर भग्न हुआ, पर पक्षी
अब भी अटक रहा है आर्य!''
आगे बढ़ बोला मैं—'प्रभुवर,
किंकर कर लेगा वह कार्य।'

आया इसीलिए मैं,—आहा!
हुआ बीच में ही वह काम,
अब आज्ञा दीजे, जाऊँ मैं,
चिन्तित होंगे वे गुण-धाम।

मायावी रावण प्रसिद्ध है,
किन्तु सत्य-विग्रह श्रीराम,
चिन्ता करें न आप चित्त में,
निश्चित ही है शुभ परिणाम।''

मारुति ने निज सूक्ष्म गिरा में
बीज-तुल्य जो वृत्त दिया,
आते ही इस अश्रु-भूमि में
उसने अंकुर - रूप लिया!

चौंक भरत - शत्रुघ्न - माण्डवी
मानो यह दुःस्वप्न विलोक,
ओषधि देकर भी कुछ उनसे
कह न सके सह कर वह शोक।

खींच कर श्वास आस-पास से प्रयास बिना
सीधा उठ शूर हुआ तिरछा गगन में,
अग्नि-शिखा ऊँची भी नहीं है निराधार कहीं,
वैसा सार-वेग कब पाया सान्ध्य-घन में?
भूपर से ऊपर गया यों वानरेन्द्र मानो,
एक नया भद्र भौम जाता था लगन में,
प्रकट सजीव चित्र-सा था शून्य पट पर,
दण्ड-हीन केतन दया के निकेतन में!

लंकानल, शंका दलन, जय जय पवनकुमार,
तुमने सागर ही नहीं, किया गगन भी पार!

द्वादश सर्ग

ढाल लेखनी, सफल अन्त में मसि भी तेरी,
तनिक और हो जाय असित यह निशा अँधेरी,
ठहर तभी, कृष्णाभिसारिके कण्टक, कढ़ जा,
बढ़ संजीवनि, आज मृत्यु के गढ़ पर चढ़ जा!
झलको, झलमल भाल-रत्न, हम सबके झलको,
हे नक्षत्र, सुधार्द्र-विन्दु तुम छलको छलको।
करो श्वास-संचार वायु, बढ़ चलो निशा में,
जीवन का जय-केतु अरुण हो पूर्व दिशा में।
ओ कवि के दो नेत्र, अनल-जल दोनों बरसा,
लक्ष्मण-सा तनु कहाँ, प्राण! पाओगे, सरसो।
देखो, वह शत्रुघ्न-दृष्टि मानो दहती है,
सदय भरत, यह सुनो, माण्डवी क्या कहती है?
"कातर हो तुम आर्यपुत्र, होकर नर नामी,
तो अबला क्या करे, बता दो मुझको स्वामी?
पर इतना भी आज तुम्हें अवकाश कहाँ है?
पुनः परीक्षण हुआ हमारा दैव यहाँ है।
भव ने इतना भाव-विभय हमसे है पाया,
उस भावुक को हाय! तदपि सन्तोष न आया।
फिर भी सम्मुख अड़ा खड़ा वह भिक्षुक भूखा,
दया करो हे नाथ, दीन का मुख है सूखा!
हम क्या अब कुछ और नहीं दे सकते उसको?
आदर से इस ठौर नहीं ले सकते उसको?
क्या हम उससे नहीं पूछ सकते हैं इतना—
भाई, हमसे तुझे चाहिए अब क्या-कितना?"
"प्रस्तुत हैं ये प्राण, किन्तु वह सह न सकेगा,
इनको लेकर प्रिये, शान्ति से रह न सकेगा।
देखूँ जलनिधि जुड़ा सके यदि इनकी ज्वाला,—
पहने है जो स्वर्णपुरी की शाला-माला।"
"स्वामी, निज कर्त्तव्य करो तुम निश्चित मन से,

रहो कहीं भी, दूर नहीं होगे इस जन से।
डरा सकेगा अब न आप दुर्दम यम मुझको,
है अपनों के संग मरण जीवन-सम मुझको।
जो अदृश्य है वही हमें शंकित करता है,
विकृताकृतियाँ अन्धकार अंकित करता है।
किन्तु मुझे अब नहीं किसी का कोई भय है,
भीषण होता स्वयं निराशा-पूर्ण हृदय है।
न सही, यदि यह लोक हमारे लिए नहीं है,
हम सब होंगे जहाँ, हमारा स्वर्ग वहीं है।
दैव-अभागा दैव-हमारा क्या कर लेगा?
श्रद्धांजलि चिरकाल भुवन भर, भर भर देगा।
संवादों को वायु वहन कर फैलाती है,
अन्तःपुर की याद मुझे रह रह आती है।''
''जाओ, जाओ, प्रिये, सभी को शीघ्र सँभालो,
यह मुख देखें शत्रु, यहाँ तुम देखो-भालो।''

उठी माण्डवी कर प्रणाम प्रिय चरण भिगो कर,
बोले तब शत्रुघ्न शूर सम्मुख नत होकर—
''जाओगी क्या तुम निराश ही! जाओ आर्ये,
इसी भाँति इस समय स्वस्थता पाओ आर्ये!
सुनती जाओ, किन्तु, तुम्हें है व्यर्थ निराशा,
है अपना ही उदय, और अपनी ही आशा।
रूठा और अदृश्य मनाने की बातों से,
तो मैं सीधा उसे करूँगा आघातों से!''
''विजयी हो तुम तात, और क्या आज कहूँ मैं?
पर आशा की और कहाँ तक ऐंठ सहूँ मैं?
मेरा भी विश्वास एक, क्यों व्यर्थ बहूँ मैं।
हुई आज निश्चिन्त, कहीं भी क्यों न रहूँ मैं।
जो कुछ भी है प्राप्य यहाँ, मैंने सब पाया,
हुई पूर्ण परितृप्त हृदय की ममता-माया।
मुझे किसी के लिए उलहना नहीं रहा अब,
मुझ-सा प्रत्यय प्राप्त करें सब और अहा! सब।''
देकर निज गुंजार-गन्ध मृदु-मन्द पवन को,
चढ़ शिविका पर गई माण्डवी राज-भवन को।

रहे सन्न-से भरत, कहा—शत्रुघ्न!'' उन्होंने,
उत्तर पाया—''आर्य!'' लगे दोनों ही रोने।
''हनुमान उड़ गये पवन-पथ से हैं कैसे?''
''जल में पंख समेट शफर सर्रक ले जैसे!
उटता वह वातूल वेग से है कब ऐसे?
नहीं, आर्य का बाण गया था उन पर वैसे!''
''और यहाँ हम विवश बने बैठे हैं कैसे?''
सुन नीरव शत्रुघ्न रहे जैसे के तैसे।
''लोग भरत का नाम आज कैसे लेते हैं?''
''आर्य, नाम के पूर्व साधु-पद वे देते हैं।''
''भारत-लक्ष्मी पड़ी राक्षसों के बन्धन में,
सिन्धु पार वह बिलख रही है व्याकुल मन में।
बैठा हूँ मैं भण्ड साधुता धारण करके—
अपने मिथ्या भरत नाम को नाम न धरके—
कलुषित कैसे शुद्ध सलिल को आज करूँ मैं,
अनुज, मुझे रिपु-रक्त चाहिये, डूब मरूँ मैं!
मेटूँ अपने जड़ीभूत जीवन की लज्जा,
उठो, इसी क्षण शूर, करो सेना की सज्जा।
पीछे आता रहे राज-मण्डल दल-बल से,
पथ में जो जो पड़ें, चलें वे जल से—थल से।
सजे अभी साकेत, बजे हाँ, जय का डंका,
रह न जाय अब कहीं किसी रावण की लंका!
माताओं से माँग विदा मेरी भी लेना,
मैं लक्ष्मण-पथ-पथी, ऊर्मिला से कह देना।
लौटूँगा तो साथ उन्हीं के, और नहीं तो—
नहीं, नहीं, वे मुझे मिलेंगे भला कहीं तो!''
सिर पर नत शत्रुघ्न भरत-निर्देश धरे थे,
पर 'जो आज्ञा' कह न सके, आवेश-भरे थे।
छूकर उनके चरण द्वार की ओर बढ़े वे,
झोंके पर ज्यों गन्ध, अश्व पर कूद चढ़े वे।
निकला पड़ता वक्ष फोड़ कर वीर-हृदय था,
उधर धरातल छोड़ आज उड़ता-सा हय था,
जैसा उनके क्षुब्ध हृदय में धड़ धड़ धड़ था।
वैसा ही उस वाजि-वेग में पड़ पड़ पड़ था,
फड़ फड़ करने लगे जाग पेड़ों पर पक्षी।

अपलक था आकाश चपल वल्गित-गति-लक्षी।
क्षण भर वह छवि देख स्वयं विधि की मति मोही,
सिरजा न हो तुरंग-अंग करके आरोही!
उठ कौंधा-सा त्वरित राज-तोरण पर आया,
प्रहरी-दल से सजग सैन्य-अभिवादन पाया।
कूद पड़ा रणधीर, एक ने अश्व सँभाला,
नीरव ही सब हुआ, न कोई बोला-चाला।

अन्तःपुर में वृत्त प्रथम ही घूम फिरा था,
सबके सम्मुख विषम वज्र-सा टूट गिरा था।
माताओं की दशा—हाय! सूखे पर पाला,
जला रही थी उन्हें कँपा कर ठंडी ज्वाला!
''अम्ब, रहे यह रुदन, वीरसू तुम, व्रत पालो,
ठहरो, प्रस्तुत वैर-वह्नि पर नीर न डालो।
हमने प्रेम-पयोधि भरा आँखों के जल से,
द्विषद्दस्यु अब जलें हमारे द्वेषानल से!
मातः, कातर न हो, अहो! टुक धीरज धारो,
किनकी पत्नी और प्रसू तुम, तनिक विचारो।
असुरों पर निज विजय सुरों ने पाई, जिनसे,
और यहीं खिंच स्वर्ग-सगुणता आई जिनसे।
जननि, तुम्हारे जात आज उन्नत हैं इतने,
उनके करगत हुए आप ऊँचे फल जितने।
कहीं नीच ग्रह विघ्न-रूप होकर अटकेंगे,
तो हम उनको तोड़ शिलाओं पर पटकेंगे!
धर्म तुम्हारी ओर, तुम्हें फिर किसका भय है?
जीवन में ही नहीं, मरण में भी निज जय है।
मरें भले ही अमर, भोगते हैं जी जी कर;
मर मर कर नर अमर कीर्त्तनामृत पी पी कर।
जन कर हमको स्वयं जूझने को, रोती हो?
गर्व करो, क्यों व्यर्थ दीन-दुर्बल होती हो।
करे हमारा वैरि-वृन्द ही कातर-क्रन्दन,
दो हमको आशीष अम्ब, तुम लो पद-वन्दन।''
''इतना गौरव वत्स नहीं सह सकती नारी,
पिसते हैं ये प्राण, भार है भीषण भारी।

पाते हैं अवकाश निकलने का भी कब ये?
कहाँ जायँ, क्या करें अभागे, अकृती अब ये?
किये कौन व्रत नहीं, कौन जप नहीं जपे हैं?
हम सबने दिन-रात कौन तप नहीं तपे हैं?
फिर भी थे क्या प्राण यही सुनने को ठहरे?
हुए देव भी हाय! हमारे अन्धे-बहरे।''
''अम्ब, तुम्हारे उन्हीं पुण्य-कर्मों का फल है,
हम सबमें जो आज धर्म-रक्षा का बल है।
थकता है क्यों हृदय हाय! जब वह पकता है?
सुरगण उलटा आज तुम्हारा मुँह तकता है।''
''बेटा, बेटा, नहीं समझती हूँ यह सब मैं,
बहुत सह चुकी, और नहीं सह सकती अब मैं।
हाय! गये सो गये, रह गये सो रह जावें,
जाने दूँगी तुम्हें न, वे आवें जब आवें।
तुष्ट तुम्हीं में उन्हें देख कर रही, रहूँगी,
तुम्हें छोड़कर निराधार मैं कहाँ बहूँगी?
देखूँ, तुमको कौन छीनने मुझसे आता?''
पकड़ पुत्र को लिपट गई कौशल्या माता।
धाड़ मार कर बिलख रो पड़ी रानी भोली,
पाश छुड़ाती हुई सुमित्रा तब यों बोली—
'जीजी जीजी उसे छोड़ दो, जाने दो तुम।
सोदर की गति अमर-समर में पाने दो तुम।
सुख से सागर पार करे यह नागर मानी,
बहुत हमारे लिए यहीं सरयू में पानी।
जा, भैया, आदर्श गये तेरे जिस पथ से,
कर अपना कर्त्तव्य पूर्ण तू इति तक अथ से।
जिस विधि ने सविशेष दिया था मुझको जैसा,
लौटाती हूँ आज उसे वैसा का वैसा।''
पोंछ लिया नयनाम्बु मानिनी ने अंचल से,
कैकेयी ने कहा रोक कर आँसू बल से—
''भरत जायेगा प्रथम और यह मैं जाऊँगी,
ऐसा अवसर भला दूसरा कब पाऊँगी?
मूर्त्तिमती आपत्ति यहाँ से मुँह मोड़ेगी,
शत्रु-देश-सा ठौर मिला, वह क्यों छोड़ेगी?''
''अम्ब, अम्ब, तुम आत्म-निरादर करती हो क्यों?

दें नव नव यश हमें, अयश से डरती हो क्यों?
क्षमा करो, आपत्ति मुझे भी लगती थीं तुम,
मार्ग-दर्शिनी किन्तु ज्योति-सी जगती थीं तुम।''
''वत्स, वत्स, पर कौन जानता उसकी ज्वाला,
उसके माथे वही धुआँ है काला काला!''
''जलता है जो जननि, जाग कर वही जगाता!
जो इतना भी नहीं जानता, हाय! ठगाता।''
''मैं निज पति के संग गई थी असुर-समर में,
जाऊँगी अब पुत्र-संग भी अरि-संगर में।''
''घर बैठो तुम देवि, हेम की लंका कितनी?
उतनी भी तो नहीं, धूल मुट्ठी भर जितनी।
भरतखण्ड के पुरुष अभी मर नहीं गये हैं,
कट उनके वे कोटि कोटि कर नहीं गये हैं।
रोना-धोना छोड़, उठो सब मंगल गाओ,
जाते हैं हम विजय-हेतु, तुम दर्प जगाओ।
रामचन्द्र के संग गये हैं लक्ष्मण वन में,
भरत जायँ शत्रुघ्न रहें क्या आज भवन में?
भाभी, भाभी, सुनो, चार दिन तुम सब सहना,
'मैं लक्ष्मण-पथ-पथी' आर्य का है यह कहना—
'लौटूँगा तो संग उन्हीं के और नहीं तो—
नहीं, नहीं, वे मुझे मिलेंगे भला कहीं तो!''
''देवर तुम निश्चिंत रहो, मैं कब रोती हूँ?
किन्तु जानती नहीं, जागती या सोती हूँ?
जो हो, आँसू छोड़ आज प्रत्यय पीती हूँ—
जीते हैं वे वहाँ, यहाँ जब मैं जीती हूँ!
जीती तुम,—श्रुतकीर्ति! तनिक रोली तो लाना,
टीका कर दूँ बहन, इन्हें है झटपट जाना।
जीजी का भी सोच नहीं है मुझको वैसा,
राक्षस-कुल की उन अनाथ वधुओं का जैसा।
नीरव विद्युल्लता आज लंका पर टूटी,
किन्तु रहेगी घनश्याम से कब तक छूटी!

स्तम्भित-सा था वीर, चढ़ी माथे पर रोली,
पैरों पड़ श्रुतकीर्ति अन्त में स्थिर हो बोली—

"जाओ स्वामी, यही माँगती मेरी मति है—
जो जीजी की,उचित वही मेरी भी गति है!
मान मनाया और जिन्होंने लाड़ लड़ाया,
छोटे होकर बड़ा भाग जिनसे है पाया,
जिनसे दुगुना हुआ यहाँ वह भाग हमारा,
हम दोनों की मिले उन्हीं में जीवन-धारा।"
"अर्द्धांगी से प्रिये,यही आशा थी मुझको,
शुभे, और क्या कहूँ, मिले मुँह-माँगा तुझको।"
देखा चारों ओर वीर ने दृष्टि डाल कर,
और चला तत्काल आपको वह सँभाल कर।

मूर्च्छित होकर गिरी इधर कौसल्या रानी,
उधर अट्ट पर दीख पड़ा गृह-दीपक मानी।
चढ़ दो दो सोपान राज-तोरण पर आया,
ऋषभ लाँघ कर माल्यकोश ज्यों स्वर पर छाया!

नगरी थी निस्तब्ध पड़ी क्षणदा-छाया में,
भुला रहे थे स्वप्न हमें अपनी माया में।
जीवन-मरण समान भाव से जूझ-जूझ कर,
ठहरे पिछले पहर स्वयं थे समझ-बूझ कर।
पुरी-पार्श्व में पड़ी हुई थी सरयू ऐसी,
स्वयं उसी के तीर हंस-माला थी जैसी,
बहता जाता नीर और बहता आता था,
गोद भरी की भरी तीर अपनी पाता था।
भूतल पर थी एक स्वच्छ चादर-सी फैली,
हुई तरंगित तदपि कहीं से हुई न मैली।
ताराहारा चारु-चपल चाँदी की धारा,
लेकर एक उसाँस वीर ने उसे निहारा।
सफल सौध-भू-पटल व्योम के अटल मुकुर थे,
उडुगण अपना रूप देखते टुकुर टुकुर थे।
फहर रहे थे केतु उच्च अट्टों पर फर फर,
ढाल रही थी गन्ध मृदुल मारुत-गति भर भर।
स्वयमपि संशयशील गगन घन-नील गहर था,

मीन-मकर, वृष-सिंह पूर्ण सागर या वन था!
झोंके झिलमिल झेल रहे थे दीप गगन के,
खिल खिल, हिलमिल खेल रहे थे दीप गगन के!
तिमिर-अंक में जब अशंक तारे पलते थे,
स्नेह-पूर्ण पुर-दीप दीप्ति देकर जलते थे।
धूम-धूप लो, अहो उच्च ताराओ, चमको,
लिपि-मुद्राओ,-भूमि-भाग्य की, दमको दमको।

करके ध्वनि-संकेत शूर ने शंख बजाया,
अन्तर का आह्वान वेग से बाहर आया।
निकल उठा उच्छ्वास वक्ष से उभर उभर के,
हुआ कम्बु कृतकृत्य कण्ठ की अनुकृति करके।
उधर भरत ने दिया साथ ही उत्तर मानो,
एक-एक दो हुए जिन्हें एकादश जानो!
यों ही शंख असंख्य हो गये, लगी न देरी,
घनन घनन बज उठी गरज तत्क्षण-रण-भेरी।
काँप उठा आकाश चौंक कर जगती जागी,
छिपी क्षितिज में कहीं, सभय निद्रा उठ भागी।
बोले वन में मोर, नगर में डोले नागर,
करने लगे तरंग-भंग सौ सौ स्वर-सागर।
उठी क्षुब्ध-सी अहा! अयोध्या की नर-सत्ता,
सजग हुआ साकेत पुरी का पत्ता पत्ता।
भय-विस्मय को शूर-दर्प ने दूर भगाया,
किसने सोता हुआ यहाँ का सर्प जगाया!
प्रिया-कण्ठ से छूट सुभट-कर शस्त्रों पर थे,
त्रस्त-वधू-जन-हस्त स्त्रस्त-से वस्त्रों पर थे।
प्रिया को निकट निहार उन्होंने साहस पाया,
बाहु बढ़ा, पद रोप, शीघ्र दीपक उकसाया!
अपनी चिन्ता भूल, उठी माता झट लपकी,
देने लगी सँभाल बाल-बच्चों को थपकी—
''भय क्या,भय क्या हमें, राम राजा हैं अपने,
दिया भरत-सा सुफल प्रथम ही जिनके तप ने!''
चरर-मरर खुल गये अरर बहु रवस्फुटों से,
क्षणिक रुद्ध थे तदपि विकट भट उर:पुटों से।

बाँधे थे जन पाँच पाँच आयुध मन भाये;
पंचानन गिरि-गुहा छोड़ ज्यों बाहर आये।
''धरने आया कौन आग, मणियों के धोखे?''
स्त्रियाँ देखने लगीं दीप धर, खोल झरोखे।
''ऐसा जड़ है कौन, यहाँ भी जो चढ़ आवे?
वह थल भी है कहाँ, जहाँ निज दल बढ़ जावे?
राम नहीं घर, यही सोच कर लोभी-मोही,
क्या कोई माण्डलिक हुआ सहसा विद्रोही?
मरा अभागा, उन्हें जानता है जो वन में,
रमे हुए हैं यहाँ राम-राघव जन जन में।''
''पुरुष-वेष में साथ चलूँगी मैं भी प्यारे,
राम-जानकी संग गये, हम क्यों हों न्यारे?''
''प्यारी, घर ही रहो ऊर्मिला रानी-सी तुम,
क्रान्ति-अनन्तर मिलो शान्ति मनमानी-सी तुम!''
पुत्रों को नत देख धात्रियाँ बोलीं धीरा—
''जाओ बेटा,—'राम-काज क्षण-भंग शरीरा'।''
पति से कहने लगीं पत्नियाँ—''जाओ स्वामी,
बने तुम्हारा वत्स तुम्हारा ही अनुगामी!
जाओ, अपने राम-राज्य की आन बढ़ाओ,
वीर-वंश की बान, देश का मान बढ़ाओ।''
''अम्ब, तुम्हारा पुत्र पैर पीछे न धरेगा,
प्रिये, तुम्हारा पति न मृत्यु से कहीं डरेगा।
फिर भी; फिर भी अहो! विकल-सी तुम हो रोती?''
''हम यह रोती नहीं, बारती मानस-मोती!''

ऐसे अगणित भाव उठे रघु-सगर-नगर में,
बगर उठे बढ़ अगर-तगर-से डगर डगर में,
चिन्तित-से काषाय-वसनधारी सब मन्त्री,
आ पहुँचे तत्काल, और बहु यन्त्री-तन्त्री।
चंचल जल-थल-बलाध्यक्ष निज दल सजते थे,
झनझन घनघन समर-वाद्य बहु विध बजते थे।
पाल उड़ाती हुईं, पंख फैला कर नावें—
प्रस्तुत थीं कब किधर हंसिनी सी उड़ जावें।
हिलने डुलने लगे पंक्तियों में बँट बेड़े,

थपकी देने लगीं तरंगें मार थपेड़े।
उल्काएँ सब ओर प्रभा-सी पाट रही थीं,
पी पी कर पुर-तिमिर जीभ-सी चाट रही थीं!
हुई हतप्रभ नभोजड़ित हीरों की कनियाँ,
मुक्ताओं-सी वेध न लें भालों की अनियाँ।
तुले धुले-से खुले खड्ग चमचमा रहे थे,
तप्त सदियों से तुरंग तमतमा रहे थे।
हींस लगामें चाब, धरातल खूँद रहे थे।
उड़ने को उत्कर्ण कभी वे कूँद रहे थे।
करके घंटा-नाद, अस्त्र लेकर शुण्डों में,
दो दो दृढ़ रद-दण्ड दबा कर निज तुण्डों में।
अपने मद की नहीं आप ही ऊष्मा सह कर,
झलते थे श्रुति-तालवृन्त दन्ती रह रह कर!
योद्धाओं का धन सुवर्ण से सार सलोना,
जहाँ हाथ में लौह वहाँ पैरों में सोना!
मानों चले सगेह रथ रथीजन बैठ रथों में,
आगे थे टंकार और झंकार पथों में।

पूर्ण हुआ चौगान राज-तोरण के आगे,
कहते थे भट—"कहाँ, हमारे शत्रु अभागे?"
दृग असमय उन्निद्र और भी अरुण हुए थे,
प्रौढ़-जरठ भी आज तेज से तरुण हुए थे।—
प्रीवर-मांसल अंस, पृथुल उर, लम्बी बाँहें,
एकाकी ही शेष-भार ले लें, यदि चाहें!
उछल उछल कच-गुच्छ बिखरते थे कन्धों पर,
रण-कंकण थे खेल रहे दृढ़ मणिबन्धों पर।
खचित-तरणि, मणि-रचित केतु झकझका रहे थे,
वस्त्र धकधका रहे, शस्त्र भकभका रहे थे।
हो होकर उद्ग्रीव लोग टक लगा रहे थे,
नगर-जगैया जगर-मगर जगमगा रहे थे।

उतर अरिन्दन प्रथम खण्ड पर आकर ठहरा,
तप्त स्वर्ण का वर्ण दृप्त-मुख पर था गहरा।

हाथ उठाये जहाँ उन्होंने, सन्नाटा था,
सैन्य-सिन्धु में जहाँ ज्वार था, अब भाटा था!
गूँगा सदा प्रकाश, फैलता है निःस्वन-सा,
किन्तु वीर का उदय अरुण-सा था, स्वर घन-सा,—
'सुनो सैन्यजन, आज एक नव अवसर आया,
मैंने असमय नहीं अचानक तुम्हें जगाया।
जो आकस्मिक वही अधिक आकर्षक होता,
यह साधारण बात, काटता है जो बोता,
क्लीव-कापुरुष जाग जाग कर भी है सोता,
पर साके को शूर स्वप्न में भी कब खोता?—
साका, साका, आज वही साका है शूरो!
सिन्धु-पार उड़ रही यही स्वपताका शूरो!
सिन्धु, कहाँ अब सिन्धु? हुआ है जल भी थल-सा,
बँधा विपुल पुल, खुला आर्यकुल का अर्गल-सा!
यह सब किसने किया? उन्हीं प्रभु पुरुषोत्तम ने,
पाया है युग-धर्म-रूप में जिनको हमने।
होकर भी चिरसत्य-मूर्ति हैं नित्य नये जो,
भव्य भोग रख, दिव्य योग के लिए गये जो।
हम जिनका पथ देख रहे हैं, कब वे आवें?
कब हम निज धृति-धाम राम राजा को पावें?
तो फिर आओ वीर, तनिक आगे बढ़ जावें,
उनके पीछे जायँ, उन्हें आगे कर लावें।
चलना भर है हमें, मार्ग है बना बनाया,
मकरालय भी जिसे बीच में रोक न पाया।
किया उन्होंने स्वच्छ उसे, हम अढकेंगे क्यों?
चरण-चिह्न हैं बने, भूल कर भटकेंगे क्यों?

दुर्गम दक्षिण-मार्ग समझ कर ही निज मन में,
चित्रकूट से आर्य गये थे दण्डक वन में।—
शंकाएँ हैं जहाँ, वहीं धीरों की मति है,
आशंकाएँ जहाँ, वहीं वीरों की गति है।
लंका के क्रव्याद वहाँ आकर चरते थे,
भाले भाले शान्त सदय ऋषि-मुनि मरते थे।
सफल न करते आर्य भला फिर वन जाना क्यों?

पुण्यभूमि पर रहे पापियों का थाना क्यों?
भरतखण्ड का द्वार विश्व के लिए खुला है,
भुक्ति-मुक्ति का योग जहाँ पर मिला जुला है।
पर जो इस पर अनाचार करने आवेंगे,
नरकों में भी ठौर न पाकर पछतावेंगे।
जाकर प्रभु ने वहाँ धर्म-संकट सब मेटा,
जय-लक्ष्मी ने उन्हें आप ही आकर भेंटा।
दुष्ट दस्यु दल बाँध, रुष्ट होकर हाँ, आये,
पर जीवित वे नहीं एक भी जाने पाये।
झंखाड़ों-से उड़े शत्रु, पर पड़े अनल में,
प्रभु के शर हैं ज्वाल-रूप ही समरस्थल में।
सौ झोंके क्या एक अचल को धर सकते हैं?
एक गरुड़ का सौ भुजंग क्या कर सकते हैं?
पहुँचा यह संवाद अन्त में उस रावण तक,
जो निज गो-द्विज-देव-धर्म-कर्मों का कण्टक।
उसी क्रूर को काढ़, दूर करने भव-भय को,
वन भेजा हो कहीं न माँ ने ज्येष्ठ तनय को?
तप कर विधि से विभव निशाचरपति ने पाया,
वही पाप कर आप राम से मरने आया।
किन्तु सामना न कर सका पापी जब बल से,
अबला हरने चला साधु-वेशी खल छल से।

सुनने को हुंकार सैनिको, यही तुम्हारी,
जिसके आगे उड़े शत्रु की मति-गति सारी,—
सहसा मैंने तुम्हें जगाया है, तुम जागे,
नाच रही है विजय प्रथम ही अपने आगे।
किन्तु विजय तो शरण, मरण में भी वीरों के,
चिर-जीवन है कीर्ति-वरण में भी वीरों के।
भूल जयाजय और भूल कर जीना-मरना,
हमको जिन कर्त्तव्य मात्र है पालन करना।
जिस पामर ने पतिव्रता को हाथ लगाया,—
उसको—जिसने अतुल विभव उसका ठुकराया,
प्रभु हैं स्वयं समर्थ, पाप-कर काटें उसके,
राम-बाण हैं सजग, प्राण जो चाटें घुसके।

करता है प्रतिशोध किन्तु आह्वान हमारा,
जगा रहा है जाग हमें अभिमान हमारा।
खींच रहा है आज ज्ञान ही ध्यान हमारा,
लिखे शत्रु-लंका-सुवर्ण आख्यान हमारा।
हाय! मरण से नहीं किन्तु जीवन से भीता,
राक्षसियों से घिरी हमारी देवी सीता।
बन्दीगृह में बाट जोहती खड़ी हुई है,
व्याध-जाल में राजहंसिनी पड़ी हुई है।
अबला का अपमान सभी बलवानों का है,
सती-धर्म का मान मुकुट सब मानों का है।
वीरो, जीवन-मरण यहाँ जाते आते हैं,
उनका अवसर किन्तु कहाँ कितने पाते हैं?
मारो, मारो, जहाँ वैरियों को तुम पाओ,
मर मर कर भी उन्हें प्रेत होकर लग जाओ!
है अपनों को छोड़ मुक्ति भी अपनी कारा,
पर अपनों के लिए नरक भी स्वर्ग हमारा!
पैर धरें इस पुण्यभूमि पर पामर पापी,
कुल-लक्ष्मी का हरण करें वे सहज सुरापी,
भर लो उनका रुधिर, करो अपनों का तर्पण!
मांस जटायु-समान जनों को कर दो अर्पण!
यात्रा में उत्साह-योग ही मुख्य शकुन है,
फल की चिन्ता नहीं, धर्म की सबको धुन है।
मर क्या, अमर अधीन हमारे कर्मों के हैं,
साक्षी जो मन, बुद्धि और उन मर्मों के हैं।
धन्य, वन्यजन भी न सह सके यह अपकर्षण,
करते हैं वे कूद कूद कर घन संघर्षण।
चलो चलो नरवरो, न वानर ही यश ले लें,
वे ले लें भुज बीस, सीस ही हम दश ले लें,
साधु! साधु! थी मुझे यही आशा तुम सबसे—
'नामशेष रह जायँ वाम वैरी बस अब से।'
निश्चय— 'हमको उन्हें मारना है या मरना।'
जब मरने से नहीं, भला, तब किससे डरना?
पौधे-से हम उगे एक क्यारी में बोये,
माली हमें उखाड़ ले चला तो हम रोये।
किन्तु बन्धु, वह हमें जहाँ रोपेगा फिर से,

होगा क्या उपयुक्त न वह इस भुक्त अजिर से?
तदपि चुनौती आज हमारी स्वयमपि यम को,
विश्रुत संजीवनी प्राप्त है अद्‌भुत हमको!
अपने ऊपर आप परीक्षा उसकी करके,—
आंजनेय ले गये उसे यह अम्बर तरके।—
लंका की खर-शक्ति आर्य लक्ष्मण ने झेली,
उनकी रक्षा उसी महोषधि ने सिर ले ली।
मारा प्रभु ने कुम्भकर्ण-सा निर्मम नामी,
हुआ विभीषण स्वयं शरण मनु-कुल-अनुगामी।
अब क्या बस, वीर, बाण-से छूटो, छूटो,
सोने की उस शत्रु-पुरी लंका को लूटो।''
''नहीं नहीं''—सुन चौंक पड़े शत्रुघ्न और सब,
ऊषा-सी आ गई ऊर्मिला उसी ठौर तब!
वीणांगुलि-सम सती उतरती-सी चढ़ धाई,
तालपूर्त्ति-सी संग सखी भी खिंचती आई!
आ शत्रुघ्न-समीप रुकी लक्ष्मण की रानी,
प्रकट हुई ज्यों कार्तिकेय के निकट भवानी।
जटा-जाल-से बाल विलम्बित छूट पड़े थे।
आनन पर सौ अरुण, घटा में फूट पड़े थे।
माथे का सिन्दूर सजग, अंगार-सदृश था,
प्रथमातप-सा पुण्य गात्र, यद्यपि वह कृश था।
बायाँ कर शत्रुघ्न-पृष्ठ पर कण्ठ-निकट था।
दायें कर में स्थूल किरण-सा शूल विकट था।
गरज उठी वह—''नहीं, नहीं, पापी का सोना,
यहाँ न लाना, भले सिन्धु में वहीं डुबोना।
धीरो, धन को आज ध्यान में भी मत लाओ,
जाते हो तो मान-हेतु ही तुम सब जाओ।
सावधान! वह अधम-धान्य-सा धन मत छूना,
तुम्हें तुम्हारी मातृभूमि ही देगी दूना।
किस धन से है रिक्त कहो, सुनिकेत हमारे?
उपवन फल-सम्पन्न,अन्नमय खेत हमारे।
जय पयस्य-परिपूर्ण सुघोषित घोष हमारे;
अगणित आकर सदा स्वर्ग-मणि-कोष हमारे।
देव दुर्लभा भूमि हमारी प्रमुख पुनीता,
उसी भूमि की सुता पुण्य की प्रतिमा सीता।

मातृभूमि का मान ध्यान में रहे तुम्हारे,
लक्ष लक्ष भी एक लक्ष रक्खो तुम सारे।
हैं निज पार्थिव-सिद्धि-रूपिणी सीता रानी,
और दिव्य-फल-रूप राम राजा बल-दानी।
करे न कौणप-गन्ध कलंकित मलय पवन को,
लगे न कोई कुटिल कीट अपने उपवन को।
विन्ध्य-हिमालय-भाल, भला! झुक जाय न धीरो,
चन्द्र-सूर्य-कुल-कीर्त्ति-कला रुक जाय न वीरो!
चढ़ कर उतर न जाय,सुनो कुल-मौक्तिक मानी,
गंगा-यमुना-सिन्धु और सरयू का पानी।—
बढ़ कर इसी प्रसिद्ध पुरातन पुण्यस्थल से,
किये दिग्विजय बार बार तुमने निज बल से।
यदि, परन्तु कुल-कान तुम्हारा हो संकट में,
तो अपने ये प्राण व्यर्थ ही हैं इस घट में।
किसका कुल है आर्य बना अपने कार्यों से?
पढ़ा न किसने पाठ अवनितल में आर्यों से?
पावें तुमसे आज शत्रु भी ऐसी शिक्षा,
जिसका अथ हो दण्ड और इति दया-तितिक्षा।
देखो, निकली पूर्व दिशा से अपनी ऊषा,
यही हमारी प्रकृति पताका, भव की भूषा।
ठहरो, यह मैं चलूँ कीर्ति-सी आगे आगे,
भोगें अपने विषम कर्म-फल अधम अभागे!''
भाल भाग्य पर तने हुए थे तेवर उसके,
''भाभी भाभी!'' रुद्ध कण्ठ थे देवर उसके।
सम्मुख सैन्य-समूह सिन्धु-सा गरज रहा था,
बरज विनय से उसे, शत्रु पर तरज रहा था।

''क्या हम सब मर गये हाय! जो तुम जीती हो,
या हमको तुम आज दीन-दुर्बल पाती हो?—
मारेंगे हम देवि, नहीं तो मर जावेंगे,
अपनी लक्ष्मी लिए बिना क्या घर आवेंगे?
होगा होगा वही, उचित है जो कुछ होना,
इस मिट्टी पर सदा निछावर है वह सोना।
तुम इस पुर की ज्योति, अहो! यों धैर्य न खोओ,

प्रभु के स्वागत-हेतु गीत रच थाल सँजोओ।"
"वीरो, पर, यह योग भला क्यों खोऊँगी मैं,
अपने हाथों घाव तुम्हारे धोऊँगी मैं।
पानी दूँगी तुम्हें, न पल भर सोऊँगी मैं।
गा अपनों की विजय, परों पर रोऊँगी मैं।"

(२)

"शान्त, शान्त!" गम्भीर नाद सुन पड़ा अचानक,
गूँज उठा हो तथा अवनि पर अम्बर-आनक!
कुलपति वृद्ध वसिष्ठ आ गये तप के निधि-से,
हंस-वंश-गुरु, हंसनिष्ठ, एकानन विधि-से।
सेना की जो प्रलयकारिणी घटा उठी थी,
अब उसमें नत-नम्र भाव की छटा उठी थी—
सैन्य सर्प, जो फणी उठाये फुंकारित थे।
सुन मानो शिव-मन्त्र, विनत, विस्मित, वारित थे।
"शान्त, शान्त! सब सुनो कहाँ जाते हो, ठहरो,
शौर्य-वीर के सघन घनानन, व्यर्थ न घहरो।
लंका विजितप्राय, तनिक तुम धीरज धारो,
अच्छा, लो, सब इधर क्षितिज की ओर निहारो।"
मन्त्र-यष्टि-सी जहाँ उन्होंने भुजा उठाई,
दूरदृष्टि-सी एक साथ ही सबने पाई!
देखा, सम्मुख दृश्य आप ही, खिंच आया है,
अन्धकार में उदित स्वप्न की-सी माया है!
लहराता भरपूर सामने वरुणालय है,
युग युग का अनुभूत विश्व का करुणालय है!
उसमें लंका-द्वीप कनक-सरसिज शोभन है,
लंका के सब ओर घोर-जंगम-जन-वन है।
राम शिविर में,-शरद्घनों में नीलांचल-से,
भीग रहे हैं उत्स-रूप आँखों के जल-से।
धातुराग-से पड़े अंक में लक्ष्मण उनके,
बीत रहे हैं हाय! कल्प जैसे क्षण उनके।
जाम्बवन्त, नल, नील, अंगदादिक सेनानी,
रामानुज को देख आज सब पानी पानी।
सहलाते सुग्रीव-विभीषण युग पद-तल हैं,

वैद्य हाथ में हाथ लिए नीरव निश्चल हैं।
जड़ीभूत-से हुए देख साकेत-निवासी,
बोल सके कुछ भी न,-हुए यद्यपि अभिलाषी।
तदपि ऊर्मिला ने प्रयास कर हाथ उठाया,—
देखा अपना हृदय, मन्द-सा स्पन्दन पाया!
बोल उठे प्रभु चौंक भरत ने भी सुन पाया—
''भाई, भाई! उठो, सबेरा होने आया,
मारूँ रावण सहित इन्द्रजित को मैं, जाओ,
तुम इस पुर का राज्य विभीषण को दे आओ।
चलो, समय पर मिलें अयोध्या जाकर सबसे,
वधू ऊर्मिला मार्ग देखती है घर कब से?
आये थे तुम साथ हमें सुख ही देने को,''
''लाये हम भी तुम्हें न थे अपयश लेने को।
तुम न जगे तो सुनो, राम भी सो जावेगा,
सीता का उद्धार असम्भव हो जावेगा।
वीर, कहो फिर कहाँ रहेगी बात तुम्हारी?
क्षत्रियत्व कर रहा प्रतीक्षा तात, तुम्हारी!
अथवा जब तक रात, और सोओ तुम भ्रातः,
देखेंगे अरि-मित्र पद्म-सा तुमको प्रातः।
राम-बाण उड़ छेद सुधाकर में कर देगा,
अमृत तुम्हारे लिए सुमधु-सा टपका लेगा!
हनूमान की बाट देख लूँ क्षण भर भाई!''
''समुपस्थित यह दास'' पास ही पड़ा सुनाई।
बुरे स्वप्न में वीर आ गया उद्बोधन-सा,
औषधि लेकर किया वैद्य ने व्रण-शोधन-सा।
संजीवनी-प्रभाव घाव पर सबने देखा,—
शत्रु-लौहलिपि हुई अहा! पानी की लेखा।
फैल गया आलोक, दूर हो गया अँधेरा,
रवि ने अपना पद्म प्रफुल्लित होता हेरा!
चमक उठा हिम-सलिल रात भर बहते बहते,
जाग उठे सौमित्र-सिंह यह कहते कहते—
''धन्य इन्द्रजित! किन्तु सँभल, बारी अब मेरी!''
चौंक उन्होंने दृष्टि भ्रान्त भौंरी-सी फेरी।
उन्हें हृदय से लगा लिया प्रभु ने भुज भर के,
अब्धि-अंक में उठे कलाधर यथा उभर के।

''भाई मेरे लिए लौट फिर भी तू आया,
जन्म जन्म का इसी जन्म में मैंने पाया!''
''प्रस्तुत है यह दास आर्य-चरणों का चेरा,
किन्तु कहाँ वह मेघनाद प्रतिपक्षी मेरा?''
''लक्ष्मण! लक्ष्मण! हाय! न चंचल हो पलपल में,
क्षण भर तुम विश्राम करो इस अंकस्थल में।''
''हाय नाथ! विश्राम? शत्रु अब भी है जीता,
कारागृह में पड़ी हमारी देवी सीता!
जब तक रहा अचेत अवश था आप पड़ा मैं,
अब सचेत हूँ और स्वस्थ-सन्नद्ध खड़ा मैं।
बीत गई यदि अवधि, भरत की क्या गति होगी?—
धरे तुम्हारा ध्यान एक युग से जो योगी।
माताएँ निज अंक-दृष्टि भरने को बैठीं,
पुर-कन्याएँ कुसुम-वृष्टि करने को बैठीं।
आर्य अयोध्या जायँ, युद्ध करने मैं जाऊँ,
पहले पहुँचें आप और मैं पीछे आऊँ।
यदि वैरी को मार न कुल-लक्ष्मी को लाऊँ,
तो मेरा यह शाप मुझे-मैं सुगति न पाऊँ!''
''ऐसे पाकर तात! तुम्हें कैसे छोड़ूँ मैं?
''किन्तु आर्य, क्या आज शत्रु से मुँह मोड़ूँ मैं?
व्यर्थ जिया मैं, हुआ आर्य को मोह यहीं तो,
दूना बदला आप चुकाते आज नहीं तो!
मैं तो उठ भी सका शत्रु की शक्ति ठेल कर,
किन्तु उठेगा शत्रु न मेरा शेल झेल कर।—
वानरेन्द्र, ऋक्षेन्द्र, करो प्रस्तुत सब सेना,
रिपु का व्रण-ऋण मुझे अभी चुकता कर देना!
जय जय राघव राम!'' कहा लक्ष्मण ने ज्यों ही,
गरज उठा सब कटक विकट रव करके त्यों ही।
वह लंका की ओर चला चारों द्वारों से,
उमड़ा प्रलय-पयोधि घुमड़ सौ सौ ज्वारों से।
चौड़े चौड़े चार वक्ष-से लंका गढ़ के,
तोड़े द्वार-कपाट कटक ने बढ़ के, चढ़ के।
प्रथम वेग से बचे शत्रु, जो सजग खड़े थे,
करके अब हुंकार प्रेत-से टूट पड़े थे।
दल-बादल भिड़ गये, धरा धँस चली धमक से,

भड़क उठा क्षय कड़क तड़क से, चमक दमक से।
रण-भेरी की गमक, सुभट नट-से फिरते थे,
ताल ताल पर रुण्ड-मुण्ड उठते-गिरते थे!
छिन्न-भिन्न थे वक्ष, कण्ठ, मस्तक, कर, कन्धे,
हुए क्रोध से उभय पक्ष थे मानो अन्धे,
मिला रक्त से रक्त, वैर-सम्बन्ध फला यों,
वीर-वरों के पैर वहाँ धुलते न भला क्यों!
अग्र पंक्ति का पतन जिधर होता जैसे ही,
बढ़ पीछे की पंक्ति पूर्ति करती वैसे ही।
दो धाराएँ उमड़ उमड़ सम्मुख टकरातीं,
उठतीं होकर एक ओर गिरतीं, चकरातीं,
मची खलबली गली गली में लंकापुर की,
आँखों में आ झाँक उठी आतुरता उर की।
आया रावण जिधर दिव्य-रथ में राघव थे,
क्या ही गौरव भरे आज प्रभु-कर-लाघव थे!
गरजा राक्षस—'ठहर, ठहर तापस, मैं आया,
जी कर तेरा शोक-मात्र लक्ष्मण ने पाया!
पंचानन के गुहा-द्वार पर रक्षा किसकी?
मैं तो हूँ विख्यात दशानन, सुध कर इसकी!''
हँस बोले प्रभु—''तभी द्विगुण पशुता है तुझमें,
तूने ही आखेट-रंग उपजाया मुझमें!''
दशमुख को संग्राम, राम को थी वह क्रीड़ा,
स्थितप्रज्ञ को दशों इन्द्रियों की क्या पीड़ा?
''धन्य पुण्यजन, धन्य शूरता तुझसे जन की,
वीर, दूर कर कुटिल क्रूरता अब भी मन की।
बल, विकास के लिए, नाश के लिए नहीं है,
किन्तु रहे वह शक्ति न,-जिससे ह्रास कहीं है।''
''भय लगता है मनुज, तुझे तो क्यों आया था?''
'अरे निशाचर, मुझे काल तेरा लाया था।
चिर परिचित तू जान त्राण-करुणा से मुझको,
भय से परिचित करा सके तो जानूँ तुझको!''
रिपु के सौ सौ शस्त्र वेगपूर्वक आते थे,
कट जाते थे किन्तु उन्हें कब छू पाते थे।
घिरा घोर घन, तड़ित्तेज चौंका देता था,
किन्तु पवन झट उसे एक झोंका देता था!

पूर्व अयन पर कौन रोकता रामानुज को?
हुए सुभुज वे सिद्धि योग-से राक्षस-रुज को।
निकुम्भला में मेघनाद साधन करता था,
विजय-हेतु निज इष्ट-समाराधन करता था।
नल-वन-सम दल शत्रु जनों को वे भुज-बल से;
पुर में हुए प्रविष्ट, जलधि में बड़वानल-से।
अंगदादि भट संग गये अपने को चुनके,
उड़ते-से अंगार हुए वे उत्कट उनके।
हलचल-सी मच गई, कोट भर में कलकल था,
अरि-दल पीछे जा न सका, आगे प्रभु-दल था।
रावण ने चाहा कि लौट लक्ष्मण को घेरे,
गरजे प्रभु—''धिक भीरु! पीठ जो मुझसे फेरे।
इसे समझ रख, आज भाग भी तू न सकेगा।''
गरजा रावण—''अटक, कहाँ तक तू अटकेगा।
भय क्या, पक्षी आज स्वयं पिंजरे में पैठा,
तू भी उसकी दशा देखियो, पथ में बैठा।''
उधर हाँक सुन हनूमान की पुरजन दहले—
''मैं वह हूँ जो जला गया था लंका पहले!
मेघनाद ही हमें चाहिए आज, कहाँ वह?''
पहुँचे सब निज यज्ञ-लग्न था मग्न जहाँ वह।
भीषण थी भट-मूर्ति अहा! क्या भली बनी थी,
रक्त-मांस की नहीं, धातु की ढली बनी थी!
वेदी भट्टी बनी, छोड़ती थी जो ज्वाला,
पहनाती थी उसे आप वह मोहन-माला!
पशु-बलि देकर बली शस्त्र-पूजन करता था,
अस्फुट मन्त्रोच्चार कलित-कूजन करता था।
ठिठक गये सब एक साथ पल भर निश्चल-से,
बोले तब सौमित्र भड़क कर दावानल-से—
''अरे इन्द्रजित, देख, द्वार पर शत्रु खड़ा है,
करता उससे विमुख कौन तू कर्म बड़ा है?
जिसके सिर पर शत्रु, धर्म उसका-वह जूझे,
किन्तु पतित तू आर्य-मर्म क्या समझे-बूझे!''
चौंक हतप्रभ हुआ शत्रु—''कैसे तू आया?''
घर का भेदी कौन—यहाँ जो तुझको लाया?''
''अरे, काल के लिए कौन पथ खुला नहीं है?

आता अपने आप अन्त तो सभी कहीं है।
मैं हूँ तेरा अतिथि युद्ध का भूखा, ला तू,
कर ले कुछ तो धर्म,—'अतिथि-देवो भव'—आ तू!''
''लक्ष्मण, तुझ-सा अतिथि देख मैं कब डरता हूँ!
पर कह, क्या यह धर्म नहीं जो मैं करता हूँ।''
''कौन धर्म यह—शत्रु खड़े हुंकार रहे हैं—
तेरे आयुध यहाँ दीन पशु मार रहे हैं।''
''करता हूँ मैं वैरि-विजय का ही यह साधन।''
''तब है तेरा कपट मात्र यह देवाराधन।
ठहर, ठहर बस, वृथा वंचना न कर अनल की,
कर केवल कर्त्तव्य, छोड़ दे चिन्ता फल की।''
''लक्ष्मण मेरी शक्ति अभी क्या भूल गया तू?
मरते मरते बचा, इसी से फूल गया तू?''
''देखी तेरी शक्ति,उसी पर तू इतराया?—
जिसको मेरी एक जड़ी ने ही छितराया।
है क्या कोई युक्ति यहाँ भी बतला मुझको,
जो तेरा सिर जोड़ जिला दे फिर भी तुझको?
यह तो हुआ विनोद, किन्तु सचमुच मैं भाई,
देने आया तुझे उसी के लिए बधाई।
बैठा है क्यों छिपा, अनोखे आयुधधारी?
उठ, प्रस्तुत हो देख तनिक अब मेरी बारी!''
''पूर्ण करूँगा यज्ञ आज तेरी बलि देकर—''
खड़ा हो गया शूर सर्प-सा आयुध लेकर।
हुआ वहाँ सम-समर अनोखा साज सजा कर,
देते थे पद-ताल उभय कर लौह बजा कर!
शब्द शब्द से, शस्त्र शस्त्र से, घाव घाव से,
स्पर्द्धा करने लगे परस्पर एक भाव से।
होकर मानो एक प्राण दोनों भट-भूषण,
दो देहों को मान रहे थे निज दूषण!
प्राणों का पण लगा लगा कर दोनों लक्षी,
उड़ा उड़ा कर लड़ा रहे थे निज निज पक्षी।
कौतुक-सा था मचा एक मरने-जीने का,
संगर मानो रंग हुआ था रस पीने का!
क्रम से बढ़ने लगी युगल वीरों की लाली,
ताली देकर नाच रहे थे रुद्र कपाली।

व्रण-माला थी बनी जपा फूलों की डाली,
रण चण्डी पर चढ़ी,बढ़ी काली मतवाली।

हुए सशंकित देव-कौन जय-वर पावेगा?
धर्म न क्या निज हानि आज भी भर पावेगा।
हँस कर विधि को हेर कहा हरि ने—''क्या मन है?
देव जनों का यही शेष पौरुष-साधन है।''
इधर गरज कर मेघनाद बोला लक्ष्मण से—
''तूने निज नर-नाट्य किया प्राणों के पण से।
इस पौरुष के पड़े अमर-पुर में भी लाले,
किन्तु मर्त्य,तू पड़ा आज राक्षस के पाले!''
''मेघनाद, है विफल, उगलता है जो विष तू,
मत कर अपनी आप बड़ाई मेरे मिष तू।
जीवन क्या है, एक जूझना मात्र जनों का,
और मरण? वह नया जन्म है पुरातनों का।
किन्तु बिगाड़ा जन्म जनक तेरे ने जैसा,
तुझको पैतृक रोग भोगना होगा वैसा।
जन्मान्तर के लिए जान रख, जो पातक है,
वह अपना ही नहीं, वंश का भी घातक है।
यदि सीता ने एक राम को ही वर माना,
यदि मैंने निज वधू ऊर्मिला को ही जाना,
तो, बस, अब तू सँभल, बाण यह मेरा छूटा,
रावण का वह पाप-पूर्ण हाटक-घट फूटा!''
हुआ सूर्य-सा अस्त इन्द्रजित लंकापुर का,
शून्य भाव था गगन-रूप रावण के उर का!
इधर ऊर्मिला वधू-वदन-लज्जा की लाली—
फूली सन्ध्या प्राप्तकर रही थी दीपाली!
जग कर मानो एक बार, जय जय जय कह कर,
पुनः स्वप्न-सा देख उठे सब नीरव रह कर।
अब थीं प्रकट अशोक-वाटिका में वैदेही।
करुणा की प्रत्यक्ष अधिष्ठात्री क्या ये ही।
स्वयं वाटिका बनी विकट थी झाड़ी उनकी।
राक्षसियाँ थीं घनी-कटीली बाड़ी उनकी।
उन दोनों के बीच घिरी थीं देवी सीता,

राजस-तामस-मध्य सात्विकी वृत्ति पुनीता।
एक विभीषण-वधू उन्हें धीरज देती थी,
या प्रतिमा-सी पूज आप वह वर लेती थी।
''अब प्रभु के ही निकट देवि, अपने को जानो।
मेघनाद क्या मरा, मरा रावण ही मानो।
सारी लंका आज रो रही है सिर धुन कर,
रावण मूर्च्छित हुआ शुभे, रथ में ही सुन कर।
प्रभु बोले—'उठ, जाग, बाण प्रस्तुत है मेरा,
मैं सह सकता नहीं दुःख रावण, अब तेरा!'
मेरे स्वामी धन्य, हुए उनके पद-सेवी,
अरि का भी यों दुःख जिन्हें दुस्सह है देवी।
रहता कहीं सचेत समर में रावण क्षण भर,
उसे आज ही शोक-मुक्त करते उनके शर।''
तब सीता ने कहा पोंछ आँखों का पानी—
''सरमे, क्या दूँ तुम्हें? जियो लंका की रानी!''
''वसुधा का राजत्व निछावर तुम पर साध्वी,
रक्खे मुझको मत्त इन्हीं चरणों की माध्वी।
तुम सोने की सती मूर्ति, शम-दम की दीक्षा,
दी है अपनी यहाँ जिन्होंने अग्नि-परीक्षा।''
भर कर श्वासोच्छ्वास अयोध्या-वासी जागे,
दीख पड़े गुरुदेव सभी को अपने आगे।
बोले मुनि—''सब लोग सजाओ अपने मन्दिर,
अपनी उस चिर-अजिर-मूर्ति को पाओ फिर फिर।''
गूँजा जय जय नाद, गर्व छाया जन जन में,
वह उमड़ा उत्साह लगा स्वागत-साधन में।
सैन्यजनों ने फेंट अनिच्छा पूर्वक खोलीं,
''निकली नहीं उमंग''? वीर वधुएँ हँस बोलीं—
''वानर यश ले गये!'' प्रिये, देखा है सब तो,
अश्वमेध की बाट जोहनी होगी अब तो!''

मज्जन पूर्वक सुधा नीर से पुरी नहाई,
उस पर उसने वर्ण वर्ण की भूषा पाई।
लिख बहु स्वागत-वाक्य सुपरिचय दे रति-मति का,
वासकसज्जा बनी देखती थी पथ पति का!

आया, आया,किसी भाँति वह दिन भी आया,
जिसमें भव ने विभव, गेह ने गौरव पाया।
आये पूर्व-प्रसाद-रूप-से मारुति पुर में,
प्रकटे फिर, जो छिपे हुए थे सबके उर में।
अपनों के ही नहीं, परों के प्रति भी धार्मिक,
कृती प्रवृत्ति - निवृत्ति - मार्ग - मर्यादा - मार्मिक,
राजा होकर गृही, गृही होकर संन्यासी,
प्रकट हुए आदर्श-रूप घट घट के वासी।
पाया, हाँ, आकाश-कुसुम भी हमने पाया,
फैलाता निज गन्ध गगन में पुष्पक आया।
अगणित नेत्र-मिलिन्द उड़े, प्रभु गुण-रव-छाया,
मानुष-मानस लाख तरंगों से लहराया!

भक्ति विभीषण और मुक्ति रावण को देकर,
विजय-सखी के संग शुद्ध सीता को लेकर—
दाक्षिणात्य-लंकेश अतिथि लाकर मन भाये,
आतिथेय ही बने लक्ष्मणाग्रज घर आये।
भरत और शत्रुघ्न नगर तोरण के आगे,
मानो थे प्रतिबिम्ब, प्रथम ही उनके जागे।
कहा विभीषण ने सुकण्ठ से सुध-सी खोकर—
"प्रकटित सानुज राम आज दुगुने-से होकर।"
वर विमान से कूद गरुड़ से ज्यों पुरुषोत्तम,
मिले भरत से राम क्षितिज में सिन्धु-गगन-सम!
'उठ, भाई, तुल सका न तुझसे राम खड़ा है,
तेरा पलड़ा बड़ा, भूमि पर आज पड़ा है!
गये चतुर्दश वर्ष, थका मैं नहीं भ्रमण में,
विचरा गिरि-वन सिन्धु-पार लंका के रण में।
श्रान्त आज एकान्त-रूप-सा पाकर तुझको,
उठ, भाई, उठ, भेंट, अंक में भर ले मुझको!
मैं वन जाकर हँसा, किन्तु घर आकर रोया,
खोकर रोये, सभी, भरत, मैं पाकर रोया।"
"आर्य, यही अभिषेक तुम्हारे भृत्य भरत का।"
अन्तर्बाह्य अशेष आज कृतकृत्य भरत का।"
पूरी भी थीं युगल मूर्तियाँ अब तक ऊनी,

मिल होकर भी एक, हर्षमय थीं अब दूनी।
हिल हिल कर मिल गईं परस्पर लिपट जटाएँ,
मुख-चन्द्रों पर झूम रही थीं घूम घटाएँ।

साधु भरत के अश्रु गिरें चरणों में जब लों,
नयनों में ही भरे सती सीता ने तब लों।
लता-मूल का सिंचा सलिल फूलों में फूटा,
फैला वह रस-गन्ध सर्वदा सबने लूटा।
देवर-भाभी मिले, मिले सब भाई-भाई,
बरसे भू पर फूल, जयध्वनि ऊपर छाई।
भरत मिले सुग्रीव-विभीषण से यह कह कर—
'सफल बन्धु-सम्बन्ध हमारा तुममें रह कर।'

पैदल ही प्रभु चले चले भीड़ के संग पुरी में,
संघर्षित थे आज अंग से अंग पुरी में।
अहा! समाई नहीं अयोध्या फूली फूली,
तब तो उसमें भीड़ अमाई ऊली ऊली!
पुरकन्याएँ खील-फूल-धन बरसाती थीं,
कुल-ललनाएँ धरे भरे शुभ घट, गाती थीं—
''आज हमारे राम हमारे घर फिर आये,
चारों फल हैं इसी लोक में हमने पाये!''
द्वार द्वार पर झूल रही थीं शुभ मालाएँ,
झलती थीं ध्वज-व्यजन शील-शीला शालाएँ।
राज-मार्ग में पड़े पाँवड़े फूल भरे थे,
छत्र लिए थे भरत, चौंर शत्रुघ्न धरे थे।
माताओं के भाग आज सोते से जागे,
पहुँचे पहुँचे राम राज-तोरण के आगे।
न कुछ कह सकीं, न वे देख सकीं सुतों को,
रोकर लिपटी उठा उठा उन प्रणति-युतों को।
काँप रही थीं हर्ष-भार से तीनों थर थर,
लुटा रही थीं रत्न आज वे तीनों भर भर।
लिये आरती वे उतारती थीं तीनों पर,
क्या था, जिसे न आज वारती थीं तीनों पर।

दिन था मानो यही वधू-वर के लेने का,
जो जिसको हो इष्ट, वही उसको देने का।
''बहू, बहू, वैदेहि, बड़े दुख पाये तूने।''
''माँ, मेरे सुख आज हुए हैं दूने दूने।''
''आया फिर तू राम, कोख में मानो मेरी,
लक्ष्मण, मेरी गोद रहे शिशु-शैया तेरी।''
''जन्म जन्म में यही कोख जननी, मैं पाऊँ।''
माँ, मैं लक्ष्मण इसी गोद में पलता आऊँ।''
सुप्रभ प्रभु ने कहा सुमित्रा से नत होकर—
''पाया मैंने अम्ब, पुनः लक्ष्मण को खोकर।
रख न सका मैं हाय! दिया मुझको जो तुमने,
धन्य तुम्हारा पुण्य, प्राण पाये इस द्रुम ने।''
''किन्तु तुम्हें ही सौंप चुकी हूँ राम इसे मैं,
लूँ फिर कैसे उसे, दे चुकी आप जिसे मैं?
लिया अन्य का भार भरत ने, मैं अब हलकी,
तुमको पाया, रही कामना फिर किस फल की?'

समझी प्रभु ने कसक भरत-जननी के मन की,
''मूल शक्ति माँ, तुम्हीं सुयश के इस उपवन की।
फल, सिर पर ले धूल, दिये तुमने जो मीठे,
उनके आगे हुए सुधा के घट भी सीठे।''
''भागी हो तुम वत्स राम रघुवर, भव भर के,
कैकेयी के दोष लिये तुमने गुण कर के।
ढोया जीवन-भार, दुःख ही ढाया मैंने,
पाकर तुम्हें परन्तु भरत को पाया मैंने!''
मिल बहनों से हुई चौगुनी सचमुच सीता,
गाई प्रभु ने वधू ऊर्मिला की गुण-गीता—
''तूने तो सहधर्मचारिणी के भी ऊपर,
धर्मस्थापन किया भाग्यशालिनी, इस भू पर!''

मानों मज्जित हुई पुरी जय जय के रव में,
पुरजन, परिजन लगे इधर अभिषेकोत्सव में।

पाई प्रभु से इधर नई छवि राज-भवन ने,
सागर का माधुर्य पी लिया मानो घन ने!

पाकर अहा! उमंग ऊर्मिला—अंग भरे थे,
आली ने हँस कहा—''कहाँ ये रंग भरे थे?
सुप्रभात है आज, स्वप्न की सच्ची माया!
किन्तु कहाँ वे गीत, यहाँ जब श्रोता आया!
फड़क रहा है वाम नेत्र उच्छ्‌वसित हृदय है,
अब भी या तन्वंगि, तुम्हें संशय या भय है?
आओ, आओ, तनिक तुम्हें सिंगार सजाऊँ,
बरसों की मैं कसक मिटाऊँ, बलि बलि जाऊँ।
''हाय! सखी, शृंगार? मुझे अब भी सोहेंगे?
क्या वस्त्रालंकार मात्र से वे मोहेंगे?
मैंने जो वह 'दग्ध-वर्त्तिका' चित्र लिखा है,
तू क्या उसमें आज उठाने चली शिखा है?
नहीं, नहीं, प्राणेश मुझी से छले न जावें,
जैसी हूँ मैं, नाथ मुझे वैसा ही पावें।
शूर्पणखा मैं नहीं—हाय, तू तो रोती है!
अरी, हृदय की प्रीति हृदय पर ही होती है।''
''किन्तु देख यह वेश दुखी होंगे वे कितने?''
''तो, ला भूषण-वसन, इष्ट हों तुमको जितने।
पर यौवन-उन्माद कहाँ से लाऊँगी मैं?
वह खोया धन आज कहाँ सखि, पाऊँगी मैं?''
''अपराधी-सा आज वही तो आने को है,
बरसों का यह दैन्य सदा को जाने को है।
कल रोती थीं आज मान करने बैठी हो,
कौन राग यह, जिसे गान करने बैठी हो?
रवि को पाकर पुनः पद्मिनी खिल जाती है,
पर वह हिम कण नहीं कहाँ शोभा पाती है?''
''तो क्या आँसू नहीं सखी, अब इन आँखों में?
फूटे, पानी न हो बड़ी भी निज आँखों में?''
''प्रीति-स्वाति का पिया शुक्ति बन बन कर पानी,

राजहंसिनी, चुनो रीति-मुक्ता अब रानी!''
''विरह रुदन में गया, मिलन में भी मैं रोऊँ,
मुझे और कुछ नहीं चाहिए पद-रज धोऊँ।
जब थी तब थीं आलि, ऊर्मिला उनकी रानी,
वह बरसों की बात आज हो गई पुरानी!
अब तो केवल रहूँ सदा स्वामी की दासी,
मैं शासन की नहीं, आज सेवा की प्यासी।
युवती हो या आलि, ऊर्मिला बाला तन से,
नहीं जानती किन्तु स्वयं, क्या है वह मन से!
देखूँ कह, प्रत्यक्ष आज अपने सपने को,
या सजबज कर आप दिखाऊँ मैं अपने को?
सखि यथेष्ट है यही धुली धोती ही मुझको,
लज्जा उनके हाथ, व्यर्थ चिन्ता है तुझको।
उछल रहा यह हृदय अंक में भर ले आली,
निरख तनिक तू आज ढीठ सन्ध्या की लाली।
मान करूँगी आज? मान के दिन तो बीते,
फिर भी पूरे हुए सभी मेरे मनचीते।
टपक रही वह कुंज-शिला वाली शेफाली,
जा नीचे, दो चार फूल चुन, ले आ डाली!
वनवासी के लिए सुमन की भेंट भली वह!''
''किन्तु उसे तो कभी पा चुका प्रिये, अली यह!''
देखा प्रिय को चौंक प्रिया ने, सखी किधर थी?
पैरों पड़ती हुई ऊर्मिला हाथों पर थी!

लेकर मानो विश्व-विरह उस अन्तःपुर में,
समा रहे थे एक दूसरे के वे उर में।
रोक रही थी उधर मुखर मैना को चेरी—
'यह हत हरिणी छोड़ गये क्यों नये अहेरी।'
''नाथ, नाथ, क्या तुम्हें सत्य ही मैंने पाया?''
''प्रिये, प्रिये, हाँ आज—आज ही—वह दिन आया।
मेघनाद की शक्ति सहन करके यह छाती,
अब भी क्या इन पाद-पल्लवों से न जुड़ाती?

मिला उसी दिन किन्तु तुम्हें मैं खोया खोया,
जिस दिन आर्या बिना आर्य का मन था रोया।
पूर्ण रूप से सुनो, तुम्हें मैंने कब पाया,
जब आर्या का हनूमान ने विरह सुनाया!
अब तक मानो जिसे वेशभूषा में टाला,
अपने को ही आज मुझे तुमने दे डाला।
आँखों में ही रही अभी तक तुम थीं मानो,
अन्तस्तल में आज अचल निज आसन जानो।
परिधि-विहीन सुधांशु-सदृश सन्ताप विमोचन,
धूल रहित, हिम-धौत सुमन-सा लोचन-रोचन,
अपनी द्युति से आप उदित, आडम्बर त्यागे,
धन्य अनावृत-प्रकृट-रूप यह मेरे आगे।
जो लक्ष्मण था एक तुम्हारा लोलुप कामी,
कह सकती हो आज उसे तुम अपना स्वामी।''
''स्वामी, स्वामी, जन्म जन्म के स्वामी मेरे!
किन्तु कहाँ वे अहोरात्र, वे साँझ सवेरे!
खोई अपनी हाय! कहाँ वह खिल खिल खेला?
प्रिय, जीवन की कहाँ आज वह चढ़ती बेला?''
काँप रही थी देह-लता उसकी रह रह कर,
टपक रहे थे अश्रु कपोलों पर बह बह कर।
''वह वर्षा की बाढ़, गई उसको जाने दो,
शुचि-गंभीरता प्रिये, शरद की यह आने दो।
धरा-धाम को राम-राज्य की जय गाने दो,
लाता है जो समय प्रेम-पूर्वक, लाने दो।

तुम सुनो, सदैव समीप है—
जो अपना आराध्य है।
आओ, हम साधे शक्ति भर,
जो जीवन का साध्य है।

अलक्ष की बात अलक्ष जाने,
समक्ष को ही हम क्यों न मानें?

रहे वहीं प्लावित प्रीति-धारा,
आदर्श ही ईश्वर है हमारा।''

स्वच्छतर अम्बर में छन कर आ रहा था
स्वादु-मधु-गन्ध से सुवासित समीर-सोम,
त्यागी प्रेम-योग के व्रती वे कृती जायापती
पान करते थे गल बाँह दिये, आपा होम।
क्षुद्र कास-कुश से लगा कर समुद्र तक,
मेदिनी में किसका था मुदित न रोम रोम?
समुदित चन्द्र किरणों का चौंर ढारता था,
आरती उतारता था दिव्य दीप वाला व्योम!

श्रीरामचरणार्पणमस्तु
दीपावली
संवत १९८६ विक्रमी
चिरगाँव